Starke Hysteresis im Außenhandel

Wirtschaftswissenschaftliche Beiträge

Band 1: Ch. Aignesberger, Die Innovationsbörse als Instrument zur Risikokapitalversorgung innovativer mittelständischer Unternehmen, XVIII/308 Seiten, 1987

Band 2: U. Neuerburg, Werbung im Privatfernsehen, XIII/302 Seiten, 1988

Band 3: J. Peters, Entwicklungsländerorientierte Internationalisierung von Industrieunternehmen, IX/155 Seiten, 1988

Band 4: G. Chaloupek, J. Lamel, J. Richter (Hrsg.), Bevölkerungsrückgang und Wirtschaft, VIII/470 Seiten, 1988

Band 5: P. J. J. Welfens, L. Balcerowicz (Hrsg.), Innovationsdynamik im Systemvergleich, XIX/446 Seiten, 1988

Band 6: K. Fischer, Oligopolistische Marktprozesse, XI/169 Seiten, 1988

Band 7: M. Laker, Das Mehrproduktunternehmen in einer sich ändernden unsicheren Umwelt, IX/209 Seiten, 1988

Band 8: I. von Bülow, Systemgrenzen im Management von Institutionen, XII/278 Seiten, 1989

Band 9: H. Neubauer, Lebenswegorientierte Planung technischer Systeme XII/171 Seiten, 1989

Band 10: P. M. Sälter, Externe Effekte: „Marktversagen" oder Systemmerkmal? VII/188 Seiten, 1989

Band 11: P. Ockenfels, Informationsbeschaffung auf homogenen Oligopolmärkten, X/163 Seiten, 1989

Band 12: O. Jacob, Aufgabenintegrierte Büroinformationssysteme, VII/177 Seiten, 1989

Band 13: J. Walter, Innovationsorientierte Umweltpolitik bei komplexen Umweltproblemen, IX/208 Seiten, 1989

Band 14: D. Bonneval, Kostenoptimale Verfahren in der statistischen Prozeßkontrolle, V/180 Seiten, 1989

Band 15: T. Rüdel, Kointegration und Fehlerkorrekturmodelle, VIII/138 Seiten, 1989

Band 16: K. Rentrup, Heinrich von Storch, das „Handbuch der Nationalwirthschaftslehre" und die Konzeption der „inneren Güter", X/146 Seiten, 1989

Band 17: M. A. Schöner: Überbetriebliche Vermögensbeteiligung, XVI/417 Seiten, 1989

Band 18: P. Haufs, DV-Controlling, IX/166 Seiten, 1989

Band 19: R. Völker, Innovationsentscheidungen und Marktstruktur, XI/221 Seiten, 1990

Band 20: P. Bollmann, Technischer Fortschritt und wirtschaftlicher Wandel, VIII/184 Seiten, 1990

Band 21: F. Hörmann, Das Automatisierte, Integrierte Rechnungswesen, XI/408 Seiten, 1990

Band 22: W. Böing, Interne Budgetierung im Krankenhaus, XIV/274 Seiten, 1990

Band 23: G. Nakhaeizadeh, K.-H. Vollmer (Hrsg.), Neuere Entwicklungen in der Angewandten Ökonometrie, X/248 Seiten, 1990

Band 24: T. Braun, Hedging mit fixen Termingeschäften und Optionen, VII/167 Seiten, 1990

Band 25: G. Inderst, P. Mooslechner, B. Unger, Das System der Sparförderung in Österreich, VIII/126 Seiten, 1990

Band 26: Th. Apolte, M. Kessler (Hrsg.), Regulierung und Deregulierung im Systemvergleich, XIII/313 Seiten, 1990

Band 27: J. Lamel, M. Mesch, J. Skolka (Hrsg.), Österreichs Außenhandel mit Dienstleistungen, X/335 Seiten, 1990

Band 28: I. Heinz, R. Klaaßen-Mielke, Krankheitskosten durch Luftverschmutzung, XVI/147 Seiten, 1990

Band 29: B. Kalkofen, Gleichgewichtsauswahl in strategischen Spielen, XIII/214 Seiten, 1990

Band 30: K. G. Grunert, Kognitive Strukturen in der Konsumforschung, X/290 Seiten, 1990

Band 31: S. Felder, Eine neo-österreichische Theorie des Vermögens, X/118 Seiten, 1990

Band 32: G. Uebe (Hrsg.), Zwei Festreden Joseph Langs, VII/116 Seiten, 1990

Band 33: U. Cantner, Technischer Fortschritt, neue Güter und internationaler Handel, XVI/289 Seiten, 1990

Band 34: W. Rosenthal, Der erweiterte Maskengenerator eines Software-Entwicklungs- Systems, XIV/275 Seiten, 1990

Band 35: U. Nessmayr, Die Kapitalsituation im Handwerk, XII/17 Seiten, 1990

Band 36: H. Wüster, Die sektorale Allokation von Arbeitskräften bei strukturellem Wandel, IV/148 Seiten, 1990

Band 37: R. Hammerschmid, Entwicklung technisch-wirtschaft lich optimierter regionaler Entsorgungsalternativen, X/239 Sei ten, 1990

Band 38: P. Mitter, A. Wörgötter (Hrsg.), Austro-Keynesianismus V/102 Seiten, 1990

Band 39: A. Katterl, K. Kratena, Reale Input-Output Tabelle un ökologischer Kreislauf, VIII/114 Seiten, 1990

Band 40: A. Gehrig, Strategischer Handel und seine Implikatione für Zollunionen, XII/174 Seiten, 1990

Band 41: G. Nakhaeizadeh, K.-H. Vollmer (Hrsg.), Anwendungs aspekte von Prognoseverfahren, IX/169 Seiten, 1991

Band 42: C. Fantapié Altobelli, Die Diffusion neuer Kommunika tionstechniken in der Bundesrepublik Deutschland, XXIV/31 Seiten, 1991

Band 43: J. Richter, Aktualisierung und Prognose technische Koeffizienten in gesamtwirtschaftlichen Input-Output Modellen VII/376 Seiten, 1991

Band 44: E. Spranger, Expertensystem für Bilanzpolitik, VIII/22 Seiten, 1991

Band 45: F. Schneider, Corporate-Identity-orientierte Unterne menspolitik, XXI/295 Seiten, 1991

Band 46: B. Gygi, Internationale Organisationen aus der Sicht de Neuen Politischen Ökonomie, XI/258 Seiten, 1991

Band 47: L. Hennicke, Wissensbasierte Erweiterung der Netzpla technik, VII/194 Seiten, 1991

Band 48: T. Knappe, DV-Konzepte operativer Früherkennungssy steme, VII/176 Seiten, 1991

Band 49: P. Welzel, Strategische Handelspolitik, XIII/207 Seite 1991

Band 50: H. Wiethoff, Risk Management auf spekulativen Mär ten, XIV/202 Seiten, 1991

Band 51: R. Riedl, Strategische Planung von Informationssyst men, XII/227 Seiten, 1991

Band 52: K. Sandmann, Arbitrage und die Bewertung von Zin satzoptionen, VIII/172 Seiten, 1991

Band 53: P. Engelke, Integration von Forschung und Entwicklu in die unternehmerische Planung und Steuerung, XVII/352 Se ten, 1991

Band 54: F. Blumberg, Wissensbasierte Systeme in Produktio planung und -steuerung, XVII/268 Seiten, 1991

Fortsetzung auf Seite 2

Matthias Göcke

Starke Hysteresis im Außenhandel

Mit 39 Abbildungen

Physica-Verlag
Ein Unternehmen
des Springer-Verlags

Reihenherausgeber
Werner A. Müller

Autor
Dr. Matthias Göcke
Institut für industriewirtschaftliche Forschung
Universität Münster
Universitätsstraße 14-16
D-48143 Münster

CIP-Titelaufnahme der Deutschen Bibliothek
Göcke, Matthias:
Starke Hysteresis im Außenhandel / Matthias Göcke. –
Heidelberg: Physica-Verl., 1993
(Wirtschaftswissenschaftliche Beiträge; 84)

NE: GT

ISBN-13: 978-3-7908-0722-6   e-ISBN-13: 978-3-642-48106-2
DOI: 10.1007/ 978-3-642-48106-2

Vorwort

Die vorliegende Arbeit befaßt sich mit der Darstellung einer umfassenden Übertragung des Hysteresis-Konzeptes auf den ökonomischen Bereich des Außenhandels. Ausgehend von einer knappen einführenden Darstellung der Bestimmungsgründe der Hysteresis im Außenhandel, wird versucht, Hysteresis als allgemeines Systemmerkmal zu charakterisieren. Die gesamte Bedeutung des Hysteresis-Konzeptes wird daraufhin anhand der ferromagnetischen Hysteresis aufgezeigt. Im Hinblick auf die Analogie zwischen ferromagnetischer und ökonomischer Hysteresis im Außenhandel rechtfertigt sich die Verwendung eines allgemein-systemtheoretisch-mathematischen Ansatzes, der vor dem Hintergrund der magnetischen Hysteresis zur Beschreibung hysteretischer Phänomene entwickelt wurde. Hierbei wird die Veränderung in dem qualitativen Charakter der Hysteresis beim aggregierenden Übergang von mikroskopischer zu makroskopischer Betrachtung betont: Während auf Mikroebene bestimmte Schwellenwerte überschritten werden müssen, um dauerhafte Wirkungen nur temporärer Störungen zu erreichen, können auf Makroebene schon kleine Schwankungen der Input-Werte permanente Effekte zurücklassen. Die so beschriebene makroökonomische Hysteresis-Form wird als "starke" Hysteresis bezeichnet.

Anschließend wird ein stark-hysteretisches Außenhandelsmodell aufgestellt und auf seine Eigenschaften hin untersucht. Hierbei werden gerade die auf dem hysteretischen Verhalten des Modells beruhenden Eigenschaften, insbesondere das Auftreten anhaltend-remanenter Wirkungen der vergangenen Wechselkursentwicklung, beschrieben.

Im Anschluß wird das im ersten Teil der Arbeit aufgestellte hysteretische Außenhandelsmodell über lineare Teilstücke approximiert, um die mathematische Komplexität zu verringern und um eine einfachere Anwendbarkeit in (linearen) ökonomischen Modellen zu erreichen; die elementaren Modelleigenschaften bleiben allerdings erhalten. Der linearisierte Ansatz wird dann beispielhaft in einige einfache Lehrbuchmodelle offener Volkswirtschaften implementiert, um die Auswirkungen eines hysteretischen Außenhandels auf die gesamte Volkswirtschft zu analysieren und insbesondere um die einfache Übertragbarkeit des linear-hysteretischen Ansatzes auf andere Modelle aufzuzeigen.

Die Arbeit schließt ab mit der Aufstellung eines ökonometrischen Schätzansatzes, der die Erfassung hysteretischer Effekte in Regressionsmodellen auf der Grundlage des hier entwickelten linear-hysteretischen Ansatzes erlaubt. Das linear-hysteretische Modell und die These, daß der Außenhandel prinzipiell hysteretisch ist, wird dann anhand des Verhaltens der US-amerikanischen Importe aus Japan in den achtziger Jahren beispielhaft aufgezeigt. Hier zeigt sich zum einen eine starke Evidenz von Strukturänderungen in der Wechselkursabhängigkeit der amerikanischen Importe und zum anderen die sehr gute Eignung des linear-hysteretischen Ansatzes zur Erfassung dieser Effekte.

Matthias Göcke

Inhaltsverzeichnis

Seite

Verzeichnis der Abbildungen und Tabellen

Abbildungen

Tabellen

1. Einleitung

Herkunft des Hysterese-Begriffes

"Hysteresis" ist ein in jüngerer Zeit häufig auf ökonomische Phänomene angewandter Begriff. Seinen Ursprung hat der Ausdruck "Hysteresis" (oder auch "Hysterese") jedoch in der Physik; er wurde von dem Physiker und Ingenieur James Alfred Ewing in den wissenschaftlichen Sprachgebrauch eingeführt, um von ihm untersuchte Eigenschaften ferromagnetischer Stoffe zu beschreiben.[1] Das Wort selbst stammt aus dem Griechischen, bedeutet "zurückbleibend" und beschreibt die Fortdauer einer Wirkung nach Beendigung der Ursache bzw. das Zurückbleiben einer Wirkung hinter dem jeweiligen Stand der sie bedingenden Kraft.[2]

Hysteresis im Außenhandel

Der Hysteresis-Begriff findet im Rahmen des Außenhandels seine Anwendung bei der Betrachtung der Konsequenzen von temporären Wechselkursschocks auf die Handelsströme.

Potentielle Exportunternehmen werden beim Eintritt in einen ausländischen Markt (oder auch bei einer Erweiterung schon bestehender Aktivitäten) Markteintritts (- oder Markterweiterungs-) investitionen tätigen und damit Markteintrittskosten eingehen müssen, z.B. für den Aufbau eines Vertriebsnetzes oder für einführende Werbung. Diese Investitionen sind zum größten Teil unternehmensspezifisch, d.h. nicht oder nur für einen sehr niedrigen Preis veräußerbar. Folglich liegen, nachdem der Markteintritt vollzogen ist, Sunk-Costs in Höhe der Differenz zwischen möglichem Veräußerungserlös und Eintrittsinvestitionsbetrag vor.[3]

Der Wechselkurs ist ein bestimmender Faktor für den Preis, den der Exporteur (umgerechnet in seine eigene Währung) auf dem Exportmarkt erreicht; daher gibt es einen Wechselkurs, für den es dem Exporteur lohnend erscheint, in den ausländischen Markt einzutreten (oder auch sein Angebot auszuweiten, soweit er schon im Ausland tätig ist), und zwar unter Berücksichtigung der Aufwen-

---

1 Vgl. Ewing (1881), S. 22.

2 Vgl. Duden - Rechtschreibung (1991), S. 350, sowie Duden - Fremdwörterbuch (1982), S. 325.

3 Markteintritts-Sunk-Costs sind nur ein Kanal, durch den es zu hysteretischen Effekten im Außenhandel kommen kann. Andere Möglichkeiten sind z.B. Lernkurveneffekte oder auch Gewöhnungseffekte bei den Verbrauchern. Vgl. hierzu die sehr gute Einführung von Fuhrmann (1989), S. 585-589.

dungen, die im Rahmen des Markteintritts anfallen. Nach Vollendung des Markteintritts kann der Wechselkurs wieder ein Niveau annehmen, für das der Exporteur nicht in den Auslandsmarkt eingetreten wäre; er bleibt aber trotzdem im Markt, solange die laufenden Kosten gedeckt sind, d.h. solange ein Dekkungsbeitrag erwirtschaftet werden kann.[4] Als Folge der Existenz sprungfixer Sunk-Costs liegt somit eine Differenz zwischen Markteintritts- und Marktaustrittswechselkurs des einzelnen Exportanbieters vor. Dementsprechend können schon *temporäre* Wechselkursänderungen *dauerhafte Wirkungen* im Außenhandel ausüben, soweit sie zu einem Marktzutritt neuer ausländischer Anbieter auf dem Inlandsmarkt führen,[5] der aufgrund der Existenz der Sunk-Costs als Marktein- bzw. -austrittsbarriere nicht revidiert wird. Werden die Exporte der einzelnen Anbieter zu den Exporten einer Branche oder zu den gesamtwirtschaftlichen Exporten aggregiert, ergibt sich ein analoges Phänomen für die Branchen- oder die Gesamtexporte. Bei einer gleichzeitigen Betrachtung der Exporte sowie der Importe können sich anhaltende Wirkungen einer temporären Wechselkursschwankung auf die gesamte Handelsbilanz ergeben; auch der Wechselkurs, der zu einem Leistungsbilanzausgleich (bzw. "Gleichgewicht") führt, kann sich im Rahmen dieser Vorgänge ändern.[6]

Verwendetes Analyseinstrumentarium

Die Analyse des oben kurz vorgestellten Phänomens der persistenten Effekte nur temporärer Wechselkursänderungen auf die Exportmenge der einzelnen Anbieter und auf die gesamte Leistungsbilanz des betrachteten Landes erfolgt mit Hilfe eines formalen Instrumentariums, welches im Rahmen einer mathematischen allgemeinen systemtheoretischen Betrachtung von den Mathematikern M.A. Krasnosel'skii und A.V. Pokrovskii entwickelt wurde, um hysteretische Systeme in einer vom jeweiligen Anwendungsfall abstrahierenden Form zu beschreiben.[7] Dieser Ansatz wurde mit dem Zweck einer direkten Anwendbarkeit

---

4 Hier wird angenommen, daß der im Auslandsmarkt aktive Exportanbieter dort nicht die Preise im Ausmaß der Wechselkursänderung erhöhen kann, sondern daß der Preis auf dem Auslandsmarkt sich nur wenig (bzw. unterproportional) mit dem Wechselkurs ändert. Dementsprechend schlägt sich die Wechselkursänderung zum großen Teil in Erlösschwankungen des Exportanbieters (der Erlöse in seiner Währung) nieder.

5 Der Marktzutritt neuer Anbieter führt zur dauerhaften Erhöhung der Importmenge ebenso wie zu (durch die Mengenerhöhung bedingten) Preis-Effekten für die Importgüter. Im Rahmen dieser Arbeit wird vereinfachend der Schwerpunkt auf die Mengeneffekte gelegt.

6 In dieser Arbeit wird bei der Betrachtung des "Außenhandels" nicht zwischen Waren und Dienstleistungen differenziert; Übertragungen werden überhaupt nicht betrachtet. Daher werden hier die Begriffe Handelsbilanz(saldo), Leistungsbilanz(saldo) und Außenbeitrag synonym verwendet.

7 Vgl. hierzu Krasnosel'skii/Pokrovskii (1989).

bei der Modellierung hysteretischer Phänomene vom Physiker I.D. Mayergoyz konkretisiert.[8] Ausgangspunkt der Analyse von Krasnosel'skii/Pokrovskii sowie der von Mayergoyz ist die Betrachtung eines elementaren Mikrooperators (des sog. "Hysteron"[9]), der eine Besonderheit in der Beziehung zwischen Input- und Outputwerten aufweist, die "Multibranch"-Nichtlinearität. Diese besteht darin, daß in Abhängigkeit von den vergangenen Extrema der Inputwerte einem aktuellen Inputwert unterschiedliche Outputwerte, d.h. Outputwerte auf verschiedenen "Ästen", zugeordnet werden.[10] Im Mittelpunkt der Analyse von Mayergoyz steht die Aggregation dieser mikroskopischen zu einer makroskopischen Hysteresis sowie das formal-mathematische Vorgehen und die formalen Eigenschaften des über die Aggregation gebildeten Makro-Systems (das wäre hier die gesamte Leistungsbilanz). Von besonderer Bedeutung ist die mit der Aggregation auftretende qualitative Verstärkung der Hysteresis-Eigenschaft. Während auf Mikroebene bestimmte Schwellenwerte überschritten werden müssen, um permanente Wirkungen zu erreichen, können, wie noch gezeigt wird, auf Makroebene schon kleine Änderungen der Input-Werte permanente Effekte zurücklassen. Die Unterscheidung dieser beiden Hysteresis-Formen und damit die Übertragbarkeit des gesamten formalen Konzeptes auf den Bereich des Außenhandels wurde (nach Wissen des Autors) erstmalig von B. Amable, J. Henry, F. Lordon und R. Topol vollständig erkannt und auch durchgeführt.[11] Sie bezeichnen die Mikro-Hysteresis, die das Überschreiten bestimmter Schwellenwerte erfordert, als "schwache" Hysteresis, während die Makro-Hysteresis, bei der schon kleine Schwankungen der Inputgrößen dauerhafte Wirkungen haben können, als "starke" Hysteresis bezeichnet wird.

---

8 Vgl. Mayergoyz (1986).

9 Vgl. Krasnosel'skii/Pokrovskii (1989), S. 1 ff.

10 Vgl. hierzu Mayergoyz (1986), S. 603. "Multibranch"-Nichtlinearität bedeutet übersetzt "Mehr-Zweig"- oder "Mehr-Ast"-Nichtlinearität. Genau eine solche Situation liegt für den Fall des einzelnen Exportanbieters vor, dessen Exportmenge (als Output) bei einem bestimmten Wechselkurs (als Input) davon abhängig ist, ob der Wechselkurs die Markteintrittshöhe oder die hiervon verschiedene Marktaustrittshöhe in der Vergangenheit überschritten hat oder nicht.

11 Vgl. Amable/Henry/Lordon/Topol (1991). Interessant ist in diesem Zusammenhang, daß die volle Bedeutung des Hysteresis-Konzeptes in der hier dargestellten Differenzierung zwischen Mikro- und Makroebene in den Wirtschaftswissenschaften bisher kaum zum Tragen kam. Eine Ausnahme bildet Goodwin (1977); hier wird zur Erklärung der Verkehrsmittelwahl zwischen Bus und Auto auf den einzelnen Verkehrsteilnehmer zurückgegriffen, der infolge von Gewohnheiten, soweit er einmal wegen mangelnder Attraktivität vom Bus auf das Auto umgestiegen ist, erst bei einer sehr hohen Busattraktivität wieder vom Auto zum Bus zurückwechselt. Die Aggregation über alle Individuen erfolgt dort allerdings eher verbalgrafisch.

Im Unterschied zur Vorgehensweise von Amable/Henry/Lordon/Topol, die nur die Wechselkursreaktion der Importe eines Landes explizit analysieren, erfolgt in dieser Arbeit eine *simultane* Betrachtung der Exporte als positiver Einfluß und der Importe als negativer Einfluß auf die Leistungsbilanz. Damit ist hier die Analogie zur magnetischen Hysteresis noch weiter gezogen worden: Dort muß die negative und positive Magnetisierung gleichzeitig betrachtet werden. Ein noch weitergehender Rückgriff auf den formalen Apparat von Mayergoyz ist daher ebenso möglich wie die Bestimmung einer Gleichung für die Leistungsbilanz. Außerdem wurde versucht, die Analyse durch geeignete Annahmen formal so einfach wie möglich zu halten, um den ökonomischen Sinn der Ergebnisse nicht durch komplizierte Formelausdrücke zu verdecken und um eine geometrische Interpretation der Ergebnisse zu ermöglichen, ohne jedoch die qualitativen Ergebnisse in irgendeiner Form einzuschränken.

Weiteres Vorgehen

Der Schwerpunkt des ersten Teils der vorliegenden Arbeit soll auf zwei unterschiedliche, aber zusammenhängende Aspekte gelegt werden. Zum einen soll die allgemeine systemtheoretische Bedeutung der Hysteresis als analoges Merkmal unterschiedlicher Systeme vorgestellt (Kap. 2.) und zum anderen die oben beschriebene formale Analyse zur Ermittlung eines Modells für den Außenhandel durchgeführt werden (Kap. 3.).

Einer kurzen Einführung in die systemtheoretische Terminologie und der hierauf aufbauenden allgemeinen Beschreibung hysteretischer Systeme folgt die ausführliche Darstellung der ferromagnetischen Hysteresis. Der vergleichsweise weite Umfang der Beschreibung des naturwissenschaftlichen "Referenzfalles" hat mehrere Gründe.[12] Die Darstellung der Hysteresis ferromagnetischer Stoffe soll insbesondere zur Definition der Hysteresis-Eigenschaft in seiner ursprünglichen Form dienen und damit soweit wie möglich Klarheit in der Abgrenzung des Hysteresis-Begriffes schaffen.[13] Ein Vergleich der Gesamtheit

---

[12] Zur üblichen, kürzergefaßten und meistens auf die Betrachtung der makroskopischen Hysteresis beschränkten Darstellung der ferromagnetischen Hysteresis als Analogie zu ökonomischen Phänomenen vgl. Cross/Allan (1988), S. 27 ff., sowie Franz (1990), S. 4 ff.

[13] Für einen Überblick über die Geschichte der Verwendung des Hysteresis-Begriffes in den Wirtschaftswissenschaften vgl. Cross/Allan (1988). Für eine zusammenfassende Darstellung von hysteretischen Phänomenen in ökonomischen Beziehungen vgl. Franz (1990). Der Hysteresis-Begriff wird in der Ökonomie in nicht ganz eindeutiger Weise verwendet, daher scheint ein Rückgriff auf das ursprünglich-physikalische Konzept zur eindeutigen Hysteresis-Definition sinnvoll. Vgl. hierzu Amable/Henry/Lordon/Topol (1991), S. 3 f. Die hier dargestellte Form der Hysteresis, die phänomenologisch der magnetischen Hysteresis entspricht, sollte von einer insbesondere in der Arbeitsmarkt-Hysteresis-Literatur anzutreffenden Definition der Hysteresis über lineare Differenzengleichungen abgegrenzt wer-

der Eigenschaften, die die ferromagnetische Hysteresis ausmachen, mit den Merkmalen von sogenannten "hysteretischen" ökonomischen Systemen (bzw. Modellen) erlaubt die Prüfung des Umfanges der Analogie zum "Original" und damit die Prüfung der Rechtfertigung der Begriffsverwendung ebenso wie die Beantwortung der Frage nach der Verwendbarkeit des hier angewandten Formalinstrumentariums. Weiterhin kann an dieser Stelle auch die im Umfeld hysteretischer Eigenschaften verwendete Terminologie erläutert werden.

Der Vorstellung des Referenzfalles soll die eigentliche Analyse der "Außenhandels-Hysteresis" (in Kap. 3) folgen. Hier wird die Analogie zur ferromagnetischen Hysteresis deutlich gemacht, die verbal dargestellten Auswirkungen der fixen Markteintritts-Sunk-Costs auf das Marktaktivitätsverhalten der potentiellen Exporteure im formalen Mikro-Modellrahmen analysiert und die Aggregation zur Makrobetrachtung durchgeführt. So kann der qualitative Unterschied zwischen Mikro- und Makro-Hysteresis verdeutlicht werden.

Ein weiterer Schwerpunkt der Arbeit ist die im vierten Kapitel durchgeführte Analyse der Eigenschaften des vorher entwickelten Modells zur starken Hysteresis im Außenhandel. Zunächst sollen die vereinfachenden Annahmen bei der Modellherleitung kritisch begutachtet werden, um anschließend einige dieser Annahmen fallen zu lassen: Von der Betrachtung der Außenhandelsmengen wird auf die Analyse der Wertgrößen übergegangen; außerdem werden die Bedingungen für einen Leistungsbilanzausgleich (insbesondere in der Ausgangssituation) analysiert. Mit der Betrachtung der Beziehungen auf der sog. "äußeren" Hysteresis-Schleife wird daraufhin ein in der formalen Struktur besonders einfacher Grenzfall der hysteretischen Beziehung untersucht. Einen Hauptteil der Analyse des stark-hysteretischen Modells in diesem Kapitel macht allerdings die Untersuchung der Reagibilität der Außenhandelsgrößen auf Änderungen des Wechselkurses aus. Die Frage nach den Auswirkungen von Wechselkursänderungen wird hierbei in zwei Teile getrennt: Zunächst werden die Effekte einer einfachen Wechselkursänderung unter Berücksichtigung der vergangenen Wechselkursentwicklung analysiert. Danach werden die Wirkungen einer Wechselkursänderung, die später wieder voll zurückgenommen wird, d.h. die remanenten Effekte einer "nur temporären" Wechselkursschwankung auf die Außenhandelsgrößen, untersucht. Hier erfolgt mit der genauen Analyse der Remanenz die Betrachtung einer charakteristischen Eigenschaft hysteretischer Modelle. Die Bedingungen des Auftretens rema-

den. Zu dieser Art der Hysteresis-Definition vgl. z.B. Franz (1989), S. 78, bzw. Franz (1990), S. 2 ff. Die Unangemessenheit der Erfassung des Hysteresis-Phänomens über lineare Differenzengleichungen wird von Schuster (1992), S. 58 ff., aufgezeigt.

nent-persistierender Effekte gerade im Rahmen des stark-hysteretischen (Makro-) Modells sollen verdeutlicht und der Unterschied zur "schwachen" (Mikro-) Hysteresis aufgezeigt werden.

Die Verwendung des im ersten Teil der Arbeit auf der Grundlage des systemtheoretischen Aggregationsverfahrens entwickelten Modells zur starken Hysteresis im Außenhandel ist durch die hohe mathematische Komplexität sehr eingeschränkt. Aus diesem Grund wird im fünften Kapitel der Arbeit eine Form der Beziehung zwischen Außenhandelsgröße und Wechselkurs entwickelt, die auf miteinander verbundenen linearen Teilstücken beruht. Mit Hilfe einer teilweise linearen Funktion wird hier das nichtlinear-hysteretische Verhalten approximiert, und zwar so, daß die entscheidenden Eigenschaften des "Original"-Modells zur starken Hysteresis im Außenhandel weitgehend erhalten bleiben. So weist auch das linearisierte Modell eine Abhängigkeit von der vergangenen Wechselkursentwicklung auf. Das hysteretische Verhalten des linear-hysteretischen Modells beruht ebenso wie das Verhalten des original-hysteretischen Modells auf der "Erinnerung" des Systems an die Extremwerte in der vergangenen Wechselkursentwicklung; schon kleine Schwankungen können auch im linearisierten Ansatz remanente Effekte haben; folglich ist auch dieser approximativ vereinfachte Ansatz "stark" hysteretisch.

Im sechsten Kapitel wird der linearisierte Ansatz beispielhaft in einfache keynesianische Lehrbuchmodelle offener Volkswirtschaften vom Mundell-Fleming-Typ implementiert. Dies geschieht aus zwei Gründen: Zum einen sollen die Auswirkungen eines hysteretischen Außenhandels auf die gesamte Volkswirtschaft im Rahmen eines bekannten Modells aufgezeigt werden, und zum anderen soll insbesondere auch die einfache Übertragbarkeit des linear-hysteretischen Ansatzes auf andere Modelle betont werden.

Den Abschluß der Arbeit bildet eine empirische Überprüfung des Hysteresis-Modells. Auf der Basis des linear-hysteretischen Modells wird ein ökonometrisches Regressionsmodell zur Erfassung hysteretischer Effekte aufgebaut und ein Algorithmus zur Schätzung des linear-hysteretischen Regressionsmodells entwickelt. Die Eigenschaften dieses Schätzansatzes werden kurz vorgestellt und anhand einer simulierten Datenreihe getestet. Die Importe der USA aus Japan wurden in den achtziger Jahren durch starke Schwankungen des Wechselkurses zwischen US-Dollar und Yen geprägt. Daher soll anhand dieser Zeitreihe geprüft werden, ob Außenhandelsgrößen auf aggregierter Ebene prinzipiell hysteretisch reagieren und ob das hier aufgestellte linear-hysteretische Modell das Verhalten der Außenhandelsgrößen adäquat erfaßt.

2. Grundlagen der Hysteresis-Analyse

2.1 Hysteresis als Systemmerkmal

Hysteresis kann in sehr allgemeiner, anwendungsunabhängiger Form als Merkmal eines Systems, und somit eines physikalischen oder auch ökonomischen Systems, verstanden werden. Das "System" wird hier im systemtheoretischen Sinn als "ein strukturiertes, geordnetes Ganzes"[1], d.h. als eine Menge von Elementen, die bestimmte Eigenschaften aufweisen und die durch bestimmte Relationen miteinander verknüpft sind, verstanden.[2] Die Systemtheorie betont die Existenz formal gleichstrukturierter, homomorpher (*analoger*[3]) Gesetze in unterschiedlichen (realen) Systemen. Die Analyse von Systemen erfolgt dementsprechend mit Hilfe einer disziplinübergreifenden Terminologie.[4] Ein Modell eines Systems stellt den Versuch einer möglichst isomorphen Abbildung des modellierten Systems mit dem Zweck der Komplexitätsverringerung dar: Das Modell sollte Systemstruktur und -verhalten möglichst genau erfassen und in seinen Eigenschaften weitestgehend mit dem System übereinstimmen. Diese Verhaltensgleichheit kann mikroskopischer ebenso wie makroskopischer Art sein. Das Modell selbst kann wiederum als System interpretiert werden.[5]

Zum besseren Verständnis und zur Vermeidung von Ungenauigkeiten soll die grundlegende systemtheoretische Terminologie hier kurz erläutert werden:

- *Elemente* sind die "Bausteine" eines Systems, die nicht weiter zerlegt werden (sollen); eine inhaltliche Einschränkung erfolgt nicht. Die *Eigenschaften der Elemente* stellen Kombinationen von Merkmalsausprägungen dar.[6]
- Die *Beziehungen* oder *Relationen*, formal als Strömungsgrößen bezeichnet, konkretisieren sich durch den Austausch von Materie, Energie oder Information. Die Gesamtheit der Relationen heißt *Struktur* des Systems.[7]
- Der *Zustand* des Systems läßt sich durch die zeitpunktbezogene Kombination aller relevanten Elementeigenschaften (Zustandsvariablen) erfassen.[8]

---

1 Klages (1986), S. 25.

2 Vgl. Gabler Wirtschaftslexikon (1988), Stichworte: "System", S. 1845 f., sowie "Systemtheorie", S. 1852 f. Für eine ausführliche Erläuterung des Systembegriffs vgl. Ulrich (1975), S. 33 ff.

3 Gerade die Analogiebildung zur Darstellung struktureller Gemeinsamkeiten unterschiedlicher Disziplinen, mit dem Ziel die Gleichartigkeit besser zu erkennen und hierfür eine einheitliche Terminologie und Methodologie anzubieten, steht im Mittelpunkt der Systemtheorie. Vgl. Guntram (1985), S. 296, sowie Herder-Dorneich (1986), S. 4.

4 Vgl. Grochla/Lehmann (1980), S. 2207 f.

5 Vgl. Guntram (1985), S. 312 f., Baetge (1974), S. 47 ff., sowie Kiener (1973), S. 14 f.

6 Vgl. Grochla/Lehmann (1980), S. 2209.

7 Vgl. Kiener (1973), S. 15.

— Das *Verhalten* des Systems kann als ein von Störungen begleiteter Prozeß des Übergangs von einem Zustand in einen anderen verstanden werden.[9]
— Auf Änderungen kann ein System durch einen Übergang in ein neues *Gleichgewicht* reagieren, welches als stationärer oder als Ruhezustand interpretierbar ist.[10]
— Systeme (bzw. Modelle) können charakterisiert werden durch:
  - Die Beziehung zur Systemumgebung: "*offene*" Systeme kennzeichnen sich im Gegensatz zu "*geschlossenen*" Systemen durch "externe", d.h. die Grenzen des Systems überschreitende Relationen; daher sind neben endogenen Beziehungen noch exogene Variablen zu berücksichtigen.[11]
  - Die Veränderlichkeit im Zeitablauf: in "*statischen*" Systemen verändern sich im Zeitablauf Elemente und Relationen nicht, während sich der Zustand "*dynamischer*" Systeme im Zeitablauf verändert. Liegt in dynamischen Systemen eine Informationsrückkopplung vor, so handelt es sich um "*kybernetische*" Systeme.[12]
  - Weitere Merkmale wie: Systemzeit (stetig, diskret), Inhalt (organisch, technisch, ökonomisch) und Zweck (Erklärung, Prognose, Gestaltung).[13]

In technischen und sozio-ökonomischen Systemen stellt sich häufig (für einige als *Zielvariablen* hervorgehobene Größen) das Problem der Zielerreichung bzw. das Problem der Erreichung und Aufrechterhaltung eines Gleichgewichts. Dies kann durch externe Steuerung (über sog. Kontrollvariablen) oder aber auch durch eine interne *Rückkopplung* der Zielgrößen im System selbst erfolgen; hier spricht man von Regelung.[14]

Mit Hilfe der oben angeführten Definitionen läßt sich Hysteresis als Verhaltensmerkmal eines offenen dynamischen Systems hinsichtlich des langfristigen Gleichgewichts darstellen, und zwar als eine in einer bestimmten Eigenschaft der Elemente begründeten Art der Beziehung zwischen den Elementen des Systems: der Multibranch-Nichtlinearität. Hysteresis bedeutet allgemein, daß

---

8 Im strengeren Sinn wird der *Zustand* eines dynamischen Systems definiert als die kleinstmögliche Zahl n von Größen (*Zustandsvariablen*), die bekannt sein müssen, um das Verhalten des Systems vorhersagen zu können. Die Werte dieser Größen werden für einen Zeitpunkt als Zustandspunkt im entsprechenden n-dimensionalen Vektorraum, dem Zustandsraum, dargestellt. Vgl. Oertli-Cajacob (1977), S. 88 f., sowie Fischer (1982), S. 53 ff.

9 Vgl. Grochla/Lehmann (1980), S. 2209 f.

10 Für eine ausführliche Gleichgewichtsdefinition vgl. Kappel (1979), S. 77 ff.

11 Vgl. Krüger (1975), S. 16.

12 Vgl. Guntram (1985), S. 299 f., sowie Krüger (1975), S. 16 f. und S. 19.

13 Vgl. Guntram (1985), S. 314, Krüger (1975), S. 19 f., sowie Baetge (1977), S. 513 f.

14 Vgl. Guntram (1985), S. 316 f.

infolge des Zurückbleibens der Wirkung vergangener Ausprägungen einer verursachenden Größe (das ist die sog. Remanenz) das Verhalten des Systems nicht mehr nur mit Bezugnahme auf die gegenwärtigen verursachenden Variablen allein erklärt werden kann,[15] da sich aufgrund bestimmter Eigenschaften der Elemente eine Änderung in den Relationen ergibt. Der Einfluß der vergangenen verursachenden Variablen kann im Rahmen der Multibranch-Nichtlinearität zu einer Änderung der Relation führen, soweit ein anderer "Ast" in der Beziehung gültig wird. Hysteretische Systeme kennzeichnen sich daher insbesondere dadurch, daß zur Beschreibung des Verhaltens des Systems im Gleichgewicht (in den Wirtschaftswissenschaften im Mittelpunkt des Interesses) auch auf die vergangene Entwicklung der relevanten erklärenden Variablen zurückgegriffen werden muß.[16] Der langfristige Gleichgewichts- bzw. Steady-State-Zustand des Systems ist nicht nur von den Steady-State-Werten der verursachenden Variablen abhängig, sondern auch von den Anfangsbedingungen der Zustandsvariablen und vom Zeitpfad der Werte der exogenen Variablen. Zur Beschreibung des Zustandes eines hysteretischen Systems sind die momentanen Ausprägungen der betrachteten Variablen nicht ausreichend; vielmehr müssen zur Kennzeichnung des gegenwärtigen Systemzustandes auch vergangene Werte der betrachteten Größen herangezogen werden.[17] Hysteretische Systeme charakterisieren sich demnach durch ihre "*Zeitpfadabhängigkeit*" (sie werden daher auch als "historische" Systeme bezeichnet) und damit durch die Nichteindeutigkeit der Beziehung zwischen verursachender und abhängiger Größe sowie durch die hierdurch bedingten, vergangenheitsabhängigen, *multiplen Gleichgewichte*.[18]

---

[15] Hier sollte betont werden, daß ein hysteretisches System sich durch die Ausübung eines externen Einflusses kennzeichnet, so daß mindestens eine Kontrollvariable bzw. eine verursachende Größe vorliegt. Die Betrachtung der Hysteresis als autonome Dynamik erscheint wenig sinnvoll. Vgl. Amable/Henry/Lordon/Topol (1991), S. 9. Dementsprechend ist Hysteresis eine Eigenschaft offener Systeme.

[16] Vgl. Cross/Allan (1988), S. 26.

[17] Diese vergangenen Werte sind, da sie zur Beschreibung des gegenwärtigen Systemzustandes herangezogen werden müssen, "gegenwärtige" Zustandsvariablen. Bei einem Rückgriff nur auf die gegenwärtigen Ausprägungen der betrachteten Variablen liegt daher eine *Indeterminiertheit* vor, die nur durch die zusätzliche Information aus den vergangenen Werten beseitigt werden kann. Vgl. Amable/Henry/Lordon/Topol (1991), S. 9.

[18] Vgl. Franz (1989), S. 77 f., sowie Kösters/Belke (1990), S. 278.

2.2 Hysteresis im Ferromagnetismus

Die magnetischen Eigenschaften eines Stoffes sind auf die magnetische Ausrichtung der einzelnen Elektronen bzw. der einzelnen Atome sowie auf das kollektive Zusammenwirken größerer Gruppen von Atomen zurückzuführen.[19] Üblicherweise verhindert die Wärmebewegung der Atome eine geordnete magnetische Ausrichtung der Atome eines Stoffes, so daß auch unter Anlegen eines äußeren Magnetfeldes nur eine sehr geringe magnetische Ausrichtung für einen Gesamtkörper festgestellt werden kann. Eine andere Situation liegt für den Fall ferromagnetischer Stoffe[20] vor; hier kann die Wärmebewegung der Atome für Temperaturen unterhalb der materialspezifischen sog. CURIE-Temperatur eine bestimmte Ordnung der Atome hinsichtlich ihrer magnetischen Ausrichtung nicht unterdrücken.[21] Ferromagnetika sind dadurch gekennzeichnet, daß in vielen kleinen Bereichen (sog. WEISSsche Bezirke) die magnetische Ausrichtung der Atome durch gegenseitige Wechselwirkung völlig parallel liegt.[22] Die WEISSschen Bezirke in einem entmagnetisierten Gesamtkörper haben eine in alle Richtungen verteilte magnetische Ausrichtung, so daß makroskopisch der Körper nach außen hin als nicht magnetisch erscheint.[23] Voraussetzung für die Ausbildung der WEISS-Bereiche ist die kristalline Struktur des Eisens bzw. der Ferromagnetika, doch die Abgrenzung der einzelnen WEISSschen Bezirke stimmt nicht mit den Einzelkristallen im Gesamtkörper überein, orientiert sich aber an der Kristallstruktur im Metall.[24]

Wirkt nun auf den entmagnetisierten Eisenkörper ein äußeres magnetisierendes Feld ein, so richten sich zunächst die günstig orientierten WEISS-Bereiche in Richtung des äußeren Magnetfelds aus.[25] Mit steigender Feldstärke wachsen nun die günstig orientierten WEISS-Bezirke auf Kosten ungünstig orientierter Nachbarbereiche durch eine Verschiebung der Grenzen zwischen den

---

19 Die magnetische Ausrichtung der Elektronen wird "Spin" genannt. Für ein Atom oder Molekül mit mehreren Elektronen ergibt sich die magnetische Ausrichtung über eine vektoradditive Aggregation der magnetischen Momente der Elektronen; für einen Gesamtkörper entsprechend als Aggregation der magnetischen Ausrichtung aller Atome. Für eine ausführliche Darstellung vgl. Jaworski/Detlaf (1986), S. 264 ff. Für einen kurzen Überblick vgl. Jahreiß (1981), S. 282 f.

20 Ferromagnetische Stoffe sind vor allem Eisen, Kobalt, Nickel, aber auch einige Legierungen. Zur Definition der Ferromagnetika vgl. Jaworski/Detlaf (1986), S. 273 f.

21 Vgl. Gerthsen/Kneser/Vogel (1989), S. 366.

22 Vgl. Dobrinski/Krakau/Vogel (1988), S. 305. Diese parallele Ausrichtung innerhalb der WEISS-Bereiche erfolgt von selbst, d.h. ohne Einwirken eines äußeren Magnetfeldes, und wird daher als "spontane" Ausrichtung bezeichnet. Vgl. Purcell (1989), S. 286.

23 Vgl. ebenda, S. 287.

24 Vgl. Jaworski/Detlaf (1986), S. 275, sowie Gerthsen/Kneser/Vogel (1989), S. 367 f.

25 Vgl. Dobrinski/Krakau/Vogel (1988), S. 305.

einzelnen WEISSschen Bezirken.[26] Den Verschiebungen wirken elastische Spannungen entgegen: Fremdatome im Kristallgitter behindern die Wandverschiebung und fesseln die Grenzen zeitweise in einer bestimmten Lage, bis bei steigender Feldstärke die Spannung zu groß wird und die Grenze ruckartig weiterspringt. Diese ruckartigen Bezirksausdehnungen werden BARKHAUSEN-Sprünge genannt.[27] Für den gesamten Prozeß der Wandverschiebung (und damit der Magnetisierung des Eisenkörpers) gilt, daß er teilweise allmählich-stetig und teilweise in Form von kleinen ruckartigen Sprüngen erfolgt. Eine immer weiter steigende Feldstärke führt schließlich dazu, daß alle Atome sich entsprechend des äußeren Magnetfelds ausgerichtet haben; es liegt eine magnetische Sättigung des im Magnetfeld befindlichen Eisenkörpers vor. Wird nun die magnetische Feldstärke wieder gesenkt, wird der vorhin beschriebene Prozeß der Umorientierung umgekehrt, aber nur teilweise: Die Fremdatome, die die Wandverschiebung bei der Magnetisierung behinderten, behindern jetzt die Entmagnetisierung. Die allmählichen Drehungen werden bei der Senkung der Feldstärke auf das Ausgangsniveau von null wieder rückgängig gemacht, die sprunghaften Wandverschiebungen wegen des Widerstandes durch die Fremdatome zum Teil nicht.[28] Folglich ist nach Wegnahme des äußeren Feldes die Zahl der in Richtung des ehemaligen Feldes orientierten Atome größer als im entmagnetisierten Ausgangszustand. Das Eisenstück ist daher nun, obwohl kein äußeres Feld mehr anliegt, magnetisch. Ein Teil der Magnetisierung des Metalls in der Vergangenheit bleibt somit im Material zurück, der sogenannte remanente Magnetismus. Das magnetische Verhalten des Eisenkörpers ist daher *vergangenheitsabhängig*, d.h. hysteretisch.[29]

Der eben allgemein beschriebene Prozeß der Magnetisierung eines Eisenkörpers läßt sich über die Magnetisierungskurve in einem Koordinatensystem, mit der verursachenden Feldstärke des äußeren Magnetfeldes als Abszissenwerten und der hieraus resultierenden Magnetisierung des Gesamtkörpers als Ordinatenwerten, grafisch darstellen.[30]

---

26 Dieser Prozeß wird "Wandverschiebung" genannt. Vgl. Jahrreiß (1981), S. 284.

27 Vgl. Gerthsen/Kneser/Vogel (1989), S. 368 f.

28 Es liegen sog. "irreversible" Verschiebungen vor. Vgl. ebenda, S. 369.

29 Die Eigenschaft der Remanenz ist übrigens dafür verantwortlich, daß Informationen auf Disketten oder Magnetbändern gespeichert werden können. Vgl. Purcell (1989), S. 289.

30 Die gleiche Abbildungsform ergibt sich, wenn statt der Magnetisierung die magnetische Polarisation als Ordinatenwert eingezeichnet wird. Eine nur ähnliche Form gilt, wenn statt der Magnetisierung, die einen Sättigungswert erreicht, die magnetische Induktion (auch magnetische Flußdichte) eingetragen wird, für die sich keine Sättigung ergibt. Die genauen Unterschiede sind hier aber ohne Bedeutung. Zur Gegenüberstellung der unterschiedlichen Kurvenverläufe vgl. Dobrinski/Krakau/Vogel (1988), S. 304 (dort auch Fußnote 1).

Abb. 2.1: Die Hysteresis-Schleife der Magnetisierung

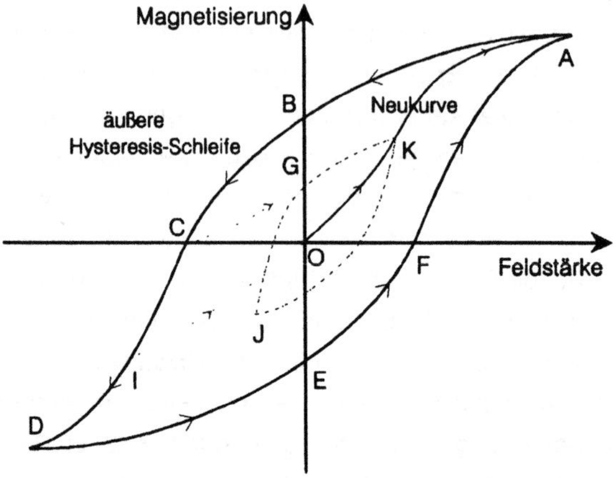

Wird das noch unmagnetische Eisenstück einer steigenden magnetisierenden Feldstärke ausgesetzt, so steigt die Magnetisierung des Eisens, ausgehend vom Ursprung O des Koordinatensystems, entlang der sog. "Neukurve" zunächst stark, dann weniger stark an, bis schließlich alle Atome in ihrer magnetischen Ausrichtung mit der Richtung des äußeren Felds übereinstimmen, d.h. bis der Eisenkörper magnetisch gesättigt ist (Punkt A). Ein weiteres Ansteigen der Feldstärke führt nicht mehr zu höherer Magnetisierung des Eisens. Wird nun die Feldstärke reduziert, so dreht sich, aus oben erläuterten Gründen, nur ein Teil der Atome wieder in ihre Ausgangslage zurück; ein Teil verharrt in der geänderten magnetischen Ausrichtung. Folglich führt eine Rücknahme der Feldstärke auf null nicht zu einem völlig entmagnetisierten Zustand wie in der Ausgangslage, vielmehr verläuft die Entwicklung entlang der oberhalb der Neukurve liegenden Linie AB. Es verbleibt eine Restmagnetisierung, die Remanenz (in Höhe der Strecke OB). Um wieder einen unmagnetischen Zustand zu erreichen, ist ein umgedrehtes magnetisches Feld (mit einer Aussteuerung[31] in Höhe der Strecke OC) nötig, die sog. "Koerzitivkraft".[32] Eine weitere Vergröße-

---

31 Die "Aussteuerung" bezeichnet (unabhängig von der Ausrichtung des Feldes) die Absoluthöhe der Feldstärke. Vgl. Fischer (1976), S. 463.

32 Die Koerzitivkraft reicht allerdings nicht aus, den Ursprungszustand des Eisenstabes wiederherzustellen. Die Magnetisierung des Stabes ist im Punkt C nur null für eine (negative) äußere Feldstärke in Höhe der Koerzitivkraft. Wird, ausgehend von der Koerzitivfeldstärke, das magnetische Feld in seiner Aussteuerung wieder verringert, so steigt die Magnetisierung wieder etwas an. Für eine Feldstärke von null ergäbe sich dann ein Punkt G (zwischen O und B). Um eine vollständige Entmagnetisierung wie im Ausgangszustand zu erhalten, wäre eine weitere absolute Vergrößerung der negativen Feldstärke über die Stecke OC hinaus nötig, um dann die Aussteuerung wieder zu verringern, und zwar in solcher Art, daß der dann aufsteigende "Ast" der Magnetisierungskurve gerade durch den Ursprung O verläuft (in der Abbildung mit dem Kurvenzug IO angedeutet). Hier wird außerdem klar,

rung der Aussteuerung führt wiederum zur magnetischen Sättigung, allerdings mit anderer Polung, im Punkt D. Wird nun die Feldstärke wieder in Richtung null verändert, ergibt sich durch das "Nachhinken" der Magnetisierung des Eisenstückes eine (hier negative) Remanenz (in Höhe der Strecke EO) und eine entsprechende Koerzitivkraft (in Höhe der Strecke OF). Eine weitere Erhöhung der Feldstärke führt wieder zum Punkt A. Die so in einem Magnetisierungs-/ Entmagnetisierungszyklus beschriebene Kurve heißt "Hysteresis-Schleife". Da hier ein Zyklus mit einer Aussteuerung jeweils bis zur magnetischen Sättigung des Eisenkörpers (in den Punkten A bzw. D) vorliegt, handelt es sich um die sogenannte "äußere" bzw. "Sättigungs-Hysteresis-Schleife". Wird der Zyklus positiver und negativer Magnetisierung nicht bis zur magnetischen Sättigung hin durchlaufen, so ergeben sich Schleifen, die innerhalb der "äußeren" Hysteresis-Schleife liegen und deren Fläche nur einer Teilfläche der "Sättigungsschleife" entspricht.[33]

Die Betrachtung der unterschiedlichen möglichen Kurvenverläufe macht die Hysteresis-Eigenschaft deutlich: In Abhängigkeit von vergangenen Ausprägungen der äußeren Feldstärke wird die Beziehung zwischen Feldstärke und Magnetisierung über völlig verschiedene Kurvenzüge dargestellt; damit liegen unterschiedliche "Äste" der Multibranch-Nichtlinearität der jeweils aktuellen Beziehung zugrunde. Es folgt daher zum einen die Vergangenheitsabhängigkeit, zum anderen auch die Nichteindeutigkeit der Beziehung zwischen verursachender Feldstärke und resultierender Magnetisierung im hysteretischen "System Eisenkörper". Die Multibranch-Nichtlinearität bei makroskopischer Betrachtung des gesamten Eisenkörpers ist von bestimmter Art: Schon kleine Änderungen der verursachenden Größe führen zu einer Verlagerung der Relation auf einen anderen "Ast", und es liegt eine fast unendliche Vielzahl von möglichen "Ästen" vor.

Unterschiedliche ferromagnetische Metalle weisen Hysteresis-Schleifen mit unterschiedlicher Fläche bzw. Breite auf. Hart- bzw. dauermagnetische Stoffe haben Hysteresis-Schleifen mit sehr großer Fläche, weichmagnetische Stoffe

daß die Remanenz nicht gleichzusetzen ist mit einer Irreversibilität im Sinne einer Unumkehrbarkeit der Auswirkungen vergangener Einfüsse; es ist möglich den Ausgangszustand wieder zu erreichen, nur ist in hysteretischen Systemen hierfür der Einsatz einer kompensierenden "Kraft" nötig. Vgl. auch Franz (1990), S. 6. Die Umkehrbarkeit durch eine kompensierende Kraft unterscheidet die Hysteresis auch von "Ratchet"- bzw. Sperrklinken-Effekten. Vgl. Baldwin (1989), S. 1 (Fußnote 2, S. 34) sowie S. 15.

33 Der Zyklus kann auch mit unterschiedlicher Aussteuerung für die jeweilige Polung durchlaufen werden. Ist die Aussteuerung in beiden Richtungen gleich hoch, liegt eine symmetrische Hysteresis-Schleife vor, sonst eine asymmetrische. In der Abbildung ist mit der Schleife JK eine asymmetrische innere Hysteresis-Schleife beispielhaft eingezeichnet worden. Vgl. hierzu Kohlrausch (1985), S. 432 f., und Cross/Allan (1988), S. 29.

eine sehr schmale Schleife, für völlig weichmagnetische Stoffe liegt wieder eine eindeutige Beziehung zwischen Feldstärke und Magnetisierung und damit eine ahysteretische Situation vor. Das Durchlaufen der Hysteresis-Schleife bedeutet einen Energieverlust proportional zur umschlossenen Fläche ABCDEFA; die Energie wird in Form von Wärme frei.[34]

Von Interesse ist noch die Darstellung für den Fall eines Einkristalls, dessen Ummagnetisierung in einem einzigen BARKHAUSEN-Sprung erfolgt.[35] Die Hysteresis-Schleife für diesen Fall hat ein in Abb. 2.2 dargestelltes Aussehen. Die dort skizzierte Form der Hysteresis-Schleife kann, da diese Form für die Vielzahl der BARKHAUSEN-Sprünge eines vielkristallinen Körpers zugrundegelegt werden kann, als Elementarform der Hysteresis interpretiert werden. Hier liegt Multibranch-Nichtlinearität in der einfachsten Form vor: Einer Feldstärke zwischen C und F sind in Abhängigkeit von der vergangenen Magnetisierung nur zwei unterschiedliche "Äste" zugeordnet. Der betrachtete Kristall oder auch ein betrachteter WEISS-Bezirk kann demnach in seinem Verhalten als Hysteron bezeichnet werden. Die Hysteresis-Schleife eines Gesamtkörpers ergibt sich durch die Überlagerung einer Vielzahl solcher rechteckiger Schleifen als eine makroskopisch kontinuierliche Schleife.

Abb. 2.2: Die elementare Rechteck-Hysteresis-Schleife

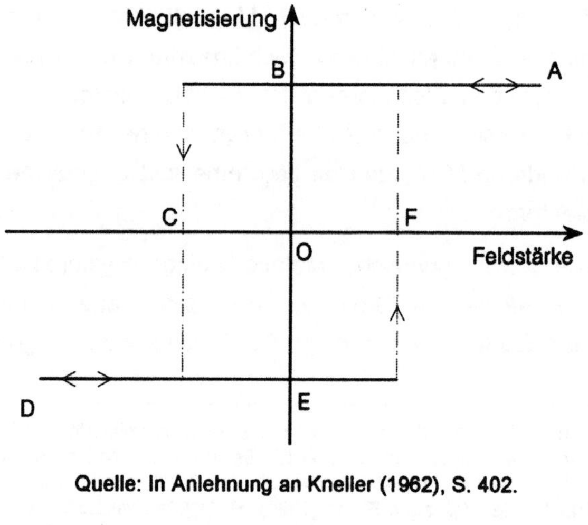

Quelle: In Anlehnung an Kneller (1962), S. 402.

34 Vgl. Jaworski/Detlaf (1986), S. 275, sowie Gerthsen/Kneser/Vogel (1989), S. 365.

35 Vgl. Kneller (1962), S. 401 f.

3. Ein Modell zur Hysteresis im Außenhandel

Mit Hilfe des hier vorgestellten Modells soll eine Betrachtung der Konsequenzen von Wechselkursschocks für die Handelsströme erfolgen.

In die Außenhandelstheorie eingeführt wurde der Begriff "Hysteresis" von M.C. Kemp und H.Y. Wan zur Beschreibung der Wirkungen internationaler Arbeitsmigrationen infolge mangelnder Faktorpreisanpassung.[1] Die Verwendung des Hysteresis-Begriffs im hier verwendeten Zusammenhang geht jedoch auf Richard Baldwin und Paul Krugman zurück.[2] Vor dem Hintergrund einer nicht vollständigen Weitergabe von Wechselkursänderungen auf die Preise von importierten Gütern auf dem amerikanischen Markt während der Phase starker Wechselkursschwankungen in der Mitte der 1980er Jahre wurde von Krugman und Baldwin ein Hysteresis-Modell des Außenhandels entwickelt: Hier führen fixe Sunk-Costs des Markteintritts dazu, daß die Entscheidungen der einzelnen Unternehmen zum Eintritt in den bzw. zum Austritt aus dem ausländischen Markt bei verschiedenen Wechselkursen erfolgen. Dies hat zur Folge, daß starke temporäre Wechselkursschwankungen, die zum Überschreiten von Schwellenwechselkursen führen, permanente Änderungen in der Marktstruktur (als Anzahl ausländischer Anbieter auf dem betrachteten Markt oder als deren Marktanteil) bewirken. Die Folge der durch die temporäre Wechselkursschwankung bewirkten Marktstrukturänderung besteht in permanenten Effekten auf Mengen und Preise auf den betrachteten Märkten.[3] Analoge Modelle mit jeweils unterschiedlichen Annahmen zu den betrachteten Märkten wurden in der Folgezeit bei der Analyse von hysteretischen Außenhandelseffekten zugrundegelegt. So dient auch hier eine stark vereinfachte Version des Baldwin-Krugman-Modells als Mikrobasis. Hier erfolgt jedoch eine andere, allgemeinere Aggregation zur Makrobetrachtung mittels eines Formalinstrumentariums aus der allgemeinen mathematischen Systemtheorie. Die Aggregation im Rahmen des Baldwin-Krugman-Modells erfolgt über eine Einschränkung der Heterogenität der Unternehmen bezüglich der Struktur der Sunk-Costs und der komparativen Vorteile, die letztendlich dazu führt, daß (nur) die hysteretischen Eigenschaften, die schon auf der Mikroebene bestehen, (abgeschwächt) auf der Makroebene bestehen bleiben.[4] Dort sind bei der Analyse hysteretischer

---

1 Vgl. Kemp/Wan (1974).

2 Vgl. Krugman (1986a), S. 23 f., sowie Krugman (1986), S.14, S. 22 und S. 31, und insbesondere Baldwin/Krugman (1989) (zurückgehend auf ein Arbeitspapier aus dem Jahre 1986) und Baldwin (1990) (zurückgehend auf ein Mimeo von 1986).

3 Vgl. Baldwin/Krugman (1989).

4 Vgl. ebenda, S. 642 ff.

Effekte die Wechselkursschwankungen zu differenzieren: "große" Wechselkursschwankungen, die einen permanenten Effekt hinterlassen, und Wechselkursschwankungen, die keinen permanenten Effekt hinterlassen, weil sie entweder zu klein sind, um zu einem Überschreiten des Eintritts- bzw. Austrittswechselkurses zu führen, oder weil auf die Überschreitung des Eintrittswechselkurses das Überschreiten des Austrittswechselkurses folgt (oder umgekehrt).[5] Diese Einschränkung ist hier nicht erforderlich, mit der Folge, daß sich die hysteretischen Eigenschaften mit der Aggregation sogar verstärken: Schon kleine Wechselkursänderungen können persistent-zurückbleibende Wirkungen haben, wie dies auch bei der ferromagnetischen Hysteresis der Fall ist. Die (nach Wissen des Autors) erste direkte Anwendung dieses aus der Physik stammenden (Aggregations-) Verfahrens zur Beschreibung von Mikro- und Makro-Hysteresis im Außenhandel wurde von Amable, Henry, Lordon und Topol durchgeführt; entsprechend steht dort die Unterscheidung der beiden Hysteresis-Arten und die Darstellung des Unterschieds zur bisherigen Form der aggregierenden Betrachtung im Vordergrund. In dieser Arbeit wird, ausgehend von den Ergebnissen von Amable, Henry, Lordon und Topol (1991) sowie aufbauend auf die allgemein-formale Darstellung von Mayergoyz (1986), versucht, das Formalkonzept durch die simultane Betrachtung von Exporten und Importen noch strikter und weitergehender auf den ökonomischen Anwendungsfall zu übertragen, gleichzeitig aber durch vereinfachende Annahmen die formale Analyse möglichst einfach zu gestalten. So werden undurchsichtige, komplexe Ergebnisse vermieden und eine geometrische Interpretation ermöglicht. Die grundlegenden Eigenschaften der Analyseergebnisse ändern sich hierdurch jedoch in keiner Weise.

3.1 Das Modell: Mikrobetrachtung

Die Implikationen der Hysteresis im Außenhandel auf der Mikroebene sollen zunächst beispielhaft für den Fall des Vorliegens von sprungfixen Sunk-Costs des Markteintritts aufgezeigt werden. Im Anschluß hieran werden kurz Lernkurveneffekte und Gewöhnungseffekte bei den Verbrauchern als weitere mögliche

---

5 Gerade diese Unterscheidung steht im Mittelpunkt der Analyse von Baldwin und Krugmann. Vgl. hierzu z.B. Baldwin (1988), S. 777. Anzumerken ist allerdings, daß die "Größe" der Wechselkursschwankung nicht hinreichend zur Erzeugung permanenter Effekte ist, soweit nach Überschreiten des einen Schwellenwerts (z.B. für Markteintritt) hinterher der andere Schwellenwert (für Marktaustritt) wieder überschritten wird. Vgl. Amable/Henry/Lordon/Topol (1991), S. 10. Außerdem kann eine Serie vieler, kleiner, positiv autokorrelierter Wechselkurs-Schocks zum Überschreiten der Schwellenwerte führen. Vgl. Baldwin/Lyons (1989), S. 18.

Ursachen für Hysteresis im Außenhandel sowie die Auswirkungen der Existenz von Unsicherheit über die zukünftige Wechselkursentwicklung auf die Stärke des hysteretischen Verhaltens vorgestellt.

Die Betrachtung der Hysteresis im Außenhandel auf der Mikroebene beginnt mit der Darstellung des Spezialfalls der Hysteresis infolge von fixen Markteintritts-Sunk-Costs. Dies hat mehrere Gründe: Zum einen hatte die Analyse der Hysteresis im Außenhandel ihren Ursprung gerade in der Betrachtung der Auswirkungen der Markteintritts-Sunk-Costs, wie schon der Titel "Sunk-Cost Hysteresis" des Artikels von Baldwin (1989) verdeutlicht. Außerdem können die Bestimmungsgründe und Wirkungen des hysteretischen Verhaltens hieran relativ einfach beispielhaft verdeutlicht werden. Mit der hierauf folgenden Herleitung hysteretischen Verhaltens für andere Bestimmungsgründe werden weitere Ursachen der Hysteresis im Außenhandel aufgeführt; gleichzeitig wird aber auch die Verhaltensanalogie der anderen Hysteresis-Gründe zur einfachen Sunk-Cost-Hysteresis deutlich; die stellvertretende Argumentation mit Hilfe der Sunk-Cost-Hysteresis im weiteren Text erscheint daher gerechtfertigt.

3.1.1 Hysteresis bei Vorliegen von Markteintritts-Sunk-Costs

Ausgangspunkt der Analyse ist die Mikrobetrachtung des Verhaltens der einzelnen Exportunternehmen im Inland und im Ausland.

Der Rohgewinn, d.h. der Gewinn ohne Berücksichtigung der Markteintrittskosten, eines inländischen Exporteurs j aus den Exporten ist:[6]

(3.1) $R_{j,t} = w_t \cdot p^*_{X,t} \cdot x_{j,t} - c_j \cdot x_{j,t}$

mit:
- t : Zeitindex
- j : Index für potentielle inländische Exporteure
- n : sehr große Anzahl potentieller inländischer Exporteure ($j = 1, \ldots, n$)
- $R_{j,t}$: Rohgewinn des inländischen Exporteurs j im Zeitpunkt t
- w_t : Wechselkurs in Preisnotierung aus Sicht des Inlands, d.h. Preis der Auslandswährung ausgedrückt in Inlandswährung
- $p^*_{X,t}$: Preis des Exportgutes im Ausland (in Auslandswährung [7])
- $x_{j,t}$: Produktions- bzw. Exportmenge
- c_j : "laufende" bzw. variable Kosten oder Grenzkosten (in Inlandswährung)

---

6 Vgl. Baldwin/Krugman (1989), S. 638; dort allerdings Betrachtung eines ausländischen Unternehmens bei einem Wechselkurs in Mengennotierung.

7 Allgemein gilt, daß monetäre Größen, die mit " * " gekennzeichnet wurden, in ausländischer Währung angegeben sind und die ohne Stern in Inlandswährung.

Für einen ausländischen Exporteur k gilt analog:

$$(3.2)\quad R^*_{k,t} = \frac{p_{M,t}}{w_t} \cdot m_{k,t} - c^*_k \cdot m_{k,t}$$

mit: k : Index für potentielle ausländische Exporteure
n^* : sehr große Anzahl potentieller ausländischer Exporteure ($k = 1, \dots, n^*$)
$R^*_{k,t}$: Rohgewinn des ausländ. Exporteurs k (in ausl. Währung)
$p_{M,t}$: Preis des ausländ. Exportgutes (des inländ. Importgutes) im Inland (in Inlandswährung)
$m_{k,t}$: Produktions- bzw. Importmenge (Importe aus inländ. Sicht)
c^*_k : Grenzkosten (in Auslandswährung)

Es liegen Marktein- bzw. -austrittsbarrieren in Form von sprungfixen Markteintritts-Sunk-Costs vor. Diese Kosten können durch den Aufbau eines Vertriebs- und Servicenetzes, im Rahmen der Etablierung eines Markennamens, durch die Ausbildung von Managern für den Verkauf im Auslandsmarkt und auch durch die Investitionen, die nötig sind, um das eigene Produkt in Übereinstimmung mit den nationalen Gesundheits- und Sicherheitsbestimmungen zu bringen, anfallen. Der so aufgebaute "Kapitalstock" ist in hohem Maße unternehmensspezifisch und daher nicht veräußerbar.[8] Diese Kosten fallen an, sobald der Markteintritt vollzogen wird. Ist ein Unternehmen einmal aus dem Markt getreten, fallen bei einem Wiedereintritt die vollen Markteintrittskosten von neuem an. Ist das Vertriebsnetz erst einmal ungenutzt oder abgebaut, muß es völlig neu aufgebaut werden. Außerdem muß die Markteintrittswerbung neu gestartet werden, soweit der Markt eine Periode nicht beliefert wurde. Bleibt der Anbieter im Markt, soll der über die Markteintrittsinvestition erworbene "Kapitalstock" nicht abzuschreiben sein; dem Investitionskalkül soll demnach eine unendliche Lebensdauer zugrunde gelegt werden.[9] Die Markteintrittsinvestitionen sind in der Währung des jeweiligen Landes, in das exportiert wird, zu tätigen und daher genau wie der Verkaufserlös über den Wechselkurs in die jeweilige Währung des Exporteurs umzurechnen. Für den Markteintritt in den jeweiligen Auslandsmarkt fallen als Sunk-Costs an:

---

8 Vgl. Baldwin (1990), S. 23.

9 Möglich wäre auch eine Betrachtung unter der Annahme eines sich im Wert verringernden "Kapitalstocks". Es wären dann neben den einmaligen Markteintrittskosten in jeder Aktivitäts-Periode "Maintenance"-Kosten aufzuwenden. Vgl. Baldwin/Krugman (1989), S. 638. Eine solche Annahme veringert die relative Bedeutung der Sunk-Costs und damit (geringfügig) die Bedeutung der Hysteresis. Vgl. Dixit (1989a), S. 208. Im übrigen können auch die "laufenden" Kosten so interpretiert werden, daß sie die Maintenance-Kosten mit beinhalten.

- $(N_j^* \cdot w_t)$, mit N_j^* als Markteintritts-Sunk-Costs (in Auslandswährung) für den Markteintritt des inländischen Exporteurs j in den Auslandsmarkt
- für den Markteintritt des ausländischen Exporteurs k in den Inlandsmarkt: (N_k/w_t), mit N_k als Markteintritts-Sunk-Costs (in Inlandswährung).

An dieser Stelle sollen zwei vereinfachende Annahmen getroffen werden:

- Die Produktions- bzw. Exportmenge sei, soweit überhaupt exportiert wird, für alle Unternehmen auf 1 normiert, sonst gleich 0, und zwar für in- und ausländische Exporteure, d.h. $x_{j,t}, m_{k,t} \in \{0,1\}$; $\forall\, j \in \{1,...,n\}$, $k \in \{1,...,n^*\}$.[10]
- Inlands- und Auslandspreisniveau sind auf 1 normiert. Hierbei wird nicht zwischen dem gesamtwirtschaftlichen Preisindex und dem Preisindex für die Außenhandelsgüter differenziert.
  Es gilt daher: $p = p_{M,t} = 1$ und $p^* = p^*_{X,t} = 1$.[11]

Mit den Vereinfachungen folgt für den Rohgewinn des inländischen Exporteurs

(3.3) $R_{j,t} = w_t - c_j$ soweit exportiert wird, sonst $R_{j,t} = 0$,

und aus (3.2) für den Rohgewinn des ausländischen Exporteurs

(3.4) $R^*_{k,t} = \frac{1}{w_t} - c^*_k$ soweit exportiert wird, sonst $R^*_{k,t} = 0$.

Die Entscheidung, ob überhaupt exportiert wird, erfolgt mit Hilfe eines Vergleichs des *erwarteten* Barwertes der Einnahmen der Exportunternehmen mit und ohne Exportaktivität in der Entscheidungsperiode t unter Berücksichtigung des Exportaktivitätsstandes in der Vorperiode. Hierbei ist neben den vom Akti-

---

10 Diese Annahme bedeutet keine Einschränkung der Allgemeingültigkeit. Im Gegenteil: Man kann sich ein reales Unternehmen aufgeteilt in seine einzelnen Produktionseinheiten vorstellen. Jede einzelne produzierte Mengeneinheit einer Unternehmung wird hier demnach einzeln repräsentiert. Ein einzelnes Unternehmen (als Institution) kann daher als Menge von mehreren der hier dargestellten Produkteinheiten interpretiert werden. Die höhere Allgemeingültigkeit dieses Ansatzes besteht darin, daß keine Annahmen bezüglich der Grenzkostenstruktur in der einzelnen Unternehmung (z.B. die Annahme konstanter Grenzkosten) und der Höhe der Markteintrittskosten pro Mengeneinheit für Produkte einer Unternehmung getroffen werden müssen. Außerdem ist durch die (fiktive) Disaggregation der gesamten Produktionsmenge eines Unternehmens gleichzeitig ein völliger Neueintritt wie auch eine Ausweitung der Auslandsaktivität eines Unternehmens erfaßbar.

11 Folglich stellt w_t sowohl den realen als auch den nominellen Wechselkurs dar. Der Kaufkraftparitätenkurs ergibt sich demnach mit w_t=1. Deutlich gemacht werden muß: Die Annahme der Preiskonstanz beruht hier nicht auf unendlich hohen Angebotselasizitäten (gerade das Angebotsverhalten wird hier untersucht), sondern ist eher auf unendlich hohe Nachfrageelastizitäten zurückzuführen. Dies führt dazu, daß die Exporteure die Erlöseffekte der Wechselkursschwankungen in voller Höhe tragen müssen oder durch ein entsprechendes Preissetzungsverhalten freiwillig tragen. Gerade ein solches Verhalten in der Preissetzung der Exporteure war auch der Ausgangspunkt der Hysteresisdiskussion ("pricing to market"), vgl. Krugman (1986), S. 30 f. Hinter der Annahme der Preiskonstanz bei Wechselkursänderungen versteckt sich ein Bündel von Unterannahmen bezüglich der internationalen Preisübertragung. Vgl. hierzu Dieckheuer (1991), S. 298 ff.

vitätsstand der Vorperiode abhängigen aktuellen Einnahmen und Ausgaben der Einfluß der gegenwärtigen Aktivitätsentscheidung auf die zukünftigen Einnahmen zu berücksichtigen. Gewählt wird für die betrachtete Mengeneinheit die Handlungsalternative, die den höheren erwarteten Barwert bringt.[12]

Mit G_i als Symbol für den Gegenwartswert bei Exportaktivität ("in") in der Vorperiode und G_0 als Symbol für den Gegenwartswert bei Exportinaktivität ("out") in der Vorperiode ergibt sich der Gegenwartswert der *zukünftigen* Exporterlöse des einzelnen Exporteurs (in Abhängigkeit von der heutigen Exportaktivitätsentscheidung):

- $\delta \cdot G_{i,j,t+1}$ für ein inländisches Unternehmen, das in der Periode t "in" ist
- $\delta \cdot G_{o,j,t+1}$ für ein inländisches Unternehmen, das in der Periode t "out" ist
- $\delta \cdot G^*_{i,k,t+1}$ für ein ausländisches Unternehmen, das in t "in" ist
- $\delta \cdot G^*_{o,k,t+1}$ für ein ausländisches Unternehmen, das in t "out" ist.

δ ist der Diskontierungsfaktor ($\delta = \frac{1}{1+i}$), der für alle Unternehmen im In- und Ausland gleich sei. Als weitere vereinfachende Annahme soll für alle potentiellen Exportunternehmen angenommen werden, daß sie mit völliger Sicherheit (d.h. ohne Berücksichtigung eines Risikos) den aktuellen Wechselkurs für die gesamte Zukunft erwarten. Diese Erwartungsannahme ist allerdings sehr restriktiv. Würde diese Annahme aus Gründen der Realitätsnähe nicht getroffen, müßten weitere Effekte berücksichtigt werden: So ist bei der Aufgabe der Annahme der Sicherheit die Bedeutung der heutigen, nicht lohnenden Marktaktivität als ein Preis für das Nicht-Neuanfallen der Markteintrittskosten einzubeziehen, und zwar selbst bei einem (unsicheren) Erwartungswert des Wechselkurses in heutiger Höhe,[13] da der Wechselkurs in Zukunft möglicherweise wieder günstiger liegen kann. Die aktuelle Marktaktivität ist deshalb als Vorteil für die nächste Periode zu sehen, weil es für ein Unternehmen billiger sein kann, zeitweise (mit Verlust) aktiv zu bleiben, statt später neu einzutreten.[14]

---

12 Wird von einem institutionellen Mehr-Mengeneinheiten-Unternehmen, repräsentiert durch eine Vielzahl der hier betrachteten einzelnen Exportmengeneinheiten, ausgegangen; und wird angenommen, daß die Grenzkosten des Unternehmens mit steigender Menge zunehmen, so wird mittels des hier beschriebenen Verfahrens implizit der Erwartungswert des Barwerts des Gewinns des Gesamt-Unternehmens maximiert; damit wird implizit intertemporale Gewinnmaximierung als Verhaltensannahme zugrundegelegt. Denn die Exportmenge wird, Mengeneinheit für Mengeneinheit, solange ausgedehnt, wie der Gegenwartswert der Exportaktivität (bezogen auf die jeweils betrachtete Mengeneinheit) höher ist als der Gegenwartswert der Nicht-Aktivität, d.h. solange der (zeitlich aggregierte) Grenzerlös der Exportmengenausweitung die zusätzlichen (zeitlich aggregierten) Kosten überkompensiert.

13 Stichwort: "Devisenmarkteffizienz", d.h. heutiger Wechselkurs als bester Prognosewert für den zukünftigen Wechselkurs.

14 Vgl. Dixit (1989), S. 621 ff., Baldwin/Krugman (1989), S. 639, sowie Baldwin (1989), S. 5 f. Hierdurch kann es sogar für kleine Firmen, ohne strategisch manipulierend handeln zu können, lohnend sein, kurzfristig für einen Preis unterhalb der variablen Kosten im Markt

Der Vergleich des gegenwärtigen Barwertes der Exporterlöse für die beiden Entscheidungsalternativen (Aktivität oder Inaktivität) unter Berücksichtigung der Markteintrittskosten und des Gegenwartswertes der zukünftigen Exporteinnahmen erfolgt anhand der Gegenüberstellung der jeweils zwei möglichen Fälle (vorher "in" oder "out") für die inländischen und dann für die ausländischen Exporteure.

(A) Inländischer Exporteur

(A.1) Inländischer Exporteur – in der Vorperiode im Auslandsmarkt aktiv

Die Entscheidung, ob ein Marktaustritt ("Exit") oder eine Fortführung der Exportaktivität in t erfolgen soll, ist zu treffen. Bei Fortführung ergibt sich der Barwert der Exporttätigkeit als:

(3.5) $R_{j,t}(w_t) + \delta \cdot G_{i,j,t+1} = w_t - c_j + \delta \cdot G_{i,j,t+1}$

Bei Exit ergibt sich der Barwert der Export**in**aktivität (im Exitfall ist $x_{j,t}$=0) mit:

(3.6) $R_{j,t}(w_t) + \delta \cdot G_{o,j,t+1} = 0 + \delta \cdot G_{o,j,t+1}$

Der Exit-Wechselkurs β_j für einen inländischen Exporteur ist für den Fall der Indifferenz zwischen Exit und Nicht-Exit zu ermitteln über:

(3.7) $\beta_j - c_j + \delta \cdot G_{i,j,t+1} = \delta \cdot G_{o,j,t+1}$

Wird der aktuelle Wechselkurs mit Sicherheit als zukünftiger Wechselkurs erwartet, so ergibt sich der Barwert der zukünftigen Exporterlöse im Nicht-Exit-Fall als unendliche Rente und als null für den Exit-Fall, da kein Wiedereintritt erwartet wird, und somit die erwarteten Erlöse auch in zukünftigen Perioden null sein werden.[15] Es folgt daher aus (3.7) mit:

---

aktiv zu sein und somit Dumping zu betreiben (Dumping hier allerdings nicht als Akt strategischer Preisdiskriminierung). Vgl. Dixit (1989), S. 631.

15 Zu den impliziten Annahmen der folgenden Rentenrechnungen: Es wird angenommen, daß die Zahlungen für die Eintrittsinvestition und die ersten Erträge in der Markteintrittsperiode, d.h. in der ersten Periode, also zeitgleich erfolgen. Die sonst in der Investitionsrechnung übliche Unterscheidung zwischen Investitionsperiode (t=0) und erster Ertragsperiode wird hier nicht zugrundegelegt. Daher ist hier keine Umrechnung des Ertrags der ersten Periode auf t=0 über den Diskontierungsfaktor erforderlich. Die nächste Zahlung soll genau eine Periode später (2. Periode) erfolgen und wäre daher nur einmal über δ zu diskontieren. Damit entsprechen die Annahmen denen einer Rentenrechnung mit *vorschüssigen* Zahlungen. Die Formel für eine unendliche Rente ist dann: $\text{Rentenbarwert} = (1+i) \cdot \frac{\text{Rente}}{i} = \frac{\text{Rente}}{1-\delta}$. Der Barwert wird folglich auf die Markteintrittsperiode bezogen bestimmt. Hierbei ist $(1-\delta) = \delta \cdot i$. Die erste Zinszahlung für die Markteintrittsinvestition fällt in der Periode nach dem Markteintritt (2. Periode) an; daher kann $(1-\delta)$ als Zins(*kosten*)satz des auf die Markteintrittsperiode diskontierten Zinsbetrages (der erst in der nächsten Periode mit dem Zinsatz i anfällt) interpretiert werden. Im folgenden wird daher mit dem Ausdruck $(1-\delta)$, der die Zinskosten der Markteintrittsinvestition ausdrückt, oft vereinfachend als "Zinsatz" argumentiert. Zu Rentenrechnungen vgl. z.B. Bosch (1987), S. 86 ff.

$$G_{o,j,t+1} = 0 \quad \text{und} \quad G_{i,j,t+1} = \frac{\beta_j - c_j}{1-\delta}$$

(3.8) $$\beta_j - c_j + \delta \cdot \frac{\beta_j - c_j}{1-\delta} = 0$$

Als Exit-Wechselkurs für den inländischen Exporteur ergibt sich folglich:

(3.9) $\beta_j = c_j$ mit: Exit für $w_t < \beta_j$

Demzufolge orientiert sich der Exporteur bei der Marktaustrittsentscheidung nur an den Grenzkosten; die Markteintritts-Sunk-Costs bleiben unberücksichtigt.

(A.2) Inländischer Exporteur – in der Vorperiode im Auslandsmarkt nicht aktiv

Das Unternehmen muß entscheiden, ob es in den Auslandsmarkt eintreten soll. Tritt das Unternehmen nicht in den Auslandsmarkt ein, erwirtschaftet es (in t und in der Zukunft) keine Erlöse; bei einem Eintritt in t fallen allerdings die Markteintritts-Sunk-Costs in voller Höhe (von $\alpha_j \cdot N_j^*$) an. Der Entry-Wechselkurs α_j ergibt sich wieder für den Fall der Indifferenz, d.h. bei gleicher Höhe der verglichenen Barwerte der beiden Handlungsalternativen:

(3.10) (a) $$G_{o,j,t} = 0$$

$$G_{i,j,t} = w_t - c_j - w_t \cdot N_j^* + \delta \cdot \frac{w_t - c_j}{1-\delta} = \left(\frac{1}{1-\delta} - N_j^*\right) \cdot w_t - \frac{c_j}{1-\delta}$$

für α_j folgt mit $G_{o,j,t} = G_{i,j,t}$:

(b) $$\alpha_j - c_j - \alpha_j \cdot N_j^* + \delta \cdot \frac{\alpha_j - c_j}{1-\delta} = 0 \quad \Rightarrow \quad \alpha_j = c_j + \alpha_j \cdot (1-\delta) \cdot N_j^*$$

Der Eintrittswechselkurs (hier wegen $p^* = p^*_{x,t} = 1$ auch als Erlös des Exporteurs) stellt demnach die Deckung der "laufenden" Kosten und zusätzlich die Verzinsung der Markteintrittsinvestition sicher. Der Entry-Wechselkurs folgt als:[16]

(3.11) $$\alpha_j = \frac{1}{1-(1-\delta) \cdot N_j^*} \cdot c_j$$ mit: Entry für $w_t > \alpha_j$

16 Wie in Gleichung (3.10) (a) ersichtlich, folgt nur soweit $(\frac{1}{1-\delta} - N_j^*) > 0$ gilt, eine positive Reaktion des Barwertes der Exportaktivität auf Wechselkurssteigerungen (Abwertung der Inlandswährung). Diese Bedingung ist nur bei einem extrem hohen Zinssatz und gleichzeitig sehr hoher Markteintrittsinvestitions-Ausgabenhöhe (für die eine betrachtete Mengeneinheit) nicht erfüllt; denn dann schlagen die Zinskosten der durch die Wechselkurssteigerung teurer gewordenen Markteintrittsinvestition besonders stark zu Buche. Von solchen Extremsituationen sei hier abgesehen. Im weiteren Text soll daher immer gelten, daß sich mit steigendem Wechselkurs der Markteintritt für den inländischen Exporteur immer mehr rentiert.

Es gilt dementsprechend für den Vergleich des Eintritts- und des Austrittswechselkurses der inländischen Unternehmen (in Preisnotierung bezüglich der Inlandswährung):[17]

(3.12) $\alpha_j \geq \beta_j$

(B) Ausländischer Exporteur

(B.1) Ausländischer Exporteur – in der Vorperiode im inländischen Markt aktiv

Der Gegenwartswert bei Exit ergibt sich wieder als null, der bei Fortführung der Marktaktivität als:

(3.13) $$R^*_{k,t} + \delta \cdot G^*_{i,k,t+1} = \frac{1}{w_t} - c^*_k + \delta \cdot \frac{\frac{1}{w_t} - c_k^*}{(1-\delta)}$$

Der Exit-Wechselkurs α_k läßt sich demnach wieder für den Fall der Indifferenz zwischen den Handlungsalternativen errechnen mittels:

(3.14) $$\frac{1}{\alpha_k} - c^*_k + \delta \cdot \frac{\frac{1}{\alpha_k} - c^*_k}{(1-\delta)} = 0 \quad \Rightarrow \frac{1}{\alpha_k} = c^*_k \quad \text{d.h. Exit für } \frac{1}{w_t} < c^*_k \text{ bzw.}$$

(3.15) $$\alpha_k = \frac{1}{c^*_k} \qquad \text{mit: Exit für } w_t > \alpha_k$$

(B.2) Ausländischer Exporteur – in der Vorperiode nicht im Inlandsmarkt aktiv

Der Entry-Wechselkurs β_k ergibt sich analog für den Indifferenz-Fall über:

(3.16) $$\frac{1}{\beta_k} - c^*_k - \frac{N_k}{\beta_k} + \delta \cdot \frac{\frac{1}{\beta_k} - c^*_k}{(1-\delta)} = 0 \qquad \Rightarrow \frac{1}{\beta_k} = c^*_k + (1-\delta) \cdot \frac{N_k}{\beta_k}$$

(3.17) $$\beta_k = \frac{1-(1-\delta) \cdot N_k}{c^*_k} \qquad \text{mit: Entry für } w_t < \beta_k$$

Es gilt für den Vergleich des Eintritts- und des Austrittswechselkurses der ausländischen Unternehmen:

(3.18) $\beta_k \leq \alpha_k$

---

17 Eine formal gleiche Größenrelation ergibt sich bei Amable/Henry/Lordon/Topol (1991), S. 5. Es ist jedoch zu beachten, daß es sich dort um eine Betrachtung der Importe aus dem Ausland (d.h. der ausländischen Exporteure) und um den Wechselkurs in Mengennotierung handelt.

Die "α"-Wechselkurse (in inländischer Preisnotierung) sind für die Veränderung des Aktivitätsstandes in- und ausländischer Exporteure bei *steigendem Wechselkurs* (d.h. *Abwertung der inländischen Währung*) relevant. Daher kennzeichnet α_j den Eintrittswechselkurs der inländischen Exporteure (für sie wird es wegen steigender Erlöse in Inlandswährung profitabler im Auslandsmarkt aktiv zu werden); α_k beschreibt hingegen den Austrittswechselkurs der ausländischen Exporteure (da sie mit der Aufwertung der Auslandswährung Erlöseinbußen hinnehmen müssen). Analog hierzu sind die "β"-Wechselkurse für die Veränderung der Marktaktivität bei *fallendem Wechselkurs* relevant: β_j als Austrittswechselkurs der inländischen Exporteure, aber β_k als Eintrittswechselkurs der ausländischen Exporteure. Die Größenbeziehungen zwischen α- und β-Wechselkursen sind wegen der unterschiedlichen Bedeutung allerdings für beide Länder gleich. Die Lage der α- und β-Wechselkurse ist insbesondere durch zwei Einflußgrößen bestimmt: die Höhe der Grenz- bzw. laufenden Kosten sowie die Höhe der Sunk-Costs. Je niedriger die Grenzkosten, desto eher liegen beide Wechselkurse so, daß eine Marktaktivität wahrscheinlich ist. Je höher die Kosten für die Markteintrittsinvestition (und je höher der Kalkulationszinsfuß), desto größer ist der Abstand zwischen den beiden Schwellenwerten. Gerade die Asymmetrie zwischen Markteintritts- und Marktaustrittswechselkurs ist konstituierend für die Hysteresis im Außenhandel. Der Bereich zwischen den voneinander verschiedenen Ein- und Austrittswechselkursen wird daher auch als Hysteresis-Band bezeichnet.[18] Dies wird bei der Betrachtung der grafischen Darstellung der bisherigen Ergebnisse in Abb. 3.1 und Abb. 3.2 deutlich.[19]

---

18 Vgl. z.B. Baldwin/Lyons (1989), S. 11.

19 Ein bimodales Verhalten mit voneinander verschiedenen Sprungstellen liegt auch im Blickfeld der Katastrophen-Theorie (hier insb. die sog. "dual cusp catastrophe"; die plötzlichen sprungartigen Übergänge werden als "Katastrophen" interpretiert). Vgl. Zeeman (1976), S. 70, S. 76 und S. 81, sowie Schuster (1992), S. 39 ff. Eine der katastrophentheoretischen Hysteresis-Auffassung sehr ähnliche Erklärung der Hysteresis findet sich bei Creedy/Martin (1990), siehe hier insbesondere S. 18 ff. sowie Fig. 6, und Creedy/Lye/Martin (1990). Dort wird Hysteresis in nichtlinearen Systemen als Wechsel des Systems von einem stabilen Gleichgewicht (über ein instabiles Gleichgewicht hinweg) zu einem anderen stabilen Gleichgewicht als Folge einer exogenen Störung verstanden. Im Umfeld der unterschiedlichen stabilen Gleichgewichte gelten auch dort jeweils andere funktionale Beziehungen zwischen Inputvariable und abhängiger Größe. Der Übergang zwischen den verschiedenen Beziehungen (die in der hier vorgestellten Terminologie als "Äste" bezeichnet werden könnten) erfolgt auch dort sprungartig.

Abb. 3.1: Elementare Rechteck-Hysteresis-Schleifen der Exportmenge der einzelnen Unternehmen bei Markteintritts-Sunk-Costs [20]

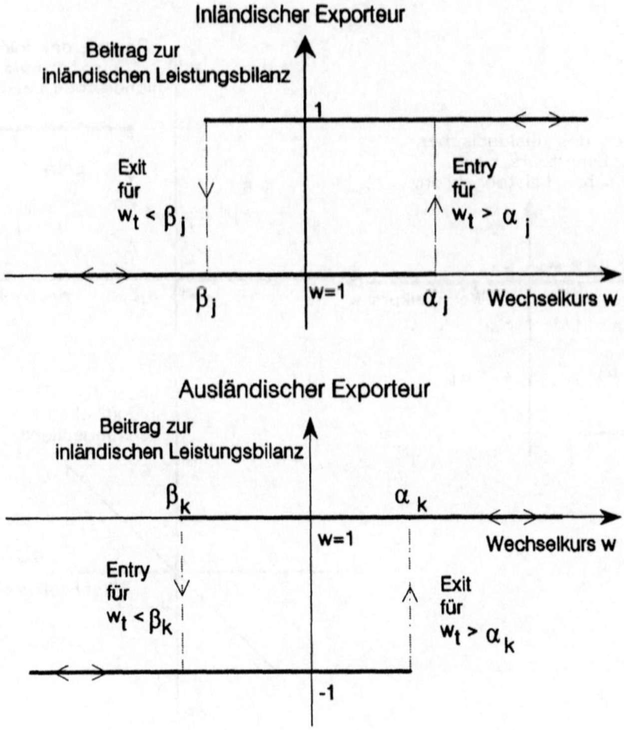

Im Unterschied zur Situation mit Markteintritts-Sunk-Costs ergeben sich für den Fall ohne Sunk-Costs keine Rechteck-Schleifen, sondern nur einfache Sprungstellen in den Exportfunktionen der einzelnen Anbieter, deren Lage sich nur nach der Höhe der Grenzkosten richtet. Dementsprechend tritt keine Hysteresis auf. Für diesen Fall ist die Gesamt-Handelsbilanz, die sich bei einer Aggregation der Mengeneinheiten über alle n bzw. n* Exporteure ergibt, schematisch ebenfalls in Abb. 3.2 dargestellt worden.

20 Vgl. hierzu auch die entsprechende allgemeine Darstellung in Mayergoyz (1986), S. 604, Fig. 3, sowie die Darstellung der Hysteresis für das Importvolumen einer einzelnen Industrie bei Baldwin/Krugman (1989), S. 641.

Abb. 3.2: Exportmenge der einzelnen Unternehmen sowie die gesamte inländische Leistungsbilanz (in Mengeneinheiten) bei Abwesenheit von Markteintritts-Sunk-Costs [21]

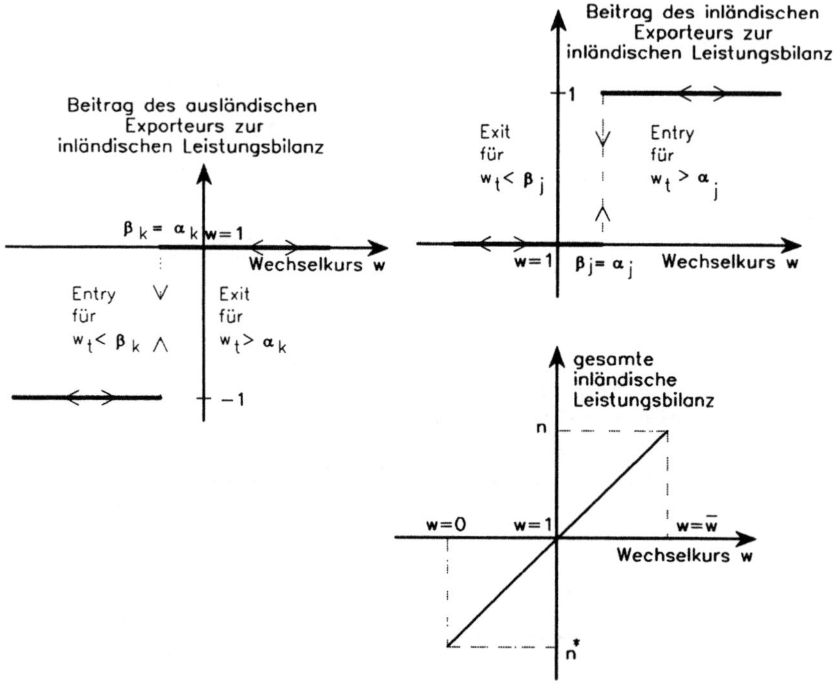

Wie zu erkennen ist, zeichnet sich das Exportverhalten der einzelnen Unternehmen durch genau die formale Struktur aus, die bei der Magnetisierung des Eiseneinkristalls über einen einzigen großen BARKHAUSEN-Sprung erzeugt wurde. Hier sind allerdings zur gleichzeitigen Erfassung positiver und negativer Einflüsse die Exporteure beider Länder simultan zu betrachten. Schon hier fallen die Analogien sofort ins Auge: der Wechselkurs als verursachende Größe steht für die Stärke des äußeren Feldes; der Marktzu- bzw. -austritt ist analog zu den BARKHAUSEN-Sprüngen zu sehen; die Höhe der Exportaktivität als Magnetisierung (Exporte als positive, Importe als negative Magnetisierung); den durch Fremdatome erzeugten Spannungen entsprechen die Markteintritts-Sunk-Costs; die Grenzkostenhöhe ist analog zur Ausrichtung der WEISS-Bezirke in der Ausgangslage vor der Magnetisierung; die WEISS-Bezirke ent-

---

21 Anmerkung: $\bar{w}$ beschreibt den Wechselkurs, der so hoch ist, daß alle inländischen Exporteure im Auslandsmarkt aktiv sind, während gleichzeitig alle ausländischen Exporteure inaktiv sind. Die Leistungsbilanzlinie im Fall ohne Sunk-Costs ist mit der Magnetisierungslinie eines total weichmagnetischen Eisenkörpers vergleichbar.

sprechen den Unternehmen und die Kristalle den einzelnen Mengeneinheiten. Vor dem Hintergrund der Isomorphie der betrachteten Phänomene auf der Mikroebene scheint die Verwendung eines auf der Basis der magnetischen Hysteresis entwickelten Aggregationsverfahrens zur Ermittlung der makroskopischen Hysteresis der Gesamt-Leistungsbilanz gerechtfertigt.

Die durch eine Schleife mit nur zwei "Ästen" beschreibbare elementare Hysteresis-Form als einfachste Form der Multibranch-Nichtlinearität beinhaltet noch nicht alle Kennzeichen, die die makroskopische Hysteresis aufweist, und wird daher von Amable/Henry/Lordon/Topol als "schwache" Hysteresis bezeichnet.[22] Die schwache Hysteresis ist dadurch gekennzeichnet, daß erst durch das Überschreiten bestimmter Schwellenwerte (hier die α/β-Wechselkurse) persistierende Effekte einer nur temporären Ursache auftreten. Die Betrachtung gerade dieser Effekte bei Überschreiten bestimmter Wechselkursschwellen stand, wie schon angesprochen, bisher im Mittelpunkt der Betrachtung der Hysteresis im Außenhandel.

Das oben beschriebene Verhalten der einzelnen Unternehmen läßt sich in seinen Auswirkungen im üblichen partialanalytischen Angebots- und Nachfragediagramm darstellen. Wird das Exportangebot der ausländischen Anbieter betrachtet, so führt üblicherweise die Senkung des Wechselkurses in Preisnotierung (d.h. die Aufwertung der inländischen Währung) zu einer Drehung der Angebotskurve nach unten (in Abb. 3.3 von A_1 nach A_2).[23] Das ausländische Exportangebot (als Importangebot aus Inlandssicht) weitet sich aus, und es wird bei preiselastischer Nachfrage eine größere Menge umgesetzt (soweit N gilt: M_2).[24] Wird die Aufwertung der Inlandswährung zurückgenommen, so dreht sich die Angebotskurve im ahysteretischen Fall ohne Sunk-Costs wieder in ihre Ausgangslage zurück; gerade das ist aber hier nicht der Fall. Ein Teil der vorher nicht im Inlandsmarkt aktiven ausländischen Exporteure bleibt, da in Erwartung eines weiterhin günstigen Wechselkurses die Markteintrittsinvestition getätigt wurde, im Auslandsmarkt aktiv und nimmt die durch die Wechselkursent-

---

22 Vgl. Amable /Henry/Lordon/Topol (1991), S. 2 und S. 9 f.

23 Zu den Reaktionen der Angebots- und Nachfragekurven auf den Export- und Importgütermärkten bei Wechselkursänderungen (im nicht-hysteretischen Fall) vgl. z.B. Jarchow/Rühmann (1988), S. 48 ff.

24 Die vollkommene Preiselastizität der Nachfrage N bewirkt, daß sich annahmegemäß der Preis nicht verändert. Der Grund kann darin liegen, daß die Exporteure insgesamt nur einen geringen Marktanteil (bei hoher Substitution ggü. dem Inlandsangebot) aufweisen. Trotzdem ergeben sich qualitativ gleiche Ergebnisse (allerdings über Preissteigerungen abgeschwächt), soweit diese Annahme aufgehoben wird, wie bei der Analyse mittels der Nachfragekurve N' deutlich wird. In diesem Fall müssen die Importeure nur einen Teil der wechselkursbedingten Preissenkung (bezogen auf ihre Währung) tragen, ein Teil wird durch die Steigerung des Inlandspreises ausgeglichen.

wicklung bedingte Erlösschmälerung (teilweise) hin. Es gilt A_3 als neue Kurve für das Angebot der ausländischen Exporteure im Inland. Die umgesetzte Menge ist trotz des gleichen Wechselkursniveaus ggü. der Ausgangslage gestiegen, und zwar von M_1 auf M_3. Wird eine nicht völlig preiselastische Nachfrage N' zugrundegelegt gelegt, steigt die Menge ebenfalls, nur weniger stark auf M_3'.

Abb. 3.3: Veränderung des Angebots ausländischer Anbieter auf dem Inlandsmarkt bei Wechselkursschwankungen

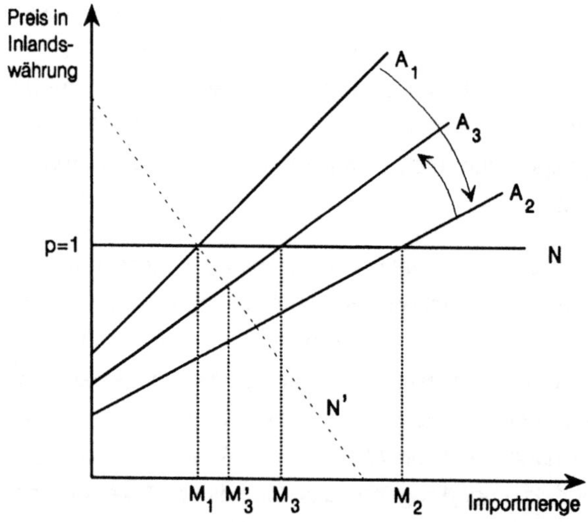

3.1.2 Weitere Ursachen für Hysteresis im Außenhandel

In der bisherigen Darstellung wurde die Bedeutung der Sunk-Costs als Hintergrund für ein hysteretisches Verhalten der einzelnen Exporteure betont. Ein hysteretisches Verhalten der Exporteure kann aber auch andere ökonomische Hintergründe haben. Führt ein ökonomischer Tatbestand zu einer Differenz zwischen Markteintritts- und Marktaustrittswechselkurs, so liegt eine potentielle Ursache für Hysteresis im Außenhandel vor. Ohne einen Anspruch auf Vollständigkeit zu erheben, sollen anhand von Lernkurven- und Konsumgewöhnungseffekten beispielhaft zwei ökonomische Tatbestände aufgezeigt werden, die ebenso wie die Markteintritts-Sunk-Costs zu einer Differenzierung von Ein- und Austrittswechselkurs führen können. Die Betrachtung soll hier allerdings nur für einen inländischen Exporteur erfolgen; sie ist aber, wie oben gezeigt, direkt auf einen ausländischen Exporteur übertragbar.

Der allgemeine Fall

Der Rohgewinn eines inländischen Exporteurs j aus seiner Exporttätigkeit ergibt sich ohne einige der vorhin getätigten vereinfachenden Annahmen bezüglich des Preisniveaus und bei Aufgabe der Annahme der zeitlichen Konstanz der Grenzkosten gemäß (3.1):

(3.19) $R_{j,t} = w_t \cdot p^*_{x,t} \cdot x_{j,t} - c_{j,t} \cdot x_{j,t}$

Da für die Kostenstruktur und für das (in- und ausländische) Preisniveau hier nicht mehr die Annahme der zeitlichen Konstanz getroffen wird, sind für den allgemeinen Fall die entsprechenden Symbole für die Grenzkosten (aber auch für Entry- und Exit-Wechselkurse) zusätzlich mit einem Zeitindex t zu versehen.

Hysteresis liegt im allgemeinen dann vor, wenn das Überschreiten eines Wechselkurses in einer bestimmten Periode zu einem Markteintritt von Exporteuren geführt hat, es aber beim späteren Unterschreiten eben dieses Wechselkurses nicht zum Austritt aller vorher eingetretenen Unternehmen kommt.

Bei einem Markteintritt eines Exporteurs j in der Periode t für den Markteintrittswechselkurs $\alpha_{j,t}$ und dem Marktaustritt in einer späteren Periode t+s für einen Exit-Wechselkurs $\beta_{j,t+s}$ (bei Preisnotierung bezüglich der Inlandswährung) gilt allgemein bei Vorliegen von Hysteresis im Außenhandel:

(3.20) $\alpha_{j,t} > \beta_{j,t+s}$

Diese Hysteresis-Bedingung kann aus verschiedenen Gründen erfüllt sein. Oben wurde gezeigt, daß im Fall der zeitlichen Konstanz des Absatzpreises und der variablen Kosten allein schon das Vorliegen von Sunk-Costs des Markteintritts eine hinreichende (aber nicht notwendige) Bedingung für das Auftreten von Hysteresis im Außenhandel ist. Hier soll nun in aller Kürze aufgezeigt werden, daß die Hysteresis-Bedingung (3.20) auch infolge anderer ökonomischer Bestimmungsgründe erfüllt sein kann. Zum einen kann die Hysteresis-Bedingung (3.20) gelten, weil die variablen Stückkosten sich mit der Zeit verringern (Erfahrungskurveneffekt), zum anderen weil der Absatzpreis mit zunehmender Dauer der Marktpräsenz und der damit verbundenen erhöhten Akzeptanz der Produkte des ausländischen Anbieters durch die Nachfrager steigen kann. Diese beiden Effekte sollen noch ausführlicher erläutert werden.

Lernkurveneffekte

Liegen Lern- oder Erfahrungskurveneffekte vor, so verringern sich die Stückkosten der betrachteten Unternehmung mit der zeitlich kumulierten Ausbringungsmenge, und zwar um einen bestimmten Prozentsatz bei Verdoppelung der zeitlich kumulierten Ausbringungsmenge.[25] Die hiermit vorliegenden dynamischen Skalenvorteile sind streng zu unterscheiden von den statischen "economies of scale", die sich auf die Stückkostendegression bei einer Vergrößerung der Produktionsmenge innerhalb einer Periode beziehen.[26] Bei der hier erfolgenden Betrachtung von Erfahrungskurveneffekten anhand einer (fiktiv-disaggregierten) Ein-Mengeneinheiten-Unternehmung stehen die laufenden Stückkosten für diese eine Mengeneinheit fest; statische Skalenvorteile sind hier demnach auch nicht erfaßt. Liegen aber Lernkurveneffekte vor, und werden die daher existierenden Möglichkeiten zur Kostensenkung von dem Exporteur genutzt, so sinken die Stück- bzw. Grenzkosten der einen Mengeneinheit von Periode zu Periode, sofern der Exporteur im betrachteten Zeitraum im Markt aktiv ist. Beim Vorliegen von dynamischen Skalenerträgen gilt demnach:

$$(3.21) \quad c_{j,t} > c_{j,t+s} \qquad \text{für} \qquad \sum_{t}^{t+s-1} x_{j,t} > 0$$

Tritt der Exporteur in der Periode t in den Auslandsmarkt ein, oder ist er in t schon im Auslandsmarkt aktiv gewesen, so steigt die zeitlich kumulierte Ausbringungsmenge. Somit sind bei Vorliegen von Lern- bzw. von Erfahrungskurveneffekten die Stückkosten in den nachfolgenden Perioden niedriger als in der Periode t. Folglich sinkt auch der Marktaustrittswechselkurs mit zunehmender Dauer der Marktaktivität. Die Höhe der Differenz zwischen Marktaustritts- und Markteintrittswechselkurs und damit die Stärke der Hysteresis ergibt sich in Abhängigkeit von der Stärke des Erfahrungskurveneffektes und seiner genauen Funktionalform; die Größenrelation allein ist jedoch unabhängig von der genauen Ausprägung der Erfahrungskurveneffekte erfüllt.

Es soll vereinfachend vernachlässigt werden, daß der Exporteur strategisch handeln könnte, indem er zeitweise Verluste aufgrund der Marktaktivität hinnimmt, um später infolge des Auftretens von kostensenkenden Lernkurveneffekten eine bessere Erlössituation zu genießen. Folglich orientiert sich die Entscheidung über die Marktaktivität nur an den variablen Stückkosten, sofern ceteris-paribus nur dynamische Skalenvorteile vorliegen. Daher sollen hier keine Markteintrittsinvestitionen zu tätigen ($N_j^*=0$) sein, und für die Preise soll

---

25 Einen Überblick über das Erfahrungskurvenkonzept bietet Bauer (1986). Genau genommen wäre zwischen der Lernkurve, die sich auf die Lohnkosten bezieht, und der Erfahrungskurve, die sich auf die gesamten Stückkosten bezieht, zu unterscheiden; diese Unterscheidung ist hier aber nicht relevant. Vgl. hierzu Dunst (1983), S. 68 ff., oder Backhaus (1990), S. 155 ff. Ähnliche Effekte wie bei der Berücksichtigung von Erfahrungskurven ergeben sich bei der Erfassung eines kostensenkenden technischen Fortschritts; zu diesen Technologieeffekten vgl. Grossman/Helpman (1990).

26 Zur genaueren Differenzierung vgl. Bauer (1986), S. 3 ff.

zeitliche Konstanz ($p^*_{x,t}=p^*_{x,t+s}=1$) gelten. Die Bedingung ($\alpha_{j,t}>\beta_{j,t+s}$), die Hysteresis impliziert, ist aber wegen der sinkenden variablen Kosten trotzdem erfüllt. Es gilt dann:

$$(3.22)\quad (c_{j,t} = \alpha_{j,t}) > (\beta_{j,t+s} = c_{j,t+s})$$

Eine grafische Veranschaulichung der Auswirkungen von Erfahrungskurveneffekten auf das Angebotsverhalten der Exportanbieter kann hier analog zu Abb. 3.3 erfolgen; nur ist hier der Grund für die unvollständige Rückdrehung der Angebotskurve nach einer nur temporären Änderung des Wechselkurses statt in den Sunk-Costs in der durch die Lernkurveneffekte ermöglichten Stückkostenreduktion zu sehen.

Konsumerfahrungseffekte

Die Bedeutung von Konsumgewöhnungs- oder von Konsumerfahrungseffekten bei den Verbrauchern als Hysteresis-Quelle wurde schon zu Beginn der Diskussion von hysteretischen Effekten in ökonomischen Beziehungen erkannt und betont.[27]

Zur Verdeutlichung der Auswirkungen von Konsumerfahrungen im Rahmen der Hysteresis im Außenhandel soll angenommen werden, daß neue Anbieter, und insbesondere ausländische Neuanbieter, in einem Markt zur Erringung von Marktanteilen nur einen Preis erzielen können, der unterhalb des Preises von etablierten Anbietern liegt.[28]

Der Grund hierfür liegt zum einen darin, daß sich im Laufe des Konsums eine Gewöhnung an das neue Produkt einstellt; es kommt zum Gewohnheitskauf. Ein weiterer Grund sind die Informationsmängel beim Käufer. Beim Konsum eines neuen Produktes besteht aus Sicht des probierenden Käufers ein Risiko, daß das Produkt des neueintretenden Exporteurs nicht die erwartete Gebrauchseignung aufweist. Dieses Risiko wird durch Markentreue verringert und wäre von einem Neuanbieter z.B. durch einen geringeren Preis für das neue Produkt auszugleichen, um hiermit die Markentreue zu durchbrechen. Haben die Konsumenten erst einmal genügend (gute) Verbrauchserfahrungen gesammelt, so sind sie später bereit, das vom Neuanbieter angebotene (Erfahrungs-) Gut zum marktüblichen Preis zu erwerben (Beispiel: japanische Kraftfahrzeuge;

27 So z.B. von Georgescu-Roegen (1971) im Kapitel V.3 "Hysteresis and History", S. 126 f.

28 Vgl. Welzel (1992), S. 134, sowie Baldwin (1990a), S. 250 f.

zu berücksichtigen wären für dieses Beispiel aber noch die Qualitätsverbesserungen im Laufe der Markterschließung).[29]

Hier soll angenommen werden, daß ein Exporteur als Neuanbieter auf dem Auslandsmarkt sein (qualitativ gleichwertiges) Produkt nur mit einem prozentualen Abschlag vom marktüblichen Preis $p^*_{X,t}$, d.h. nur für $(1-e)\cdot p^*_{X,t}$, verkaufen kann (mit $0<e<1$). Solange der entsprechende Exporteur in der Zwischenzeit im Markt aktiv gewesen ist, kann er in einer späteren Periode t+s den vollen Marktpreis $p^*_{X,t+s}$ erlösen, da das Produkt nun von den Verbrauchern als gleichwertig akzeptiert wird.

Der Perioden-Rohgewinn für einen neu in den Auslandsmarkt eintretenden inländischen Exporteur, sofern dieser nur das niedrige Anfangspreisniveau $(1-e)\cdot p^*_{X,t}$ erlöst, und soweit von zeitlicher Konstanz der Stückkosten ($c_{j,t}=c_j$) und des marktüblichen Preises ($p^*_{X,t}=p^*_{X,t+s}=p^*_X$) sowie von nur einer Mengeneinheit ($x_{j,t}=1$) ausgegangen wird, ist entsprechend Gleichung (3.19):

(3.23) $$R_{j,t}(w_t) = w_t \cdot (1-e) \cdot p^*_X - c_j$$

Es soll vereinfachend angenommen werden, daß der Neuanbieter (neben dem Wechselkurs) auch den Preis als gleichbleibend erwartet. Daher berücksichtigt er nicht schon im Rahmen der Markteintrittsentscheidung in der Periode t eine später mögliche Erhöhung des Absatzpreises. Folglich wird der mittels des reduzierten Stückerlöses ermittelte Periodengewinn $R_{j,t}(w_t)$ auch für die Zukunft zugrundegelegt. Für den Fall, daß keine Sunk-Costs des Markteintritts vorliegen ($N^*_j=0$), ergibt sich damit der erwartete Barwert der Marktaktivität für den Neuanbieter bei dem niedrigen Anfangspreisniveau $(1-e)\cdot p^*_X$ als:

(3.24) $$G_{i,j,t} = R_{j,t}(w_t) + \delta \cdot \frac{R_{j,t}(w_t)}{1-\delta} = [\, w_t \cdot (1-e) \cdot p^*_X - c_j \,] \cdot (1 + \frac{\delta}{1-\delta})$$

Der entsprechende Markteintrittswechselkurs in der Periode t ($\alpha_{j,t}$) folgt wieder für den Fall der Indifferenz zwischen Markteintritt und Nicht-Eintritt:

(3.25) mit $G_{o,j,t} = 0$ und $G_{o,j,t} = G_{i,j,t}$ folgt für $\alpha_{j,t}$

$$\alpha_{j,t} = \frac{c_j}{(1-e) \cdot p^*_X}$$

Ist der Exporteur in der Periode t in den Markt eingetreten, und ist er (unerwartet) später (in t+s) in der Lage, den marktüblichen Preis p^*_X zu erlösen, so ergibt sich nun der Exit-Wechselkurs ($\beta_{j,t+s}$) analog (sofern wieder ein statisch-gleichbleibendes Stückerlösniveau, hier aber in Höhe von p^*_X erwartet wird) als:

---

29 Zu lern- und risikotheoretischen Erklärungen des Konsumentenverhaltens vgl. Meffert (1986), S. 155 ff. Zu Informationsmängeln bei den Käufern sowie zu den Eigenschaften der hier angesprochenen Erfahrungsgüter vgl. Nelson (1970).

$$(3.26)\quad \beta_{j,t+s} = \frac{c_j}{p_X^*}$$

Liegen ceteris-paribus nur Konsumgewohnungseffekte und damit weder Sunk-Costs noch Lernkurveneffekte vor, und ändert sich auch der marktübliche Preis auf dem Auslandsmarkt nicht ($p^*=p_X^*=p_{X,t}^*=p_{X,t+s}^*=1$), so ist demnach die Hysteresis-Bedingung ($\alpha_{j,t}>\beta_{j,t+s}$) trotzdem erfüllt. Es gilt:

$$(3.27)\quad \frac{c_j}{(1-e)} = \alpha_{j,t} > \beta_{j,t+s} = c_j$$

Im Gegensatz zu den beiden vorangegangenen Hysteresis-Quellen, wird bei einem reinen Auftreten von Verbrauchserfahrungseffekten, die Angebotskurve auf dem Exportmarkt bei einer nur temporären Wechselkursschwankung in die Ursprungslage zurückgeschoben. Die hysteretischen Effekte sind hier vielmehr die Folge einer allmählichen, im Laufe seiner Marktaktivität auftretenden Verschiebung der für den neuanbietenden Exporteur relevanten Nachfragekurve nach oben.

Statt in der Hinnahme der Preisreduktion in den ersten Perioden nach Markteintritt besteht eine andere Möglichkeit zur Durchbrechung der Markentreue zu den Altanbietern in einem verstärkten Einsatz des absatzpolitischen Instrumentariums in diesem Zeitraum. Ein solches Vorgehen würde dazu führen, daß sich die laufenden Kosten mit andauernder Marktaktivität verringern, soweit die Ausgaben für den Einsatz des absatzpolitischen Instrumentariums den laufenden Kosten zugerechnet werden. Der Markteintrittswechselkurs liegt hier trotzdem über dem Marktaustrittswechselkurs, obwohl sich die Preise nicht unterscheiden. Formel (3.22) wäre analog anwendbar; die Kostenreduktion ergäbe sich hier statt aus dem Erfahrungskurveneffekt aus den sinkenden Aufwendungen für die Markteinführung. Die erhöhten Aufwendungen für den Einsatz des absatzpolitischen Instrumentariums in der Phase des Markteintritts könnten andererseits aber auch als Investitionen zur Markterschließung und damit als Markteintritts-Sunk-Costs aufgefaßt werden; in diesem Fall trifft die anfangs aufgeführte Standardargumentation wieder zu.

Es wird deutlich, daß sich die hier aufgeführten Hysteresis-Quellen nicht ohne Probleme differenzieren lassen und daß die Unterscheidung z.T. nur von der kalkulatorischen Zurechnung der anfallenden Ausgaben (oder der Erlösschmälerung) abhängt. Mit den drei aufgeführten Effekten sind sicherlich die plausibelsten Quellen für ein hysteretisches Verhalten im Außenhandel auf der Mikroebene analysiert worden, obwohl wahrscheinlich noch für weitere ökonomische Tatbestände aufgezeigt werden kann, daß sie zu einem Abweichen von Entry- und Exit-Wechselkurs führen. Im folgenden Text wird vereinfachend und stellvertretend für alle anderen möglichen Hysteresis-Quellen angenommen, daß Sunk-Costs des Markteintritts der Hysteresis als Ursache zugrunde liegen. Denn für die weitere Diskussion ist eigentlich nur die Abweichung zwischen Entry- und Exit-Kurs des einzelnen Anbieters entscheidend, unabhängig von der Ursache oder von den Bestimmungsgründen dieser Abweichung.

3.1.3 Die Bedeutung der Unsicherheit

In diesem Abschnitt soll der Einfluß der Unsicherheit der Exporteure über die weitere Wechselkursentwicklung auf die Stärke der Hysteresis aufgezeigt werden. Schwankende Wechselkurse können wegen der Unsicherheit der späteren Deckung der Markteintrittskosten zu einer Ausweitung des "Zwei-Ast"-Bereiches bzw. des Hysteresis-Bandes, d.h. des Abstandes zwischen Ein- und Austrittswechselkurs führen, was ein ausgeprägteres hysteretisches Verhalten des Systems zur Folge hätte.

Wie schon kurz angesprochen, ist bei Aufgabe der Annahme der Sicherheit die Bedeutung der heutigen, nicht lohnenden Marktaktivität als ein Preis für das Nicht-Neuanfallen der Markteintrittskosten einzubeziehen, weil die aktuelle Marktaktivität als Vorteil für die nächste Periode zu sehen ist: Der neuerliche Marktzutritt kann teuerer sein als nur zeitweise auftretende Verluste.[30] Die mit der Unsicherheit verbundenen Effekte sollen hier anhand sehr einfacher Beispiele erläutert werden.[31]

Man stelle sich eine Situation (in der Periode t) vor, in der der aktuelle Wechselkurs genau dem Marktaustrittswechselkurs eines aktiven inländischen Exporteurs j bei Sicherheit entspricht; folglich werden die laufenden Kosten gerade gedeckt.[32] Es gilt demnach gemäß Gleichung (3.9):

(3.28) $w_t = c_j$

Der Wechselkurs soll sich von der Periode t zur Periode t+1 ändern, und zwar um den Betrag ε. Die Richtung der Änderung ist allerdings nicht bekannt; nur die Wahrscheinlichkeiten: Das Steigen des Wechselkurses um ε ist ebenso wahrscheinlich wie das Fallen um ε. Im Vergleich zur bisherigen Argumentation wird also nur die Annahme der Sicherheit aufgegeben. Der Erwartungswert des Wechselkurses w_{t+1} ist daher wieder der aktuelle Wechselkurs:

(3.29) $E(w_{t+1}) = 0{,}5 \cdot (w_t + \varepsilon) + 0{,}5 \cdot (w_t - \varepsilon) = w_t$

---

30 Baldwin bezeichnet diesen Vorteil als "incumbency premium". Vgl. Baldwin (1989), S. 5 f.

31 Die Beispiele, insbesondere für den noch folgenden Fall eines vorher inaktiven inländischen Exporteurs, orientieren sich an Dixit (1989), S. 623, sowie Welzel (1992), S. 132 f.

32 Lernkurven- und Konsumgewöhnungseffekte seien hier nicht betrachtet.

Im Anschluß an diese Änderung soll der Wechselkurs wieder als (auf dem neuem Niveau) konstant angenommen werden. Der Erwartungswert des Barwertes der Exportaktivitäten ist, da w_t (als durchschnittlich erwarteter Wechselkurs) nur die laufenden Kosten deckt, damit gleich null. Wird von einem risikoneutralen Exporteur ausgegangen, so ist w_t wieder der Marktaustrittswechselkurs, soweit der Exporteur nur in dieser Periode die Möglichkeit hätte, die Aktivitätsentscheidung für die gesamte Zukunft zu treffen. Hat er aber die Möglichkeit, mit der Marktaustrittsentscheidung zu warten, bis die Änderung eingetreten ist, hat also der Exporteur für die nächste Periode die *Option* zum Marktaustritt, so liegt der Marktaustrittswechselkurs niedriger. Fährt der Exporteur eine Strategie des Abwartens, so kann er, soweit der Wechselkurs sich um ε verringert (die Inlandswährung wird aufgewertet), immer noch aus dem Auslandsmarkt austreten. Der erwartete Barwert ist in diesem Fall immer noch null. Wertet die Inlandswährung allerdings ab (w steigt um ε), so lohnt sich die weitere Marktaktivität; der Exporteur bleibt aktiv. Der Barwert der Exportaktivität (bezogen auf Periode t) ergibt sich im Fall der Abwertung der Inlandswährung analog zu den Gleichungen (3.5) bis (3.8) als:

$$(3.30)\quad G_{i,j,t} = \delta \cdot G_{i,j,t+1} = \delta \cdot \left((w_t + \varepsilon) - c_j + \delta \cdot \frac{(w_t + \varepsilon) - c_j}{1-\delta} \right)$$

Der Erwartungswert (bezogen auf die Periode t) der Strategie des Abwartens ist folglich:

$$(3.31)\quad E(G_{j,t}) = \frac{\delta}{2} \cdot \frac{w_t + \varepsilon - c_j}{1-\delta} = \frac{\delta}{2} \cdot \frac{\varepsilon}{1-\delta} > 0$$

Die Strategie des Abwartens ist somit vorteilhafter als die frühzeitige Entscheidung über den Marktaustritt schon in der Periode t. Der Unterschied in dem für die verschiedenen Strategien erwarteten Barwert der Exportaktivität stellt den Wert der Option dar, erst in der nächsten Periode über den Marktaustritt entscheiden zu dürfen, statt schon jetzt die Marktaustrittsentscheidung treffen zu müssen. Der Marktaustritt ergibt sich für den Fall mit Unsicherheit und der Strategie des Abwartens erst für einen Wechselkurs, der unterhalb des Marktaustrittswechselkurses liegt, der sich unter der Annahme der Sicherheit ergab. Der Bereich, innerhalb dessen weder ein Markteintritt noch ein Marktaustritt erfolgt, d.h. das Hysteresis-Band, hat sich durch die Unsicherheit vergrößert.

Die gleichen Auswirkungen hat die Unsicherheit auch für den Fall eines in der Vorperiode inaktiven inländischen Exporteurs. Hier soll der Wechselkurs in der Periode t dem Eintrittswechselkurs bei Sicherheit entsprechen. Folglich gilt entsprechend Gleichung (3.10):

$$(3.32)\quad w_t = c_j + (1-\delta) \cdot w_t \cdot N_j^*$$

Die Wechselkursänderung sei wieder von der oben beschriebenen Art: eine einmalig auftretende Änderung in Höhe von ε bei unbekannter Änderungsrichtung. Die Wahrscheinlichkeit für jede Änderungsrichtung sei wieder jeweils gleich groß. Der aktuelle Wechselkurs ist daher wieder der Erwartungswert des zukünftigen Wechselkurses. Daher ist auch der Erwartungswert des Barwerts der Exportaktivität gleich null. Muß die Entscheidung über den Markteintritt in dieser Periode getroffen werden, so ist w_t auch hier wieder der Markteintrittswechselkurs. Hat der potentielle Exporteur allerdings die Möglichkeit, die Wechselkursentwicklung abzuwarten und seine Entscheidung erst in der darauffolgenden Periode zu treffen, gilt folgendes: Fällt der Wechselkurs, so bleibt der Exporteur inaktiv; der Barwert der Exportaktivität ist dementsprechend null. Ist der Wechselkurs aber gestiegen, so tritt der Exporteur erst in t+1 in den Auslandsmarkt ein. Der Barwert (bezogen auf die Periode t) für die Exportaktivität dürfte in diesem Fall positiv sein:[33]

$$(3.33) \quad G_{i,j,t} = \delta \cdot G_{i,j,t+1}$$

$$\Rightarrow \quad G_{i,j,t} = \delta \cdot \left((w_t + \varepsilon - c_j) - (w_t + \varepsilon) \cdot N_j^* + \delta \cdot \frac{(w_t + \varepsilon) - c_j}{1-\delta} \right)$$

$$\Rightarrow \quad G_{i,j,t} = \delta \cdot \left(\frac{1}{1-\delta} - N_j^* \right) \cdot \varepsilon \quad (> 0)$$

Der Erwartungswert des Barwertes (bezogen auf die Periode t) der (*möglichen*) zukünftigen Exportaktivität bei einer Strategie des Abwartens ist demnach:[34]

$$(3.34) \quad E(G_{j,t}) = \frac{\delta}{2} \cdot \left(\frac{w_t + \varepsilon - c_j}{1-\delta} - (w_t + \varepsilon) \cdot N_j^* \right) = \frac{\delta}{2} \cdot \left(\frac{1}{1-\delta} - N_j^* \right) \quad (> 0)$$

Auch hier führt die Möglichkeit des Abwartens, d.h. die Option zur Entscheidung über den Marktaustritt erst in der nächsten Periode, zu einem höheren erwarteten Barwert der Exportaktivität. Folglich wird der Exporteur erst dann schon in der Periode t in den Markt eintreten (und nicht bis t+1 abwarten), wenn der aktuelle Wechselkurs neben der Deckung der Markteintrittskosten sowie der laufenden Kosten auch den Wert der Option für den verzögerten Eintritt in der nächsten Periode deckt. Der Eintrittswechselkurs, der sich so ergibt, ist demnach eindeutig höher als der Markteintrittswechselkurs unter Sicherheit. Die Unsicherheit führt zu einem "verharrenden" Verhalten; das Hysteresis-Band wird ausgedehnt. Festzuhalten ist, daß durch die Sunk-Costs das Hysteresis-Band erst entstanden ist, welches dann durch die Unsicherheit ausgedehnt wurde. Das Vorliegen von Markteintritts-Sunk-Costs (oder auch von

33 Vgl. hierzu auch die Fußnote zu Gleichung (3.10) (a) bzw. (3.11).

34 Vgl. auch Welzel (1992), S. 132.

Lernkurven- oder Konsumgewöhnungseffekten) ist somit eine notwendige Bedingung für das Auftreten der Hysteresis; Unsicherheit führt nur zu einer Verstärkung des hysteretischen Verhaltens.[35]

Dixit erfaßt die oben beschrieben Effekte im Rahmen eines an die Kapitalmarkttheorie angelehnten Optionspreismodells.[36] Wird von einem vorher inaktiven Exporteur ausgegangen, so ist der Ausübungspreis der Markteintrittsoption die Markteintrittsinvestition. Erworben werden die unsicheren erwarteten Gewinne in der Zukunft. Diese entsprechen damit dem Marktpreis der ausgeübten Option. Der Marktpreis hat einen (unsicheren) Spielraum nach oben, während der Ausübungspreis mit den Markteintrittsinvestitionen gegeben ist. Daher wird die Option nicht schon dann ausgeübt, wenn der Marktpreis den Ausübungspreis gerade deckt, denn es kann (wie oben gezeigt) lohnend sein, die weitere Wechselkursentwicklung abzuwarten und erst bei einem höheren Marktpreis die Option auszuüben. Die Differenz zwischen Ausübungspreis und dem Marktpreis, zu dem die Option des Markteintritts ausgeübt wird, ist demnach der Wert der Option, d.h. der Wert des Rechtes zu wählen, ob der Markteintritt (in t+1) durchgeführt werden soll oder nicht. Ebenso kann das Verbleiben eines aktiven Exporteurs als Option auf den Marktaustritt verstanden werden.[37] Eine größere Unsicherheit erhöht den Wert des Abwartens bzw. den Wert der Exit- bzw. Entry-Optionen und vergrößert so die Breite des Hysteresis-Bandes als "band of inaction".[38]

3.2 Die Aggregation

Die Darstellung der Verfahren zur Aggregation der Exporte der Einzelunternehmen, deren Exportverhalten durch eine Rechteck-Hysteresis-Schleife beschrieben wurde (die damit die elementaren Hysteresis-Träger oder auch Hysterons darstellen), soll in zwei Teilschritten erfolgen. Zunächst soll dargestellt werden, wie die von Baldwin und Krugman angenommene Einschränkung der Hetero-

35 Dixit zeigt die Ausdehnung des Hysteresis-Bandes für eine Zunahme der Wechselkursvolatilität als Vergrößerung der Varianz eines zeitkontinuierlichen Random-Walk-Wechselkurs-Prozesses. Daher ist er der Meinung, daß, soweit einmal Sunk-Cost (als notwendige Bedingung) vorliegen, die Unsicherheit der entscheidende Faktor für die Stärke der Hysteresis ist. Vgl. Dixit (1989), S. 623 und 631 ff., sowie Dixit (1989a), S. 219. Baldwin hingegen zeigt, daß die Aussage Dixits nicht generell, aber für Wechselkurs-Prozesse, die einem Random-Walk-Prozeß ähnlich sind, gilt. Vgl. Baldwin (1989), S. 20 f.

36 Vgl. Dixit (1989), S. 621. Eine sehr ausführliche Übertragung des finanzmarkttheoretischen Optionspreismodells zur Darstellung hysteretischer Effekte bei Investitionen allgemein, soweit Sunk-Costs und Unsicherheit vorliegen, findet sich bei Dixit (1992).

37 Vgl. Welzel (1992), S. 133.

38 Vgl. Dixit (1989a), S. 206 und S. 214 f.

genität der betrachteten Unternehmen bezüglich der Struktur von Markteintritts- und Marktaustrittswechselkurs zu einem makroskopischen Verhalten der Exporte führt, das in seiner formalen Struktur der mikroskopischen Hysteresis ähnelt. Im Anschluß hieran soll ein Aggregationsverfahren vorgestellt werden, welches keiner einschränkenden Annahmen bezüglich der Heterogenität von Entry- und Exit-Wechselkursen bedarf.

3.2.1 Aggregation bei Einschränkung der Heterogenität

Hier sollen zur Charakterisierung des Verhaltens der makroökonomischen Größen beispielhaft die inländischen Exporte betrachtet werden.[39]

Jeder einzelne potentielle Exporteur läßt sich in seinem dynamischen Verhalten über die für jede Mengeneinheit repräsentative α/β-Kombination als Punkt in einem α/β-Diagramm darstellen.[40] Da für alle Anbieter die Größenrelation $\alpha_j \geq \beta_j$ erfüllt ist, liegen diese α/β-Exportmengeneinheiten-Punkte im Bereich auf und oberhalb der $(\alpha=\beta)$-45°-Linie im α/β-Diagramm. Punkte genau auf der Linie markieren die Exporteure ohne ein mikroskopisch-hysteretisches Exportverhalten; für Punkte oberhalb der 45°-Linie ist hingegen die Hysteresis-Bedingung erfüllt. Die Einschränkung der Heterogenität bezüglich der Struktur von Grenz- und Markteintrittskosten betrifft die Verteilung der Unternehmen mit hysteretischem Aktivitätsverhalten in der Dreiecks-Fläche oberhalb der 45°-Linie.

Die Heterogenitätsrestriktion wurde von Baldwin und Krugman getroffen, weil sie zeigen wollten, daß die von ihnen analysierten mikroökonomischen Hysteresis-Effekte nicht unbedingt durch eine mit der Aggregation auftretende Glättung abgeschwächt werden oder gar ganz verschwinden.[41] Es tritt demnach bei der unten noch zu beschreibenden Heterogenitätsrestriktion auch makroskopisch Hysteresis nur bei Übertreten bestimmter Schwellenwerte in der Wechselkursentwicklung auf.

---

39 Vgl. im folgenden Baldwin/Krugman (1989), S. 642 ff., sowie Amable/Henry/Lordon/Topol (1991), S. 7 f.

40 Mehr-Mengeneinheiten-Unternehmen müßten über eine Vielzahl dieser Punkte dargestellt werden. Wegen der hier auf einzelne Produkteinheiten disaggregierten Betrachtung reicht für jedes (der fiktiven Ein-Mengeneinheits-) Unternehmen ein einziger Punkt in der Fläche aus. Im übrigen sei zur Erläuterung der ökonomischen Bedeutung der α- bzw. β-Wechselkurse für die in- bzw. ausländischen Exporteure auf die Darstellung auf S. 24 verwiesen.

41 Vgl. Baldwin/Krugman (1989), S. 642. Aufbauend auf die Betrachtung von Baldwin und Krugman beschäftigt sich auch Han (1991) mit der Frage, ob die Hysteresis durch die Aggregation abgeschwächt wird, indem er die Hysteresis-Bänder für verschiedene Unternehmen betrachtet. Folglich handelt es sich dort ebenfalls um eine Untersuchung auf der schwach-hysteretischen Ebene. Vgl. hierzu Han (1991), S. 249 ff. Zur Abgrenzung des hier durchgeführten Aggregationsverfahrens gegenüber schwach-hysteretischen Ansätzen soll die Darstellung der Vorgehensweise von Baldwin und Krugman genügen.

Dagegen zielt der Ansatzpunkt bei der Beschreibung des Aggregationsverfahrens ohne die Einschränkung der Heterogenität der Struktur von Grenz- und Markteintrittskosten in entgegengesetzte Richtung. Es wird im anschließenden Abschnitt gezeigt werden, daß die solchermaßen ermittelten makroskopischen Außenhandelsgrößen sogar eine qualitative Steigerung des hysteretischen Verhaltens aufweisen, da hier das Überspringen bestimmter Schwellenwerte nicht mehr zur Erreichung permanenter hysteretischer Effekte erforderlich ist. Die von Baldwin und Krugman befürchtete Abschwächung der Hysteresis-Eigenschaft tritt nicht auf.

Die Verteilung der Exportmengeneinheiten im ($\alpha \geq \beta$)-Dreieck und damit der Unterschied zwischen Entry- und Exit-Kurs hat hauptsächlich zwei Bestimmungsgründe:[42]

1. Die komparativen Vorteile eines Anbieters. Produziert z.B. ein Anbieter zu niedrigen Grenzkosten, dann sind Marktein- und Marktaustrittswechselkurs beide niedrig.
2. Den Grad der Bedeutung der Sunk-Costs, d.h. den Grad an "Sunkness". Je höher die Sunk-Costs im Verhältnis zu den laufenden Kosten sind, desto größer ist der relative Unterschied zwischen den beiden das dynamische Verhalten des Exporteurs kennzeichnenden Wechselkursen.

Wird nun angenommen, die komparativen Vorteile seien die dominante Bestimmungsgröße in der Verteilung der α/β-Koordinaten, d.h. der "Sunkness"-Grad ist für alle potentiellen Exporteure in etwa gleichbedeutend (sog. "Quasi-'Sunkness'-Homogenität"[43] der betrachteten Anbieter), so liegt eine positive Korrelation zwischen α_j und β_j vor. D.h. für einen Anbieter j mit einem hohen Entry-Wechselkurs α_j ergibt sich ein ebenfalls hoher Exit-Wechselkurs β_j. Es wird weiterhin angenommen, daß sich bei einem Abtragen der die einzelnen Anbieter repräsentierenden α/β-Koordinaten ein Kontinuum von Anbietern (bzw. Exportmengeneinheiten) links von der 45°-Linie ergibt. Folglich ist eine eindeutige Ordnung der einzelnen Anbieter nach der Höhe der Entry- bzw. der Exit-Kurse möglich, und die Unternehmen können mit einem Index z versehen werden, der diese Ordnung beschreibt. Einem höheren Entry- (bzw. Exit-) Wechselkurs wird ein höherer Index z zugeordnet. Die so beschriebene, in ihrer Heterogenität beschränkte Verteilung der Exportanbieter ist in Abb. 3.4 grafisch dargestellt worden.

---

42 Vgl. Baldwin/Krugman (1989), S. 642.

43 Vgl. Amable/Henry/Lordon/Topol (1991), S. 8.

Abb. 3.4: Verteilung der Entry- und Exit-Wechselkurse der Exportanbieter bei Dominanz der komparativen Vorteile

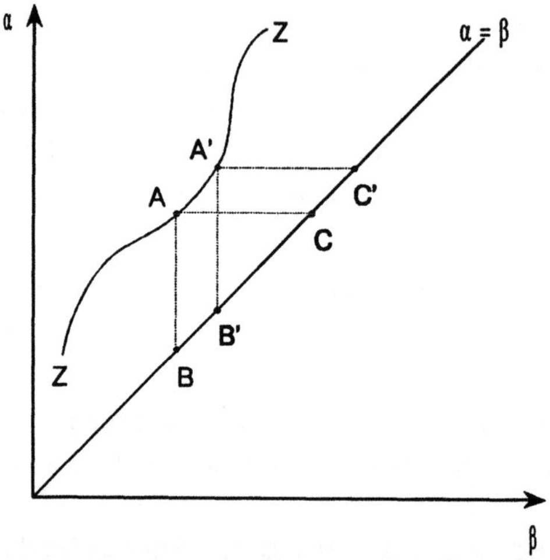

Quelle: In Anlehnung an Baldwin/Krugman (1989), S. 643, Fig. II. [44]

Alle auf dem links-oberhalb der 45°-Linie liegenden Kontinuum ZZ abgetragenen Anbieter lassen sich in ihrem Aktivitätsstatus ("in" oder "out") durch den Index des "Grenzanbieters" $\bar{z}$ kennzeichnen: Alle Exporteure mit einem Index $z>\bar{z}$ sind nicht im Auslandsmarkt aktiv, während alle Anbieter mit einem Index $z<\bar{z}$ aktiv sind. Die Lage des "Grenzanbieters" bzw. die Höhe des entsprechenden Index $\bar{z}$ ist durch die vergangene Wechselkursentwicklung bestimmt. Persistierende Effekte von nur temporären Wechselkursschocks auf die aggregierten Exporte können über die hieraus resultierende Verschiebung von $\bar{z}$ vollständig erfaßt werden.[45]

Der "Grenzanbieter" sei durch den Punkt A in Abb. 3.4 bestimmt, dementsprechend sind die Exporteure, die durch Koordinaten links-unterhalb von A repräsentiert werden, im Auslandsmarkt aktiv, während die Punkte rechts-oberhalb von A die inaktiven Anbieter erfassen. Die aktuelle Ausprägung des Wechselkurses kann über einen Punkt auf der 45°-Linie dargestellt werden. Schwankt der aktuelle Wechselkurs nun innerhalb eines Bereiches, der durch den Abschnitt zwischen den Punkten B und C auf der 45°-Linie dargestellt wird, wird der Exit-Wechselkurs β der aktiven Anbieter nicht unterschritten und der Entry-

44 Dort erfolgt allerdings eine Betrachtung der Importeure (bzw. ausländischen Exporteure); außerdem wird dort ein Wechselkurs in Mengennotierung bezüglich der Inlandswährung zugrunde gelegt.

45 Vgl. Baldwin/Krugman (1989), S. 643.

Wechselkurs α für potentielle Anbieter nicht überschritten. Der "Grenzanbieter" bleibt derselbe; $\bar{z}$ verschiebt sich also nicht. Die so beschriebenen Wechselkursschocks haben demnach keinen hysteretisch-persistierenden Effekt auf die aggregierten Exporte. Solche Wechselkursschocks werden daher von Baldwin und Krugman als "kleine" Schocks bezeichnet.[46] Als interessantes Merkmal ist festzustellen, daß obwohl ein Kontinuum von Unternehmen zugrundegelegt wurde, sich trotzdem nicht immer Unternehmen an der Grenze zum Eintritt oder Austritt befinden.[47]

Steigt der Wechselkurs nun aber weiter als bis zum Punkt C, z.B. bis zum Punkt C', so treten alle durch die Punkte im Bereich zwischen A und A' charakterisierten potentiellen Anbieter in den Auslandsmarkt ein. Der neue "Grenzanbieter" wird durch den Punkt A' repräsentiert. Analog würde eine Wechselkurssenkung ausgehend vom Punkt A die über den für den Punkt B geltenden Wechselkurs hinausgehen würde, zu einer Verschiebung von $\bar{z}$ nach unten führen. (Auch nur temporäre) Wechselkursschocks, die über die mit B bzw. C gegebenen Schwellenwerte hinausgehen, haben demnach über die Veränderung der Anzahl der aktiven Exporteure eine persistierende Wirkung auf die aggregierten Exporte. Sie werden daher als "große" Wechselkursschocks bezeichnet.[48]

Wegen der in diesem Text getroffenen Ein-Mengeneinheiten-Unternehmen-Annahme ist neben der Zahl der Anbieter hier sogar die aktuelle Exportmenge über die Lage des "Grenzanbieters" bestimmt. Baldwin und Krugman treffen diese Annahme nicht: Neben der prinzipiellen Aktivitätsentscheidung treffen die Exporteure, soweit sie im Auslandsmarkt aktiv sind, dort noch eine vom aktuellen Wechselkurs abhängige Exportmengenentscheidung.[49] Je höher der Wechselkurs ist, desto größer ist dort c.p. die von jedem aktiven Anbieter exportierte Menge. Die mit einer "großen" Wechselkursschwankung auftretende Verschiebung von $\bar{z}$ bedeutet einen Strukturbruch in der Exportfunktion; wobei die Exportfunktion auch bei "kleinen" Wechselkursschwankungen steigend in dem aktuellen Wechselkurs ist. Wird hingegen die Ein-Mengeneinheiten-Annahme getroffen, so bedeutet die $\bar{z}$-Verschiebung bei "großen" Wechselkursänderungen wiederum einen Strukturbruch in der Exportfunktion, die hier allerdings bei "kleinen" Wechselkursschocks nicht-steigend mit dem aktuellen Wechselkurs

46 Vgl. Baldwin/Krugman (1989), S. 636.

47 Vgl. ebenda, S. 644.

48 Vgl. ebenda, S. 646.

49 Für die einzelnen Exporteure gilt daher auch nicht eine Rechteckschleife, sondern eine Schleife mit einem mit dem aktuellen Wechselkurs steigenden oberen "Ast". Vgl. hierzu ebenda, S. 641, Fig. I.

ist. Steigend mit dem aktuellen Wechselkurs sind die Exporte in diesem Fall nur bei "großen" Wechselkursschocks infolge des dann auftretenden Strukturbruches. Unabhängig von der Ein-Mengeneinheiten-Unternehmen-Annahme liegt in beiden Fällen zu jedem Wert von $\bar{z}$ eine eigene Exportfunktion vor, die das Verhältnis von Exporten und Wechselkurs für Phasen mit nur "kleinen" Wechselkursschwankungen bestimmt. Ein "großer" Wechselkursschock führt zu einem Sprung von der bisher gültigen zu einer anderen, für den neuen "Grenzanbieter"-Index $\bar{z}$ geltenden Exportfunktion. Das Verhältnis von Wechselkurs und aggregierten Exporten ist demnach durch Perioden der Stabilität gekennzeichnet, die durch abrupte Strukturbrüche infolge "großer" Wechselkursschwankungen voneinander getrennt sind.[50] Unabhängig davon, ob die Ein-Mengeneinheiten-Annahme getroffen wird, ist es auch unter der von Baldwin und Krugman angenommenen Heterogenitätsrestriktion so, daß erst das Überschreiten von Schwellenwerten durch die Verlagerung des "Grenzanbieters" zu hysteretischen Effekten auf die aggregierten Exporte führt. Diese Schwellenwerte sind hier mit dem β-(Exit-) Wechselkurs, der dem Punkt B entspricht, bzw. dem α-(Entry-) Wechselkurs, der dem Punkt C zugeordnet ist, gegeben (bei Betrachtung der inländischen Exporteure). Daher liegt im Fall der hier beschriebenen Verteilung der (potentiellen) Exporteure im α/β-Diagramm ein der Hysteresis bei Mikrobetrachtung entsprechendes dynamisches Verhalten der Makrogröße vor.

3.2.2 Aggregation ohne Einschränkung der Heterogenität

Die Aggregation erfolgt hier ohne gravierende Einschränkung der Heterogenität der betrachteten Unternehmen (bzw. der betrachteten Produkteinheiten als Teile des Exports einer Mehr-Mengeneinheiten-Unternehmung) bezüglich der Struktur der Grenzkosten (und damit auch der Struktur der komparativen Vorteile), der Struktur der Marktzutritts-Sunk-Costs und des Verhältnisses dieser beiden das Marktaktivitätsverhalten bestimmenden Größen zueinander. Jedes einzelne in- und ausländische Unternehmen läßt sich wieder in seinen einzelnen Exportmengeneinheiten über die für jede Mengeneinheit repräsentative α/β-Kombination in der α/β-Fläche darstellen. Da für in- und ausländische Unternehmen die gleiche $\alpha \geq \beta$-Größenbeziehung (bei allerdings umgedrehter Interpretation) gilt, werden durch den Bereich oberhalb der $(\alpha=\beta)$-45°-Linie alle möglichen Unternehmen repräsentiert. Um die Fläche nach oben hin einzugrenzen, soll vereinfachend ein höchstmöglicher Wechselkurs $\bar{w}$ eingeführt werden, der so hoch ist, daß sich der Markteintritt für alle inländischen Expor-

50 Vgl. Baldwin/Krugman (1989), S. 645 f.

teure lohnt, während alle ausländischen Exporteure vom Inlandsmarkt verschwunden sind. Folglich liegen alle Unternehmen in einem dreieckigen Bereich, der oberhalb der (α=β)-45°-Linie liegt, und der durch den Wechselkurs $\bar{w}$ nach oben hin begrenzt ist. Diese alle Unternehmen erfassende Dreiecksfläche im α/β-Diagramm sei mit T bezeichnet.

Da (als Hysteresis-Merkmal) die Abhängigkeit des gegenwärtigen Außenhandels von der vergangenen Entwicklung des Wechselkurses vorliegt, soll die Ausgangssituation durch einen Wechselkurs von w=0 gekennzeichnet sein; andernfalls müßten umfangreiche Annahmen zur vorhergegangenen Wechselkursentwicklung getroffen werden. Folglich sind in der Ausgangssituation alle ausländischen Exporteure im Inlandsmarkt, aber kein inländischer Exporteur ist im Auslandsmarkt aktiv. Die Leistungsbilanz befindet sich somit im größtmöglichen Defizit. Die Situation ist somit analog zur negativen magnetischen Sättigung (im Punkt D in Abb. 2.1).[51] Der Wechselkurs soll nun ausgehend von w=0 steigen.[52] Folglich treten zunächst die inländischen Exporteure mit den niedrigsten Grenzkosten und geringen Sunk-Costs, d.h. diejenigen mit dem niedrigsten Markteintrittswechselkurs α_j, in den Auslandsmarkt ein, während die ausländischen Anbieter mit den höchsten Grenzkosten (bzw. dem niedrigsten Marktaustrittswechselkurs α_k) aus dem Inlandsmarkt austreten. Die inländische Leistungsbilanz verbessert sich entsprechend.[53] Diese Entwicklung ist in Abb. 3.5 (a) dargestellt worden. Die Unternehmen, deren Marktaktivität sich im Rahmen der Wechselkursentwicklung ändert, werden durch die α/β-Koordinaten im schraffierten Bereich repräsentiert. Bei von null aus steigendem Wechselkurs w_t vergrößert sich der Flächenanteil S_t^+ des gesamten Dreiecks T, welcher die aktiven inländischen Exporteure erfaßt, während sich der Anteil S_t^-, der die aktiven ausländischen Unternehmen kennzeichnet, verkleinert.

---

51 Die "negative Sättigung" der Leistungsbilanz ergibt sich hier infolge der Mengenbetrachtung. Wird die Leistungsbilanz z.B. bewertet in Auslandswährung betrachtet, so ergibt sich infolge der laufenden Bewertungsänderungen bei Wechselkurssenkungen keine Sättigung. Vgl. hierzu die Abb. 4.18 (c). Im übrigen wurde die Mengenbetrachtung (ebenso wie die Annahme der Preiskonstanz) gewählt, um die qualitativen Eigenschaften gerade der *hysteretischen* Leistungsbilanz(mengen)effekte auf möglichst einfacher formaler Ebene herauszuarbeiten. Diese qualitativen Eigenschaften bleiben natürlich bei einer differenzierteren Betrachtung unter Aufgabe der getroffenen Annahmen erhalten, werden aber durch weitere (Preis- und Bewertungs-) Effekte überlagert.

52 Die Wechselkurshöhe von w=0 muß hier nicht unbedingt im strengen Sinne verstanden werden. Es kann auch eine Normalisierung in der Art durchgeführt worden sein, daß der Wechselkurs für den alle ausländischen Unternehmen im Inlandsmarkt aktiv sind, als null gesetzt wird. Vgl. Amable/Henry/Lordon/Topol (1991), S. 10.

53 Die Verbesserung der Leistungsbilanz erfolgt analog zur Entwicklung der Magnetisierung entlang der Linie DEFA in Abb. 2.1. Dieser untere Teil der äußeren Hysteresis-Schleife wird "limiting ascending branch", d.h. "begrenzender aufsteigender Ast", genannt. Vgl. Amable/ Henry/Lordon/Topol (1991), S. 11, sowie Mayergoyz (1986), S. 605.

Diese Vergrößerung bzw. Verkleinerung (schraffierter Bereich) erfolgt bei steigendem Wechselkurs in "α-Ausrichtung", d.h. durch Verschiebung der *waagerechten* Grenzlinie nach oben. Sinkt später der Wechselkurs w_t wieder, ausgehend vom bisher höchsten erreichten Wert w_1^M, treten einige der vorhin in den Markt eingetretenen inländischen Exporteure, soweit ihr Austrittswechselkurs β_j unterschritten wird, wieder aus dem Auslandsmarkt aus, und S_t^+ verkleinert sich. Mit Unterschreiten des Eintrittswechselkurses β_k treten wieder einige ausländische Exporteure in den Inlandsmarkt ein; S_t^- vergrößert sich. Bei fallendem Wechselkurs erfolgen die Flächenänderungen (schraffiert) allerdings in "β-Ausrichtung", d.h. durch Verschiebung einer *vertikalen* Teilgrenzlinie nach links. Diese Entwicklung ist in Abb. 3.5 (b) dargestellt worden.[54]

Abb. 3.5: Aktive in- und ausländische Exporteure bei schwankendem Wechselkurs

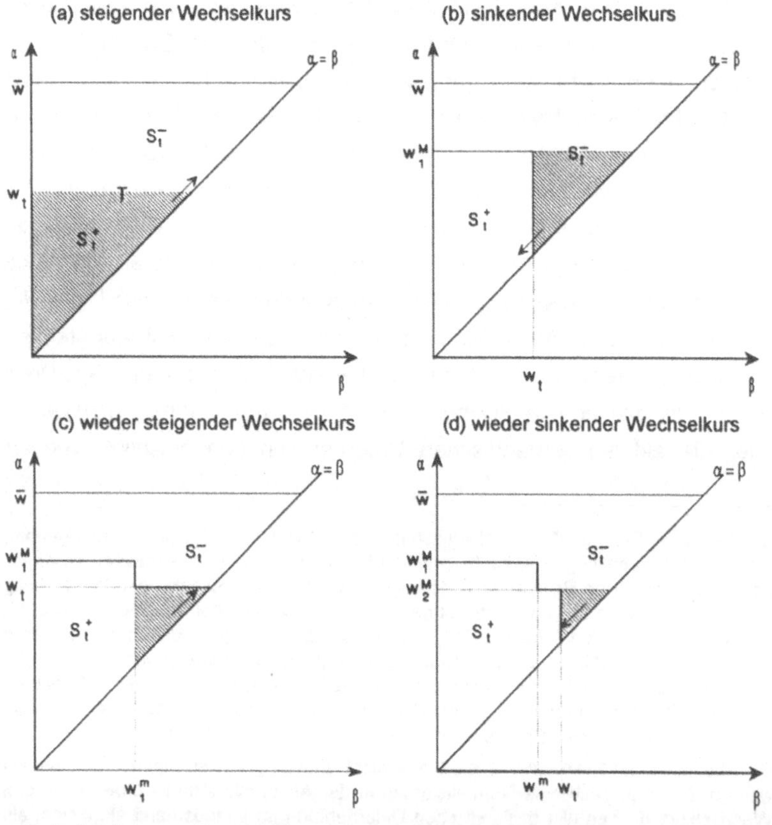

Quelle: In Anlehnung an Amable/Henry/Lordon/Topol (1991), Figure 3 u. 4 (dort im Anhang).

---

54 Zur ökonomischen Bedeutung der α- bzw. β-Wechselkurse für die in- und ausländischen Exporteure vgl. auch die Erläuterungen auf S. 24.

Steigt der Wechselkurs w_t, ausgehend vom bisher (abgesehen von der Initial-Wechselkurs-Steigerung vom Ausgangswechselkursniveau $w_0^m=0$ auf w_1^M) niedrigsten erreichten Wert w_1^m, wieder an, vergrößert sich S_t^+ wieder, S_t^- verkleinert sich entsprechend. Die grafische Darstellung hierfür ist in Abb. 3.5 (c) zu finden. Die Flächenanteilsverschiebung erfolgt hier wieder in waagerechter oder "α"-Ausrichtung, d.h. über die Verschiebung des rechten waagerechten Teils der Grenzlinie zwischen S_t^+ und S_t^- nach oben. Es ergibt sich eine "Stufen"-Gestalt der Grenzlinie zwischen den beiden Teilflächen von T. Soweit das nun erreichte Maximum kleiner ist als das bisher größte erreichte Maximum w_1^M, bleibt die über die ($\alpha=w_1^M/\ \beta=w_1^m$)-Koordinaten gegebene Stufe in der Grenzlinie erhalten (genau dies ist dargestellt worden). Würde der Wechselkurs aber über das bisher höchste erreichte Niveau w_1^M hinaus steigen, so würde die "w_1^M"-Stufe in ihrer α-Koordinate "gelöscht".[55] Mit dem neuen Maximum würde dann das höchste bisher erreichte Niveau gegeben sein, es würde nun als ("neues") w_1^M bezeichnet werden. Wird hingegen davon ausgegegangen, daß (wie dargestellt) das "alte" w_1^M nicht gelöscht wird, stellt das hiermit auftretende Maximum das zweitgrößte bisher ungelöschte Maximum dar und wird entsprechend mit w_2^M bezeichnet.

Die Situation für einen anschließend wieder fallenden Wechselkurs wird in Teil (d) der Abb. 3.5 erläutert. Die Grenzlinie verändert sich in der Lage des unteren vertikalen Teils. Sinkt der Wechselkurs nicht unter das bisher (abgesehen von der Initial-Steigerung) tiefste erreichte Niveau w_1^m, so ist mit dem hiermit folgenden Minimum das zweitniedrigste bisher nicht durch die weitere Wechselkursentwicklung wieder gelöschte lokale Minimum gegeben; es würde entsprechend mit w_2^m bezeichnet. Würde der Wechselkurs aber weiter als bis zum "alten" bisher niedrigsten Minimalniveau sinken, so würde hier analog die β-Koordinate der entsprechenden Stufe gelöscht und das neue Minimum als w_1^m bezeichnet.[56]

Erreichen die zeitlich nachgelagerten lokalen Maxima und Minima nicht das Maximal- bzw. Minimal-Niveau zeitlich vorgelagerter Maxima bzw. Minima, bildet sich jeweils eine neue "Ecke" oder Stufe in der Grenzlinie. Die nachgelagerten lokalen Maxima löschen die Ecken der vorgelagerten lokalen Maxima, deren α-Koordinaten niedriger liegen; die späteren lokalen Minima löschen die Ecken der vorgelagerten Minima, deren β-Koordinaten höher liegen.[57]

---

55 Zur Löscheigenschaft vgl. Mayergoyz (1986), S. 605.

56 Das Ausgehen vom Wechselkurs w=0 führt entsprechend zur Löschung aller Stufen und damit zur Löschung des gesamten Vergangenheitseinflusses.

57 Vgl. Amable/Henry/Lordon/Topol (1991), S. 11 ff.

Werden für eine bestimmte vergangene Wechselkursentwicklung die nicht-gelöschten lokalen Maxima in der Wechselkursentwicklung absteigend der Größe nach geordnet, und die nicht-gelöschten Minima aufsteigend geordnet, so erhält man eine Folge von lokalen Maxima w_i^M und lokalen Minima w_i^m (i=1,..., p).[58] Die α/β-Koordinaten der äußeren Ecken der Treppen-Grenzlinie zwischen S_t^+ und S_t^- sind dann durch die Paare ($\alpha=w_i^M/\ \beta=w_i^m$) gegeben.[59] Daher sind die äußeren Ecken der Treppen-Grenzlinie den Extremwerten mit jeweils gleichem Index zugeordnet: die am weitesten oben-links liegende Ecke den beiden Extremwerten mit dem Index i=1, die zweite Ecke von oben links den Extrema mit i=2, die am weitesten rechts unten liegende äußere Ecke (bei steigendem Wechselkurs) schließlich mit dem Index i=p. Grafische Darstellungen der Treppen-Grenzlinien sind für steigenden Wechselkurs in Abb. 3.6 und für fallenden Wechselkurs in Abb. 3.7 zu finden.

Abb. 3.6: Aktive in- und ausländische Exporteure bei steigendem Wechselkurs

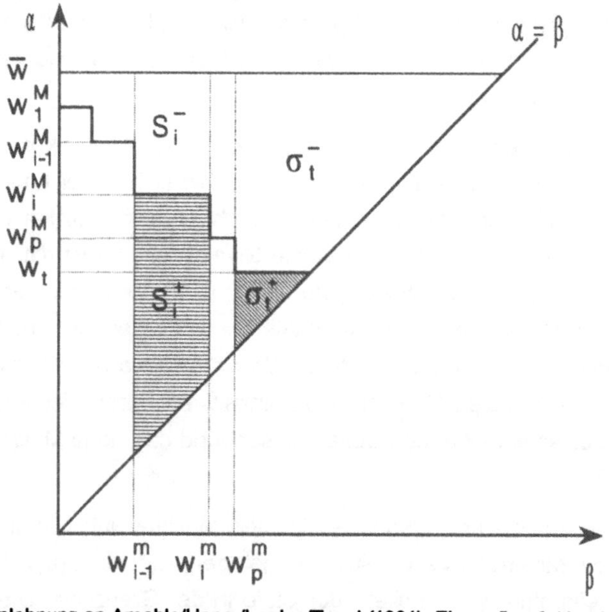

Quelle: In Anlehnung an Amable/Henry/Lordon/Topol (1991), Figure 5 u. 8 (dort im Anhang).

Bei steigendem Wechselkurs läßt sich die Fläche S_t^+, die die aktiven inländischen Exporteure beinhaltet, in zwei Teilflächen ($\sum_i^p S_i^+$ und σ_t^+) aufteilen. Hier-

58 Somit ist das größte Maximum mit w_1^M zu bezeichnen, das zweitgrößte mit w_2^M usw.; das kleinste bisher nicht gelöschte Maximum wird schließlich mit w_p^M gekennzeichnet. Bei den lokalen Minima verhält es sich genau umgekehrt: Das kleinste Minimum ist mit w_1^m beschrieben, das zweitkleinste mit w_2^m usw.

59 Vgl. Amable/Henry/Lordon/Topol (1991), S. 13 f.

von ist nur die zweite Teilfläche σ_t^+ direkt vom aktuellen Wechselkurs abhängig (in der Lage der oberen waagerechten Begrenzungslinie), während die Fläche des ersten Teils $\sum_i^p S_i^+$ durch die Höhe der nicht-gelöschten vergangenen lokalen Maxima und Minima bestimmt ist (in Abb. 3.6 ist ein einzelner Summand S_i^+ der Summe $\sum_i^p S_i^+$ schraffiert hervorgehoben worden). Nur wenn der aktuelle Wechselkurs höher steigt als das kleinste bisher nicht-gelöschte Maximum w_p^M und die entsprechende Stufe dadurch löscht (die Ordnung p wird dann um 1 verringert), verändert sich $\sum_i^p S_i^+$ mit dem aktuellen Wechselkurs. Die Vergangenheitsabhängigkeit wird durch den Einfluß der nicht-gelöschten vergangenen Extremwerte der verursachenden Variablen auf die Fläche der aktiven Exporteure erfaßt. Da die Teilfläche der aktiven ausländischen Exporteure (S_t^-) durch die gleiche Begrenzungslinie gegeben ist, gilt dies ebenfalls für sie.

Abb. 3.7: Aktive in- und ausländische Exporteure bei fallendem Wechselkurs [60]

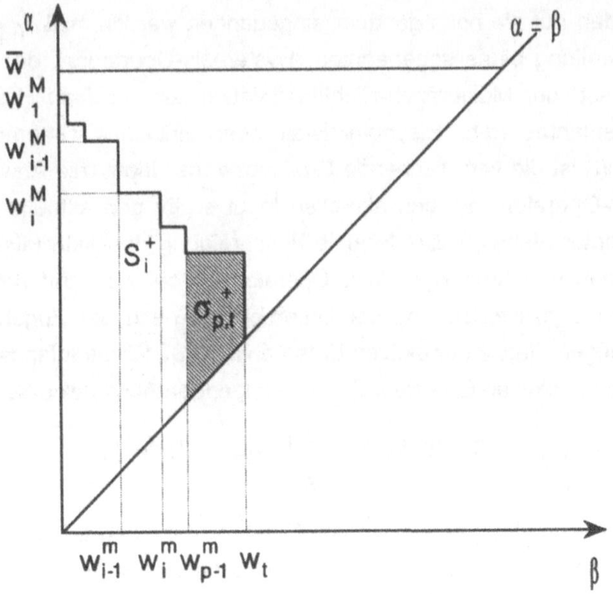

Bei fallendem Wechselkurs erfolgt die Veränderung der S_t^+-Fläche über die Verschiebung des rechten unteren vertikalen Teils der Begrenzungslinie nach links. Soweit die den bisher höchsten nicht-gelöschten lokalen Minima entsprechenden Stufen nicht gelöscht werden, hat man wieder einen von den vergangenen lokalen Extremwerten der Inputentwicklung abhängigen Teil ($\sum_i^{p-1} S_i^+$) und einen direkt von der aktuellen Wechselkursentwicklung beeinflußten Teil ($\sigma_{p,t}^+$).

60 Vgl. hierzu Mayergoyz (1986), S. 604, Fig. 4.

$\sigma^+_{p,t}$ verkleinert sich mit sinkendem Wechselkurs immer weiter, bis es schließlich zur Löschung der w^m_{p-1} entsprechenden Stufe kommt und sich die Ordnung des ersten Teils (p-1) um 1 weiter verringert. Dies gilt wegen gleicher Treppenlinie analog für S^-_t.

Formal-mathematische Beschreibung der Aggregation

Zur mathematischen Beschreibung der bisher grafisch eingeleiteten Aggregation wird auf folgende allgemeine mathematisch-systemtheoretische Formel zur Aggregation der Mikro- zur Makro-Hysteresis zurückgegriffen:[61]

$$\text{(3.35)} \quad f(t) = \hat{\Gamma} u(t) = \iint_{\alpha \geq \beta} \mu(\alpha,\beta)\, \hat{\gamma}_{\alpha\beta}\, u(t)\, d\alpha d\beta$$

Hierbei ist $\hat{\Gamma}$ der sog. "Makro-Operator", der die Durchführung der Aggregation über alle Elementar-Elemente ausdrückt. $\mu(\alpha,\beta)$ stellt eine Funktion für die Gewichtung dar, auf die noch genauer eingegangen werden muß. $\hat{\gamma}_{\alpha\beta}$ ist die formale Darstellung eines sogenannten "Hysteresis-Operators", der den aktuell gültigen "Ast" der Multibranch-Nichtlinearität eines *einzelnen* Hysteresis-*Elementar*-Elementes (d.h. Eiseneinkristall oder einzelnes Unternehmen) beschreibt. u(t) ist die verursachende Größe bzw. der Input (die Anwendung des Hysteresis-Operators auf den aktuellen Input ergibt den aktuellen Output für das Elementar-Element). Die formale Beschreibung des Aktivitätsstandes der Unternehmen über den Hysteresis-Operator ist, bei Rückgriff auf die vorhin vorgestellte Charakterisierung der Unternehmen nach der Zugehörigkeit zur jeweils gültigen Fläche der aktiven Unternehmen (S^+_t für die Inländer, S^-_t für die ausländischen aktiven Exporteure), durch folgenden Ausdruck ersetzbar:[62]

$$\text{(3.36)} \quad f(t) = \iint_{S^+_t} \mu(\alpha,\beta)\, u(t)\, d\alpha d\beta \;-\; \iint_{S^-_t} \mu(\alpha,\beta)\, u(t)\, d\alpha d\beta$$

Entscheidend für das genaue formale Ergebnis der Analyse (wenn auch nicht für die entscheidenden qualitativen Eigenschaften) ist die Präzisierung der Gewichtungsfunktion $\mu(\alpha,\beta)$. Die Gewichtung setzt sich aus zwei Faktoren zusammen: der räumlichen Verteilung der unternehmenscharakterisierenden Punkte einerseits und andererseits aus der Gütermenge, die die Unternehmen in diesem Punkt exportieren. Durch die Annahme, daß es sich bei den dargestellten Punkten um die Kennzeichnung einzelner Mengeneinheiten als Teile einer institutionellen Unternehmung handelt, verschmelzen beide Faktoren zu einem

---

61 Siehe Mayergoyz (1986), S. 604, Formel (1).

62 Ebenda, Formel (2).

Faktor (formal fällt der zweite Faktor aus der Betrachtung heraus). Zur Ermittlung eines analytischen Ergebnisses muß die räumliche Verteilung der α/β-Koordinaten der Exporteure über eine zweidimensionale Verteilungsfunktion angegeben werden. Die Angabe einer möglichst wirklichkeitsgetreuen, komplexen, zweidimensionalen Verteilungsfunktion würde, insbesondere bei doppelter Integration, zu formal sehr umfangreichen Ausdrücken führen. Daher soll hier eine möglichst einfache und anschauliche Verteilungsannahme getroffen werden: Die die einzelnen Mengeneinheiten kennzeichnenden Punkte seien absolut gleichmäßig in der Dreiecksfläche T verteilt, und zwar die ausländischen ebenso wie die inländischen Exporteure.[63] Diese gleichmäßige Verteilung ermöglicht über eine Eins-zu-eins-Korrespondenz zwischen den Punkten in der T-Fläche und den Hysterons die geometrische Interpretation mittels der (ungewichteten) Flächengröße der Anteile S_t^+ und S_t^-.[64] Die Annahme zur Gewichtungsfunktion lautet hier demnach: $\mu(\alpha,\beta) = 1$.

Die Gleichung für die Handelsbilanz des Inlandes (in Mengenbetrachtung) ergibt sich aus der Saldierung von Export- und Importvolumen. Mit $T = \frac{1}{2} \cdot \bar{w}^2$ als Dreiecksfläche zur Darstellung der gesamten potentiellen inländischen und ausländischen Exporteure stellt der Anteil S_t^+ die aktiven inländischen Exporteure (und damit die Inlandsexporte) und S_t^- die aktiven ausländischen Exporteure (d.h. das Inlandsimportvolumen) dar. Die Menge wird über den Flächenanteil als Anteil der aktiven Unternehmen, multipliziert mit der Gesamtzahl n bzw. n* der Unternehmen, errechnet:

$$H_t = \hat{\Gamma} w_t = \frac{n}{T} \cdot \left\{ \iint_{S_t^+} (1) d\alpha d\beta \right\} - \frac{n^*}{T} \cdot \left\{ \iint_{S_t^-} (1) d\alpha d\beta \right\} = X_t - M_t \tag{3.37}$$

Da eine Gleichverteilung der Unternehmenspunkte zugrundegelegt wird, ist eine direkte Interpretation über die Fläche S_t^+ möglich. Das Exportvolumen bei steigendem Wechselkurs ergibt sich daher als:[65]

63 Diese Annahme impliziert eine asymmetrische Verteilung für die Struktur der Grenz- und Sunk-Costs der in- und der ausländischen Exporteure, da der Wechselkurs nur aus inländischer Sicht in Preisnotierung abgetragen wird, aus ausländischer Sicht dagegen in Mengennotierung. Im übrigen treffen Amable/Henry/Lordon/Topol (1991) keine explizite Annahme über die Verteilung der Hysterons in der Fläche T. Sie treffen auch nicht die hier vorgenommene Ein-Mengeneinheiten-Annahme. Daher führen sie eine Gewichtung mittels der (sich mit der aktuellen Wechselkurshöhe ändernden) Exportmenge der einzelnen Unternehmen durch, was allerdings das Ergebnis in seiner Komplexität aufbläht, ohne ein qualitativ anderes Resultat zur Folge zu haben.

64 Vgl. Mayergoyz, S. 604.

65 Die Ergebnisse erhält man aufgrund der Gewichtungsannahmen auch direkt über eine rein geometrische Ermittlung der Flächeninhalte der einzelnen Teilflächen. Die Verwendung der Integralrechnung besitzt allerdings, da prinzipiell auch für andere Gewichtungsannahmen anwendbar, eine höhere Allgemeingültigkeit.

$$(3.38)\quad X_{t\nearrow} = \frac{n}{T} \cdot S_t^+ = \frac{n}{\frac{1}{2}\,\overline{w}^2} \cdot \left\{ \sum_i^p S_i^+ + \sigma_t^+ \right\}$$

$$= \frac{n}{\frac{1}{2}\,\overline{w}^2} \cdot \left\{ \sum_{i=1}^{p} \iint_{S_i^+} (1) d\alpha d\beta + \iint_{\sigma_t^+} (1) d\alpha d\beta \right\}$$

Hieraus folgt bei sukzessiver Integration:

$$(3.39)\quad X_{t\nearrow} = \frac{n}{\frac{1}{2}\,\overline{w}^2} \cdot \left\{ \sum_{i=1}^{p} \int_{\beta=w_{i-1}^m}^{w_i^m} \left(\int_{\alpha=\beta}^{w_i^M} (1) d\alpha \right) d\beta + \int_{\beta=w_p^m}^{w_t} \left(\int_{\alpha=\beta}^{w_t} (1) d\alpha \right) d\beta \right\}$$

Das Exportvolumen bei steigendem Wechselkurs ist somit:

$$(3.40)\quad X_{t\nearrow} = \frac{n}{\frac{1}{2}\,\overline{w}^2} \cdot \left\{ \sum_{i=1}^{p} \left[w_i^M \cdot (w_i^m - w_{i-1}^m) + \frac{1}{2} {w_{i-1}^m}^2 - \frac{1}{2} {w_i^m}^2 \right] + \left(\frac{1}{2} w_t^2 + \frac{1}{2} {w_p^m}^2 - w_t \cdot w_p^m \right) \right\}$$

Bei fallendem Wechselkurs ergibt sich das Exportvolumen über:

$$(3.41)\quad X_{t\searrow} = \frac{n}{T} \cdot \left(\sum_i^{p-1} S_i^+ + \sigma_{p,t}^+ \right)$$

$$= \frac{n}{\frac{1}{2}\,\overline{w}^2} \cdot \left\{ \sum_{i=1}^{p-1} \iint_{S_i^+} (1) d\alpha d\beta + \iint_{\sigma_{p,t}^+} (1) d\alpha d\beta \right\}$$

$$= \frac{n}{\frac{1}{2}\,\overline{w}^2} \cdot \left\{ \sum_{i=1}^{p-1} \int_{\beta=w_{i-1}^m}^{w_i^m} \left(\int_{\alpha=\beta}^{w_i^M} (1) d\alpha \right) d\beta + \int_{\beta=w_{p-1}^m}^{w_t} \left(\int_{\alpha=\beta}^{w_p^M} (1) d\alpha \right) d\beta \right\}$$

$$(3.42)\quad X_{t\searrow} = \frac{n}{\frac{1}{2}\,\overline{w}^2} \cdot \left\{ \sum_{i=1}^{p-1} \left[w_i^M \cdot (w_i^m - w_{i-1}^m) + \frac{1}{2} {w_{i-1}^m}^2 - \frac{1}{2} {w_i^m}^2 \right] + \left[w_p^M \cdot (w_t - w_{p-1}^m) + \frac{1}{2} {w_{p-1}^m}^2 - \frac{1}{2} w_t^2 \right] \right\}$$

Da der Flächenanteil von T, der die im inländischen Markt aktiven ausländischen Exporteure kennzeichnet, sich als Restfläche ($S_t^- = T - S_t^+$) ergibt, lassen sich die Lieferungen des Auslands an das Inland direkt mit Hilfe der Ergebnisse für die Exporte des Inlands angeben:

$$(3.43)\quad M_t = n^* \cdot \frac{S_t^-}{T} = n^* - n^* \cdot \frac{S_t^+}{T} = n^* - \frac{n^*}{n} \cdot X_t$$

Bei steigendem Wechselkurs folgt das Importvolumen mit:

$$(3.44)\quad M_t\nearrow = n^* - \frac{n^*}{\frac{1}{2}\overline{w}^2}\cdot\left\{\sum_{i=1}^{p}\left[w_i^M\cdot(w_i^m - w_{i-1}^m) + \frac{1}{2}w_{i-1}^{m\,2} - \frac{1}{2}w_i^{m\,2}\right] + \left(\frac{1}{2}w_t^2 + \frac{1}{2}w_p^{m\,2} - w_t\cdot w_p^m\right)\right\}$$

Bei fallendem Wechselkurs folgt:

$$(3.45)\quad M_t\searrow = n^* - \frac{n^*}{\frac{1}{2}\overline{w}^2}\cdot\left\{\sum_{i=1}^{p-1}\left[w_i^M\cdot(w_i^m - w_{i-1}^m) + \frac{1}{2}w_{i-1}^{m\,2} - \frac{1}{2}w_i^{m\,2}\right] + \left[w_p^M\cdot(w_t - w_{p-1}^m) + \frac{1}{2}w_{p-1}^{m\,2} - \frac{1}{2}w_t^2\right]\right\}$$

Die gesamte (Mengen-)Leistungsbilanz des Inlands ergibt sich als:[66]

$$(3.46)\quad H_t = X_t - M_t = n\cdot\frac{S_t^+}{T} - \left(n^* - n^*\cdot\frac{S_t^+}{T}\right) = -n^* + (n + n^*)\cdot\frac{S_t^+}{T}$$

Der Leistungsbilanzsaldo bei steigendem Wechselkurs ist:

$$(3.47)\quad H_t\nearrow = -n^* + \frac{n+n^*}{\frac{1}{2}\overline{w}^2}\cdot\left\{\sum_{i=1}^{p}\left[w_i^M\cdot(w_i^m - w_{i-1}^m) + \frac{1}{2}w_{i-1}^{m\,2} - \frac{1}{2}w_i^{m\,2}\right] + \left(\frac{1}{2}w_t^2 + \frac{1}{2}w_p^{m\,2} - w_t\cdot w_p^m\right)\right\}$$

Der Mengen-Handelsbilanzsaldo bei fallendem Wechselkurs folgt als:

$$(3.48)\quad H_t\searrow = -n^* + \frac{n+n^*}{\frac{1}{2}\overline{w}^2}\cdot\left\{\sum_{i=1}^{p-1}\left[w_i^M\cdot(w_i^m - w_{i-1}^m) + \frac{1}{2}w_{i-1}^{m\,2} - \frac{1}{2}w_i^{m\,2}\right] + \left[w_p^M\cdot(w_t - w_{p-1}^m) + \frac{1}{2}w_{p-1}^{m\,2} - \frac{1}{2}w_t^2\right]\right\}$$

Die formale Grundstruktur aller aufgeführten Einzelergebnisse für Import-, Exportvolumen und Leistungsbilanz, bei fallendem und bei steigendem Wechselkurs, ist gleich: Einem bedeutenden konstanten Term, dessen Größe sich über die vergangene Entwicklung der verursachenden Größe bestimmt, steht ein Term, dessen Gewicht durch die aktuelle Wechselkursentwicklung determiniert wird, zur Seite. Die Größe der Konstanten ergibt sich über die vergangenen lokalen Extremwerte des Inputs, soweit sie "extremer" liegen als der aktuelle

---

66 Es sei noch einmal darauf hingewiesen, daß hier keine Differenzierung zwischen Waren und Dienstleistungen erfolgt (und daß Übertragungen vernachlässigt werden). Daher sind hier Handels- und Leistungsbilanz nicht zu unterscheiden.

Wechselkurs w_t (d.h. bei fallendem Wechselkurs niedriger, bei steigendem Wechselkurs höher), denn sonst werden sie aus der "Erinnerung" des Systems "gelöscht". In diesem Term kommt demnach die Vergangenheitsabhängigkeit der aktuellen Beziehung zwischen Wechselkurs und Leistungs- bzw. Handelsbilanzsaldo zum Ausdruck. Der direkt wechselkursbestimmte zweite Term ist quadratisch, was durch die Berechnung über die Flächenanteile und damit durch die Gewichtungsannahmen bedingt ist. Die Funktionsformen unterscheiden sich hierbei allerdings für Phasen mit (vom letzten lokalen Minimum aus) steigenden und Phasen mit (vom letzten lokalen Maximum aus) fallenden Wechselkursen. Dementsprechend haben Änderungen der Wechselkursentwicklungsrichtung immer einen Strukturbruch in den Export-, Import- und Leistungsbilanz-Gleichungen zur Folge.

Entscheidend ist der *qualitative Unterschied* zwischen der sich in der Formel für die Mengen-Handelsbilanz ausdrückenden, makroskopischen und der durch Sprungstellen zwischen den einzelnen (zwei) "Ästen" charakterisierten, der Aggregation zugrundeliegenden, mikroskopischen, schwachen Elementarform der Hysteresis, wie sie im Marktaktivitätsverhalten des einzelnen Exporteurs zum Tragen kommt. Die makroskopische Hysteresis weist eine fast unendliche Vielzahl möglicher Äste auf, und der Übergang von einem zum anderen Ast erfolgt nicht über Sprungstellen, sondern (fast) kontinuierlich.[67] Der aktuelle Wechselkurs hinterläßt in dem Moment, in dem er seine Entwicklungsrichtung ändert, d.h. dort wo der Zeitpfad der Wechselkursentwicklung seinen letzten lokalen Extremwert aufweist, mittels des lokalen Extremwertes einen Einfluß auf die weitere Beziehung. Der Einfluß bleibt solange bestehen, bis dieser Extremwert durch die folgende Wechselkursentwicklung wieder aus der "Erinnerung" des Systems gelöscht wird. Folglich können schon "kleine" Wechselkursschwankungen persistierende Wirkungen auf den Außenhandel ausüben. Das Überschreiten bestimmter Sprungstellen durch "große" Wechselkursänderungen als Bedingung für fortdauernde Wirkungen ist nicht mehr nötig.

Das Verhalten von Wechselkurs und Leistungsbilanz ist analog zur Darstellung der makroskopischen Hysteresis-Schleife der Magnetisierung über eine ähnliche Abbildung darstellbar.

---

67 Gerade dieser qualitative Unterschied steht im Mittelpunkt der Analyse von Amable/Henry/Lordon/Topol (1991), da er bei der Durchführung der Aggregation, wie sie bisher erfolgte, nicht in Erscheinung trat. Vgl. Amable/Henry/Lordon/Topol (1991), S. 7 f. Der Kontinuität liegt übrigens die (realistische) Annahme einer sehr hohen Zahl von Ex-/Importmengeneinheiten zugrunde.

Abb. 3.8: Die Leistungsbilanz-Hysteresis-Schleife

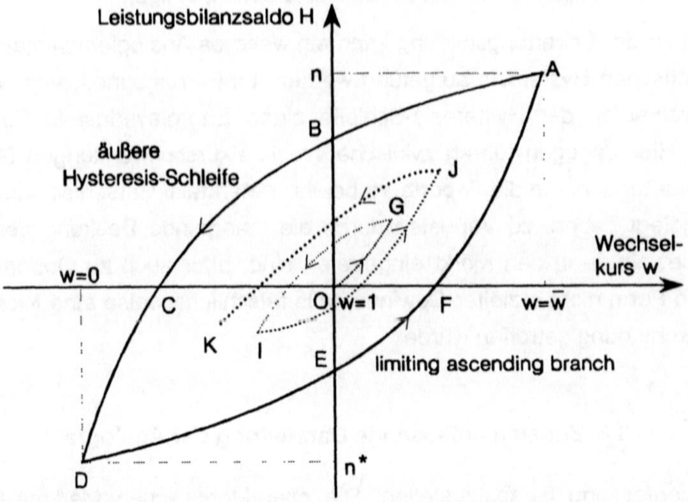

Durch die Betrachtung der Leistungsbilanz in Mengeneinheiten wird eine positive Sättigung für den Wechselkurs $\bar{w}$ mit n Mengeneinheiten (der n inländischen Exporteure) und für w=0 eine negative Sättigung mit n* Mengeneinheiten erreicht. Die Argumentation hatte ihren Ausgangspunkt in einer Situation für w=0 im Punkt D, d.h. auf dem "limiting ascending branch" der äußeren Hysteresis-Schleife. Dementsprechend wurde anfänglich von einem sehr hohen Außenhandelsvolumen ausgegangen. Für n=n* hätte man sogar sofort das Maximal-Außenhandelsvolumen n bzw. n* zugrundegelegt; dieses Außenhandelsniveau hätte sich mit schwankendem w nicht mehr geändert, sondern nur die Aufteilung auf die zwei betrachteten Länder. Realistischer (aber noch anspruchsvoller) wäre es, einen "mittleren" Wechselkurs (z.B. den Kaufkraftparitätenkurs w=1) zum Ausgangspunkt zu nehmen, wie mit dem Kurvenzug OGIJK in Abb. 3.8 angedeutet. Hier würde es mit schwankendem Wechselkurs zu einem *steigenden* Außenhandelsvolumen kommen, da für sehr viele Exporteure der Eintritts-Wechselkurs erreicht wird, sie entsprechend in den Markt eintreten, später aber nicht wieder austreten. Diese Schlußfolgerung ist, wie vorne gezeigt wurde, aber stark von der zugrundeliegenden Erwartungsbildung abhängig: Schwankende Wechselkurse können wegen der Unsicherheit der späteren Deckung der Markteintrittskosten auch zu einer Ausweitung des "Zwei-Ast"-Bereiches bzw. Hysteresis-Bandes in der Aktivitätsentscheidung der einzelnen Exporteure führen. Dies hätte, da Ein- und Austrittswechselkurs dann weiter auseinanderlägen, ein noch stärker ausgeprägtes hysteretisches Verhalten des "Systems Außenhandel" zur Folge. Das Außenhandelsvolumen würde in diesem Fall mit schwankendem Wechselkurs nicht steigen.

Im Rahmen der Erwartungsbildung kann ein weiteres Analogiemerkmal zur ferromagnetischen Hysteresis aufgeführt werden. Im Ferromagnetismus bedeutet das Durchlaufen der Hysteresis-Schleife einen Energieverlust in Form von Wärme. Hier dagegen führen zyklische Wechselkursschwankungen über falsche Erwartungen, die die Exporteure bei ihrer Marktaktivitätsentscheidung zugrundegelegt haben, zu Verlusten durch die mangelnde Deckung der Sunk-Costs, soweit sie in den Markt eingetreten sind, oder auch zu Opportunitätskosten in Form nicht erzielter Gewinne, falls fälschlicherweise eine Nichtaktivitäts-Entscheidung getroffen wurde.

3.3 Zusammenfassende Darstellung der Analogie

Zusammenfassend ist festzustellen: Die charakteristischen Merkmale eines hysteretischen Makro-Systems sind auch für den Fall der Hysteresis in der Leistungsbilanz sowie im Ex- und Importvolumen vorzufinden. Es besteht eine Vergangenheitsabhängigkeit in der Form, daß der Zeitpfad der verursachenden Größe in seiner vergangenen Entwicklung einen Einfluß auf die gegenwärtige Beziehung zwischen aktuellem Wechselkurs w_t und aktuellem Leistungsbilanzsaldo H_t (bzw. aktuellem Ex- und Importvolumen) ausübt, der sich bei Betrachtung nur der gegenwärtigen Ausprägungen der verursachenden Variablen als Indeterminiertheit der Beziehung ausdrückt. Wird eine Wechselkursentwicklung entsprechend des in Abb. 3.8 eingezeichneten Pfades OGIJK betrachtet, werden die Auswirkungen der Hysteresis-Eigenschaft des Systems sofort deutlich: Mit jedem Erreichen eines lokalen Maximums in der Input-Entwicklung ändert sich die Beziehung, da für jeden lokalen Extremwert in der Input-Entwicklung ein "Ast-zu-Ast"-Sprung auftritt. Amable/Henry/Lordon/Topol sprechen in solchen Fällen von "starker" Hysteresis.[68] Für jede Phase unterschiedlicher Entwicklungs*richtung* des Wechselkurses sind dementsprechend unterschiedliche Ex- und Importfunktionen und folglich auch eine andere Beziehung zwischen w_t und der Leistungsbilanz zugrundezulegen. Werden noch Zeitverzögerungseffekte der Reaktionen auf Wechselkursänderungen (J-Kurve) oder auch durch Wechselkurserwartungen bedingte Risikoüberlegungen beachtet, wird deutlich, wie vereinfachend die üblicherweise getroffene Annahme einer eindeutigen Beziehung zwischen w_t und H_t (X_t, M_t) ist. Auch die Ermittlung eines "gleichgewichtigen" Wechselkurses, für den sich eine ausgeglichene

---

68 Vgl. Amable/Henry/Lordon/Topol (1991), S. 15.

Leistungsbilanz ergibt, ist nicht mehr eindeutig möglich.[69] Je nach Input-Zeitpfad kann ein Leistungsbilanzausgleich für Wechselkurse, die zwischen C und F (in Abb. 3.8, d.h. zwischen den äußeren "Koerzitiv"-Wechselkursen) liegen, gegeben sein. Daß sich ein Leistungsbilanzausgleich z.B. gerade für den Kaufkraftparitätenkurs w=1 ergibt, wäre eher Zufall als eine Gesetzmäßigkeit. Diese Aussage gilt auch langfristig, denn die vergangenheitsbezogenen Einflüsse bleiben, solange sie nicht infolge nachfolgend stark schwankender Wechselkurse gelöscht werden, auf Dauer erhalten.

Eine interessante Eigenschaft des "Systems Außenhandel" ist die, daß die Handelsströme und der Leistungsbilanzsaldo über die induzierte Devisennachfrage bzw. -angebot einen Einfluß auf die Bestimmung des Wechselkurses selbst haben. Dementsprechend ist der Wechselkurs nicht, wie hier bisher implizit zugrunde gelegt, rein exogen von außen vorgegeben oder von außen gesteuert (dies würde der Annahme eines Festkurssystems entsprechen), sondern vielmehr (z.T.) endogen bestimmt. Damit liegt im Außenhandel im Gegensatz zum Ferromagnetismus eigentlich ein *kybernetisches*, sich selbst regelndes System vor. Es ist sicherlich interessant, in einem "stark"-hysteretischen Modell den Wechselkurs über Handels-, Kapital- und Geldströme endogen zu bestimmen, um die Bedingungen für ein allgemeines Gleichgewicht auf den angesprochenen "Märkten" auch bezüglich der Vergangenheitsabhängigkeit zu analysieren.[70] Eine solche Analyse soll daher später in dieser Arbeit (in Kapitel 6.) noch durchgeführt werden.

Zum Abschluß dieses Kapitels soll die bisher wiederholt betonte Analogie zwischen magnetischer und außenwirtschaftlicher Hysteresis (als Grundlage der Anwendbarkeit des hier vorgestellten Ansatzes) noch einmal in zusammenfassender und übersichtlicher Form in der Tabelle 3.1 dargestellt werden.

---

69 Vgl. Baldwin/Lyons (1989), S. 18 ff.

70 Vgl. hierzu die "Schwache"-Hysteresis-Ansätze in Baldwin/Krugman (1989), S. 647 ff., sowie in Baldwin/Lyons (1989), S. 14 ff.

Tab. 3.1: Gegenüberstellung der Analogiemerkmale

Analogie-merkmal	Magnetismus	Außenhandel
System	Magnetisierung eines Eisenkörpers	Wechselkurswirkung auf die Handelsbilanz
Elemente	1) Mikroskopisch: Eisenkristalle bzw. WEISS-Bezirke in ihrer magnetischen Ausrichtung Makroskopisch: Magnetisierung des Eisenkörpers 2) Feldstärke des äußeren Feldes	1) Mikroskopisch: Export-Mengeneinheiten bzw. Unternehmen in ihrer Exportaktivität Makroskopisch: Handelsbilanzsaldo 2) Höhe des Wechselkurses
Relationen	— Verursachende Größe: - Feldstärke — Auswirkend auf: - Magnetische Ausrichtung der WEISS-Bezirke - Magnetisierung des Gesamtkörpers	— Verursachende Größe: - Wechselkurs — Auswirkend auf: - Export-(In-)Aktivität der Unternehmen - Handelsbilanzsaldo
Eigen-schaften/ Merkmale der Relationen u. Elemente	— Positive Magnetisierung Negative Magnetisierung — BARKHAUSEN-Sprung — Fremdatome behindern magnetische Ausrichtung ⇒ Magnetische Remanenz ⇒ Hysteron: Rechteckschleife (Multibranch-Nichtlinearität) für Magnetisierung eines einzelnen WEISS-Bezirks — Magnetische Ausrichtung vor dem Einfluß der äußeren Feldstärke (günstig orientierte WEISS-Bezirke wachsen) — Energieverlust bei Durchlaufen der Hysteresis-Schleife — Nichteindeutigkeit/Vergangenheitsabhängigkeit der Beziehung zwischen Magnetisierung des gesamten Eisenkörpers und äußerer Feldstärke	— Exporte Importe — Marktzutritt/Marktaustritt — Sunk-Costs behindern Marktzu- bzw. -austritt ⇒ Unternehmen bleiben im Markt ⇒ Hysteron: Rechteckschleife (Multibranch-Nichtlinearität) für Marktaktivität eines einzelnen Unternehmens — Höhe der Grenzkosten (je niedriger Grenzkosten desto eher erfolgt der Marktzutritt) — Kosten infolge falscher Wechselkurserwartung — Nichteindeutigkeit/Vergangenheitsabhängigkeit der Beziehung zwischen Wechselkurs und Leistungsbilanzsaldo (und Ex- bzw. Importvolumen)

4. Analyse der Eigenschaften des Modells zur starken Hysteresis im Außenhandel

4.1 Zu den einschränkenden Annahmen bei der Modell-Herleitung

Bisher wurde in dieser Arbeit nur ein hysteretisches Grundmodell des Außenhandels unter vielen einschränkenden Annahmen hergeleitet und hierbei die Analogie zum Magnetismus, auf die noch einige Male zurückgegriffen werden soll, verdeutlicht. Im folgenden Text sollen nun die Eigenschaften des Hysteresis-Modells untersucht werden; auch sollen einige der bisher getroffenen restriktiven Annahmen gelockert oder durch alternative Annahmen in ihrer Bedeutung relativiert werden.

Es soll noch einmal deutlich hervorgehoben werden, daß die Ermittlung der Gleichungen für die mengenmäßigen Exporte, Importe bzw. für die Mengen-Leistungsbilanz vor dem Hintergrund einer sehr vereinfachenden Annahme über die Verteilung der α/β-Koordinaten der einzelnen Exportmengeneinheiten als gleichmäßige Verteilung in einem nach oben hin begrenzten ($\alpha \geq \beta$)-Dreieck T bestimmt wurde. Dieses Vorgehen kann damit gerechtfertigt werden, daß die grundlegenden Eigenschaften des so bestimmten Modells genau denen entsprechen, die sich auch bei allgemeineren Verteilungsannahmen ergeben hätten. Durch die Annahme der Begrenzung des Dreiecks T über $\overline{w}$ nach oben hin wird die Heterogenität der Struktur zwischen Entry- und Exit-Wechselkurs nur unwesentlich beeinflußt, soweit der nach oben begrenzende Wechselkurs groß genug gewählt wird. Die Annahme der Gleichverteilung der potentiellen Anbieter innerhalb des Dreiecks T schränkt die Heterogenität im Grunde in keiner Weise ein; nur die relative Häufigkeit, mit denen die unterschiedlichen Kombinationen von Entry- und Exit-Wechselkurs auftreten, wird eingeschränkt. Im übrigen ist über die Änderung der Gewichtungsfunktion $\mu(\alpha,\beta)$ jede andere Verteilung innerhalb des ($\alpha \geq \beta$)-Bereichs erfaßbar. Die hier getroffene Verteilungsannahme ermöglicht aber außerdem eine direkte Interpretation des Ex- bzw. Importvolumens über die Teilflächen S_t^+ und S_t^-; dies soll im folgenden Text noch zur Vereinfachung der Herleitung weiterer Ergebnisse genutzt werden. Der Nachteil der Verteilungsannahme besteht allerdings darin, daß nur beispielhaft eine bestimmte Hysteresis-Ausprägung untersucht wird, da die zugrundegelegte Verteilung der α/β-Punkte die Breite und die genaue Form der Hysteresis-Schleife und der Trajektorien (Entwicklungspfade) für bestimmte Wechselkursentwicklungen festlegt.

Bisher wurde die Analyse zur Vereinfachung nur anhand einer reinen Mengenbetrachtung durchgeführt. In der Realität erfolgt hingegen bei der Analyse der

Effekte von Wechselkursen auf die Leistungs- bzw. die Handelsbilanz eine Bewertung mit der Währung und auch mit den Preisen der betrachteten Länder. Das hier vorgestellte Modell soll daher um die Bewertung mit der Inlands- und der Auslandswährung modifiziert werden, um Aussagen über wertmäßige Leistungsbilanzreaktionen auf Wechselkursänderungen im hysteretischen Modellrahmen zuzulassen.

Als weiterer Nachteil der bisher ermittelten Ergebnisse ist aufzuführen, daß die Vermeidung der Betrachtung der gesamten vergangenen Input-Entwicklung zu der Annahme eines Ausgangsniveaus des Wechselkurses von null führte. Dementsprechend befindet man sich zu Beginn der Modell-Herleitung auf dem "limiting ascending branch" der äußeren Hysteresis-Schleife. Es ist sehr unwahrscheinlich, daß das reale ökonomische "System Außenhandel" (im Gegensatz zum experimentell beeinflußbaren "System Eisenkörper-Magnetisierung") sich im Laufe seiner Entwicklung zu irgendeinem Zeitpunkt auf dem "limiting ascending branch" bzw. der äußeren Hysteresis-Schleife befindet, was diese Annahme (neben den formalen Vereinfachungsgründen auch) sachlich begründen könnte. Da die der Ausgangssituation folgende Entwicklung der hysteretischen Beziehung zwischen jeweils aktuellem Wechselkurs und den betrachteten Handelsbilanzgrößen durch diese Annahme beeinflußt wird, und da außerdem vor dem Hintergrund dieser Annahme eine Analyse mit einer ausgeglichenen Handelsbilanz in der Ausgangssituation nicht ohne weiteres möglich ist, soll die Herleitung eines hysteretischen Außenhandelsmodells (und die Analyse seiner Eigenschaften) zusätzlich noch für eine Ausgangssituation mit ausgeglichener Handelsbilanz erfolgen. Dies entspricht einer Betrachtung der "Neukurve".

Probleme bringt auch die trotz der vereinfachenden zugrundeliegenden Annahmen auftretende, aufwendige Funktionalform mit sich. Die Ergebnisse sind quadratisch oder, wie noch gezeigt wird, bei einer Bewertung der Mengen in Inlandswährung sogar kubisch im aktuellen Wechselkurs als verursachende Variable. Diese Tatsache erschwert die Analyse der Eigenschaften des Modells ebenso wie eine Verwendung der Ergebnisse im Rahmen anderer ökonomischer Modelle. Aus diesem Grund soll in diesem Text später noch eine "linearisierte" Form der Hysteresis-Schleife entwickelt werden, die mit linearen Teilstücken die dynamischen Eigenschaften der nicht-linearen Hysteresis-Schleife approximiert. Im Rahmen der linearisierten Form der Hysteresis-Schleife ist es dann auch möglich, auf sehr einfache Weise unterschiedliche Ausprägungen der Hysteresis (genauer: unterschiedliche Stärken der "Remanenz") im Modell zu berücksichtigen.

4.2 Bewertung der Exporte und Importe

Die bisher rein mengenorientierte Betrachtung soll hier durch eine Betrachtung der Wertgrößen auf der Basis der bisher ermittelten Mengen erweitert werden.

Eine Bewertung der Mengen erfolgt zum einen über die jeweiligen Preise, zum anderen z.T. aber auch über den Wechselkurs, soweit Wertgrößen des einen Landes in Wertgrößen des anderen Landes umgerechnet werden müssen.

Die nominellen Wertgrößen ergeben sich aus der Multiplikation von Menge und Preis des jeweiligen Produktes. Die realen Wertgrößen werden über eine Deflationierung mit dem gesamtwirtschaftlichen Preisniveau des betrachteten Landes aus den nominellen Wertgrößen ermittelt. Die realen (Wert-) Größen sind nicht mit den reinen (physischen) Mengen gleichzusetzen, da die international gehandelten Mengen z.T. über den Wechselkurs in die Währung des betrachteten Landes umzurechnen sind, und da die Bewertung und die Deflationierung nicht immer mit den gleichen Preisen erfolgt; daher können Unterschiede zwischen Mengen- und Realgrößen auftreten.[1]

Wie bereits dargestellt, wird hier das (hysteretische) Angebotsverhalten der in- und ausländischen Exporteure betrachtet. Um gerade die hysteretischen (Mengen-) Effekte in "Reinform" herauszuarbeiten und um von nachfragebedingten Preiseffekten zu abstrahieren, wurde daher die Annahme getroffen, die Preise für die Außenhandelsgüter seien nachfragebedingt gegeben, was einer unendlich großen Preiselastizität der Nachfrage auf den jeweiligen Absatzmärkten entspricht. Dies kann in einer sehr starken Substitutionsbeziehung der jeweils importierten Güter zu Produkten aus der inländischen Produktion begründet sein oder auch im Preissetzungsverhalten der Anbieter, die wechselkursbedingte Preisschwankungen auf den Absatzmärkten verhindern wollen (Stichwort: "pricing to market"[2]).

Die Annahme bezüglich der Preiselastizität der Nachfrage auf den jeweiligen Absatzmärkten für die Außenhandelsgüter führt zu einem Spezialfall der Bewertung der im Außenhandel gehandelten Mengen, der im folgenden dargestellt werden soll. Annahmegemäß soll das gesamtwirtschaftliche Preisniveau der beiden Länder auf eins standardisiert werden ($p=p^*=1$). Das gesamtwirtschaftliche Preisniveau der beiden Länder sei hierbei hauptsächlich durch den Preis der inländischen Produktion bestimmt. Die Hintergründe der Konstanz

---

1 Zur Unterscheidung von Realgrößen und (physischen) Mengen vgl. z.B. Dieckheuer (1991), S. 148, oder Jarchow/Rühmann (1988), S. 91.

2 Krugmann (1986) stellt ein solches Verhalten für die ausländischen Anbieter in den USA zu Beginn der 1980er Jahre fest.

des Preises der inländischen Produktion sollen hier nicht weiter betrachtet werden (c.p.-Bedingung – Hintergrund könnte z.B. eine Unterauslastung der inländischen Produktionskapazitäten sein). Der Preis für die Importgüter soll wegen der hohen nachfragebedingten Substitutionsbeziehung nicht vom Preis für die inländische Produktion des jeweiligen Absatzmarktes abweichen können. Folglich gilt für den Preis der inländischen Exportgüter auf dem ausländischen Absatzmarkt $p^*_{X,t} = \bar{p}^*_{X,t} = p^* = 1$,[3] für die Exportgüter des Auslands, d.h. die inländischen Importgüter, gilt entsprechend $p_{M,t} = \bar{p}_{M,t} = p = 1$. Außerdem ist bei einem standardisierten gesamtwirtschaftlichen Preisniveau von eins in beiden Ländern bei der Betrachtung der Werte nicht mehr zwischen realen und nominellen Größen zu unterscheiden.

Der reale Wechselkurs errechnet sich über die gesamtwirtschaftlichen Preisniveaus der beiden Länder; unter den hier getroffenen Annahmen stimmen demnach realer und nomineller Wechselkurs überein:[4]

$$(4.1) \qquad w_{R,t} = w_t \cdot \frac{p^*}{p} = w_t$$

Die "Terms of Trade" des Inlands q_t, definiert als Preis der inländischen Exportgüter in Relation zum Preis der Importgüter (beide in einer Währung), ergeben sich unter den getroffenen Annahmen als:[5]

$$(4.2) \qquad q_t = \frac{p_{X,t}}{p_{M,t}} = w_t \cdot \frac{\bar{p}^*_{X,t}}{\bar{p}_{M,t}} = w_t$$

Die Annahmen führen demnach zu einer Übereinstimmung von nominellem, realem Wechselkurs und den Terms of Trade. Eine nominelle Abwertung bedeutet damit eine gleichhohe Veränderung des realen Wechselkurses und führt zu einer gleichhohen Verbesserung der inländischen Terms of Trade.

Wird aus der Sicht des Inlands argumentiert, so sind die inländischen Exporte von vornherein in inländischer Währung bewertet. Eine Umrechnung mit dem Wechselkurs ist daher eigentlich nicht erforderlich. Da aber die Annahme einer unendlich hohen Preiselastizität der Exportnachfrage (bzw. eines konstanten Preisniveaus auf dem ausländischen Absatzmarkt, $\bar{p}^*_{X,t} = 1$) getroffen wurde, ist der Wert pro Exportmengeneinheit in Auslandswährung unabhängig vom Wechselkurs, der Wert pro Exportmengeneinheit in Inlandswährung (als Stückerlös $p_{X,t}$ der inländischen Exporteure) ist hingegen vom Wechselkurs abhängig; die Exporteure tragen das gesamte Wechselkursrisiko. Erfolgt die Wech-

---

3 Der Querstrich " ‾ " dient zur Kennzeichnung der Konstanz.

4 Zum realen Wechselkurs vgl. z.B. Siebert (1991), S. 252.

5 Zur Definition der "Terms of Trade" vgl. z.B. Jarchow/Rühmann (1988), S. 75.

selkursnotierung in Preisnotierung bezüglich der Inlandswährung, und ist das Preisniveau in beiden Ländern auf eins genormt, so errechnet sich der (reale) Exportwert in Inlandswährung über die Multiplikation von Exportmenge und (realem) Wechselkurs:[6]

(4.3) $X_t' = p_{X,t} \cdot X_t = w_t \cdot \overline{p}^*_{X,t} \cdot X_t$ mit: $\overline{p}^*_{X,t} = 1$ folgt:

$$X_t' = w_t \cdot X_t = w_t \cdot \frac{n}{T} \cdot S_t^+$$

Anders bei den Importen: Diese sind zwar ursprünglich in ausländischer Währung bewertet und wären daher bei einer Betrachtung des Wertes in inländischer Währung über den Wechselkurs umzurechnen. Das Preisniveau für Importgüter ist aber infolge der unendlich hohen Preiselastizität der Importnachfrage auf dem Inlandsmarkt auf eins festgelegt ($\overline{p}_{M,t} = 1$). Daher ist der Wert einer Importmengeneinheit in Inlandswährung vom Wechselkurs unabhängig; Wechselkursänderungen schlagen aber voll auf den Wert einer Importmengeneinheit in Auslandswährung (als Stückerlös der ausländischen Exporteure, $p^*_{M,t}$) durch. Als Importwert in Inlandswährung ergibt sich unter den hier getroffenen Annahmen:

(4.4) $M_t' = w_t \cdot p^*_{M,t} \cdot M_t = \overline{p}_{M,t} \cdot M_t$ mit: $\overline{p}_{M,t} = 1$ folgt:

$$M_t' = M_t = n^* \cdot \frac{S_t^-}{T} = n^* - n^* \cdot \frac{S_t^+}{T}$$

Daher stimmen bei den hier vorgenommenen Elastizitätsannahmen und bei einer Betrachtung der realen Wertgrößen in Inlandswährung mengen- und wertmäßige Importe überein. Die inländische Handelsbilanz bei Bewertung in Inlandswährung lautet entsprechend:[7]

---

6 Der " ' "-Strich kennzeichnet im folgenden die (reale) Wertgrößenbetrachtung.

7 **Exkurs zur Bedeutung der Elastizitäten bei der Bewertung der Außenhandelsmengen**: Die Auswirkungen der Elastizitätsannahmen auf die Bewertung der gehandelten Mengen sollen noch kurz anhand des genau entgegengerichteten Beispieles *unendlich hoher Angebotselasitzitäten* auf den Außenhandelsmärkten verdeutlicht werden, da diese Annahme üblicherweise bei der Bildung makroökonomischer Modelle offener Volkswirtschaften zugrunde gelegt wird. Hier sind die Preise angebotsbedingt konstant; die Preise der Außenhandelsgüter in der Währung des Produzentenlandes sind daher fest. Es soll hier gelten:

$p^*_{M,t} = \overline{p}^*_{M,t} = p^* = 1$ sowie $p_{X,t} = \overline{p}_{X,t} = p = 1$.

Der Exportwert in Inlandswährung folgt hier als: $X_t' = \overline{p}_{X,t} \cdot X_t = X_t$.

Für den Importwert gilt: $M_t' = w_t \cdot \overline{p}^*_{M,t} \cdot M_t = w_t \cdot M_t$.

Der (reale) Handelsbilanzsaldo folgt mit: $H_t' = X_t - w_t \cdot M_t$.

Für die Terms of Trade gilt hier: $q_t = \frac{\overline{p}_{X,t}}{w_t \cdot \overline{p}^*_{M,t}} = \frac{1}{w_t}$. (weiter nächste Seite)

$$(4.5)\quad H_t' = X_t' - M_t' = w_t \cdot X_t - M_t$$

$$\Rightarrow\quad H_t' = w_t \cdot \frac{n}{T} \cdot S_t^+ - \left(n^* - n^* \cdot \frac{S_t^+}{T}\right) \quad \text{bzw.}$$

$$H_t' = -n^* + \frac{n \cdot w_t + n^*}{T} \cdot S_t^+$$

Die inländischen Exporte, Importe oder auch die inländische Handelsbilanz bei einer Bewertung in Auslandswährung ergeben sich über die Division der Wertgrößen in Inlandswährung durch den aktuellen Wechselkurs mit:

$$(4.6)\quad X_t'^* = \frac{X_t'}{w_t} = X_t = n \cdot \frac{S_t^+}{T}$$

$$(4.7)\quad M_t'^* = \frac{M_t'}{w_t} = \frac{M_t}{w_t} = \frac{n^*}{w_t} - \frac{n^*}{w_t} \cdot \frac{S_t^+}{T}$$

$$(4.8)\quad H_t'^* = X_t'^* - M_t'^* = n \cdot \frac{S_t^+}{T} - \frac{n^*}{w_t} + \frac{n^*}{w_t} \cdot \frac{S_t^+}{T} \quad \text{bzw.}$$

$$H_t'^* = -\frac{n^*}{w_t} + \frac{n + \frac{n^*}{w_t}}{T} \cdot S_t^+$$

Bei einer Bewertung in Auslandswährung stimmen daher die mengen- und die wertmäßigen Exporte überein. Im übrigen stimmen reale Größen und Mengengrößen für einen realen Wechselkurs von eins überein. D.h. die Betrachtung der Leistungsbilanz in Mengeneinheiten setzt implizit eine Bewertung der Mengen zum Kaufkraftparitätenkurs von eins voraus. Die ausländische Leistungsbilanz bei Bewertung in der Währung des Auslandes ergibt sich aus der inländischen Leistungsbilanz bei Bewertung in Auslandswährung durch einfachen Wechsel des Vorzeichens.

Die bisher verbal dargestellten Zusammenhänge zwischen Export-, Importwert und Wechselkurs unter der Annahme vollkommen preiselastischer Export- und Importnachfrage sollen anhand des Falles der Abwertung der inländischen Währung grafisch aufgezeigt werden; wobei allerdings von später noch zu erläuternden Remanenz-Effekten abgesehen wird, die auftreten können, wenn die Abwertung später wieder zurückgenommen wird.

Hier besteht demnach ein reziprokes Verhältnis zwischen realem Wechselkurs und Terms of Trade. Vgl. z.B. Jarchow/Rühmann (1988), S. 199 (Fußnote 23). Zum Verhältnis von Terms of Trade und Wechselkurs unter unterschiedlichen Elastizitätssituationen vgl. ebenda, S. 74 ff. Die wertmäßige Handelsbilanz läßt sich daher für diesen Fall (und nur für diesen Fall) schreiben über: $H_t' = X_t - (1/q_t) \cdot M_t$.

Vgl. Dieckheuer (1991), S. 148, sowie Jarchow/Rühmann (1988), S. 91 f. Folglich unterscheidet sich die in diesem Modell mit unendlich hohen Nachfrageelastizitäten vorgenommene Bewertung der Mengen fundamental von der üblichen Bewertungspraxis.

Abb. 4.1: Reaktion von Export- und Importwert auf eine Abwertung der Inlandswährung bei vollkommen preiselastischer Nachfrage

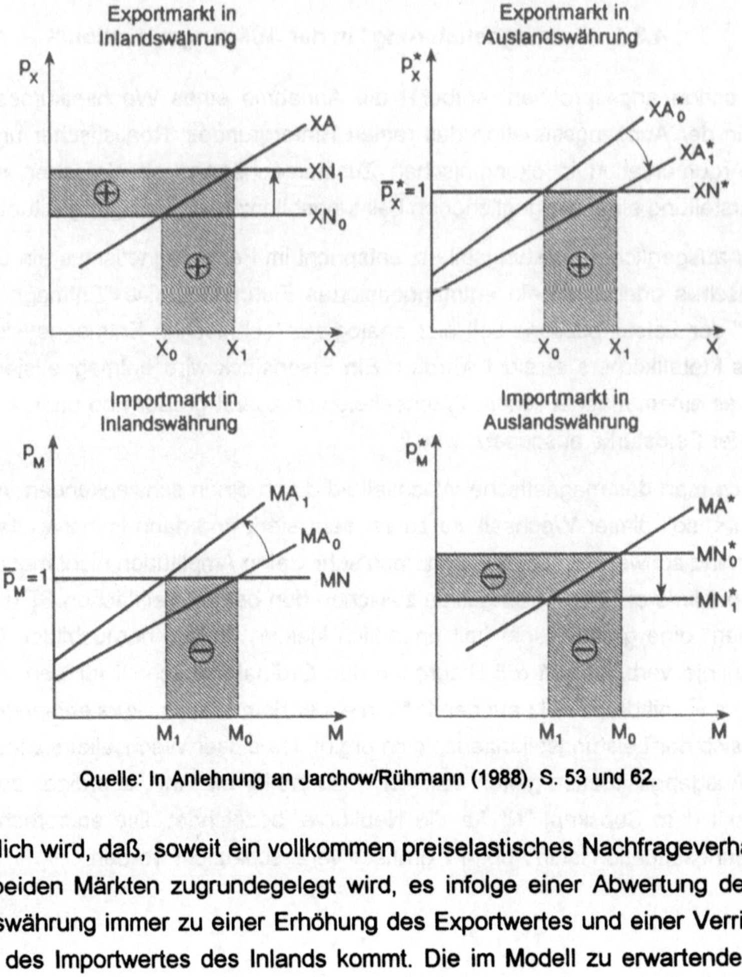

Quelle: In Anlehnung an Jarchow/Rühmann (1988), S. 53 und 62.

Deutlich wird, daß, soweit ein vollkommen preiselastisches Nachfrageverhalten auf beiden Märkten zugrundegelegt wird, es infolge einer Abwertung der Inlandswährung immer zu einer Erhöhung des Exportwertes und einer Verringerung des Importwertes des Inlands kommt. Die im Modell zu erwartende Leistungsbilanzreaktion auf eine Abwertung ist daher immer eine Leistungsbilanzverbesserung. Im Rahmen dieses Modells ist die Frage nach den Bedingungen für eine "normale" Reaktion der Leistungsbilanz auf Wechselkursänderungen daher nicht zu beantworten: Die normale Leistungsbilanzreaktion ist durch die Modellannahmen implizit mit zugrundegelegt worden.[8]

8 Zur Reaktion der inländischen Leistungsbilanz auf eine Abwertung der Inlandswährung für verschiedene Elastizitätssituationen vgl. Jarchow/Rühmann (1988), S. 57.

4.3 Ausgeglichene Leistungsbilanz in der Ausgangssituation: Die Neukurve

4.3.1 "Entmagnetisierung" in der Ausgangssituation

Wie schon angesprochen, entbehrt die Annahme eines Wechselkurses von null in der Ausgangssituation des realen Hintergrundes. Realistischer und für die Argumentation in ökonomischen Zusammenhängen oft einfacher ist die Unterstellung einer ausgeglichenen Leistungsbilanz in der Ausgangssituation.

Einer ausgeglichen Leistungsbilanz entspricht im Ferromagnetismus ein unmagnetisches oder auch ein entmagnetisiertes Eisenstück. Die "Entmagnetisierung" der Leistungsbilanz soll hier analog zur technischen Entmagnetisierung eines Metallkörpers erreicht werden: Ein Eisenstück wird entmagnetisiert, indem es einem magnetischem Wechselfeld von zuerst großer und dann abnehmender Feldstärke ausgesetzt wird.[9]

Ersetzt man das magnetische Wechselfeld durch einen schwankenden Wechselkurs, soll dieser Wechselkurs zuerst sehr stark und dann immer weiter abnehmend schwanken, so daß sich nach sehr vielen Amplituden nicht mehr eine Treppenlinie als Begrenzungslinie zwischen den beiden Teilflächen S_t^+ und S_t^- sondern eine gerade Linie (mit unendlich kleinen Stufen) herausbildet. Diese Trennlinie verbindet im α/β-Diagramm den Ordinatenabschnitt für den Wechselkurs $\bar{w}$ mit dem Punkt auf der 45°-Linie, der dem Wechselkurs entspricht, für den sich der Leistungsbilanzausgleich ergibt. Da dieser Wechselkurs wieder in der Ausgangssituation gelten soll, sei er auch hier als "w_0", allerdings zusätzlich mit dem Subskript "N" für die Neukurve, bezeichnet. Die entsprechende Ausgangssituation ist in Abb. 4.2 grafisch veranschaulicht worden.

---

9 Auf ähnliche Weise arbeiten z.B. die Geräte zur Entmagnetisierung der Tonköpfe von Kasettenrecordern oder Tonbandgeräten. Zur Ab- bzw. Entmagnetisierung vgl. Kohlrausch (1985), S. 441 f.

Abb. 4.2: Leistungsbilanzausgleich in der Ausgangssituation

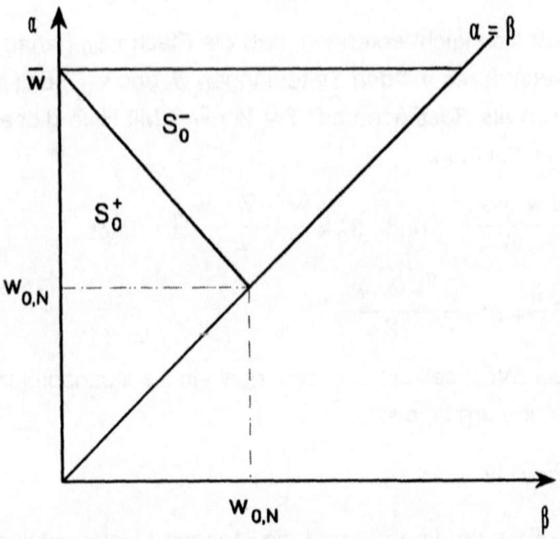

Bei der Bestimmung der Gleichungen für die aggregierten Ex- und Importe ist, soweit von einer ausgeglichenen Leistungsbilanz in der Ausgangssituation ausgegangen werden soll, ein unterschiedlicher Ausgangswechselkurs w_0 für eine Betrachtung in Mengeneinheiten bzw. bei einer Betrachtung der Leistungsbilanz in Wertgrößen zugrundezulegen. Bei der Wertgrößen-Betrachtung ist der Wechselkurs, für den sich ein Leistungsbilanzausgleich ergibt, allerdings unabhängig davon, ob eine Bewertung in In- oder Auslandswährung erfolgt und/oder davon, ob die in- oder die ausländische Leistungsbilanz betrachtet werden soll. Die Analyse soll zuerst analog zur bisherigen Darstellung in Form einer reinen Mengenbetrachtung erfolgen.

4.3.2 Neukurve bei reiner Mengenbetrachtung

Ein Handelsbilanzausgleich bei einer reinen Mengenbetrachtung (d.h. bei einer Bewertung mit dem realen Wechselkurs von eins) ergibt sich für den Fall, daß der Anteil von T, der die aktiven inländischen Exporteure kennzeichnet, gewichtet mit der Gesamtzahl der inländischen Exporteure, genau dem Anteil der aktiven ausländischen Exporteure, gewichtet mit der Gesamtzahl der ausländischen Exporteure, entspricht. Werden die sich für $w_{0,N}$ in der Ausgangssituation ergebenden Flächenanteile der aktiven Exporteure mit S_0^+ bzw. S_0^- bezeichnet, so muß demnach als Bedingung für einen Leistungsbilanzausgleich gelten:

(4.9) $n \cdot S_0^+ = n^* \cdot S_0^-$ bzw. $\frac{n^*}{n} = \frac{S_0^+}{S_0^-}$

Geometrisch läßt sich leicht erkennen, daß die Fläche S_0^+ genau der Hälfte der Fläche eines Rechteckes mit den Seitenlängen $\bar{w}$ und $w_{0,N}$ entspricht. Die Fläche S_0^- ergibt sich als Restfläche zu $T = ½ \cdot \bar{w}^2$. Mit Hilfe dieser Flächen läßt sich dann $w_{0,N}$ bestimmen:

(4.10) mit $S_0^+ = \frac{\bar{w} \cdot w_{0,N}}{2}$ und $S_0^- = \frac{\bar{w}^2 - \bar{w} \cdot w_{0,N}}{2}$ folgt:

$$n \cdot \frac{\bar{w} \cdot w_{0,N}}{2} = n^* \cdot \frac{\bar{w}^2 - \bar{w} \cdot w_{0,N}}{2}$$

Hieraus folgt der Wechselkurs, für den sich ein Leistungsbilanzausgleich bei Mengenbetrachtung ergibt, als:

(4.11) $w_{0,N} = \frac{n^*}{n+n^*} \cdot \bar{w}$

Mengenmäßige Exporte, Importe und die Mengen-Leistungsbilanz lassen sich direkt über die bekannten Formeln ermitteln, sofern die Fläche S_t^+ für eine Ausgangssituation mit ausgeglichener Mengen-Leistungsbilanz angegeben wird. Hierbei ist wieder zwischen einer Situation mit von $w_{0,N}$ aus steigendem oder fallendem Wechselkurs zu unterscheiden.

Zunächst ist hierfür die Gleichung für die "glatte Treppenlinie", d.h. für die Begrenzungslinie zwischen S_0^+ und S_0^-, zu ermitteln. Diese Linie hat den Ordinatenabschnitt $\bar{w}$ und schneidet die 45°-Linie für $w_{0,N}$. Es gilt demnach:

(4.12) $w_{0,N} = \bar{w} - (\text{Steigung}) \cdot w_{0,N} \quad \Rightarrow \quad (\text{Steigung}) = \frac{\bar{w} - w_{0,N}}{w_{0,N}}$

Die Gleichung für die Trennlinie lautet daher:

(4.13) $\alpha = \bar{w} - \frac{\bar{w} - w_{0,N}}{w_{0,N}} \cdot \beta$ bzw. $\beta = (\bar{w} - \alpha) \cdot \frac{w_{0,N}}{\bar{w} - w_{0,N}}$

Neukurve bei steigendem Wechselkurs

Die Bestimmung der Fläche S_t^+ bei einer von S_0^+ bzw. $w_{0,N}$ ausgehenden Wechselkursänderung kann analog zum Magnetismus als Ermittlung der Neukurve bezeichnet werden. Die Bestimmung der Neukurve bei von $w_{0,N}$ aus steigendem Wechselkurs ist in Abb. 4.3 veranschaulicht worden.

Abb. 4.3: Neukurvenermittlung bei steigendem Wechselkurs

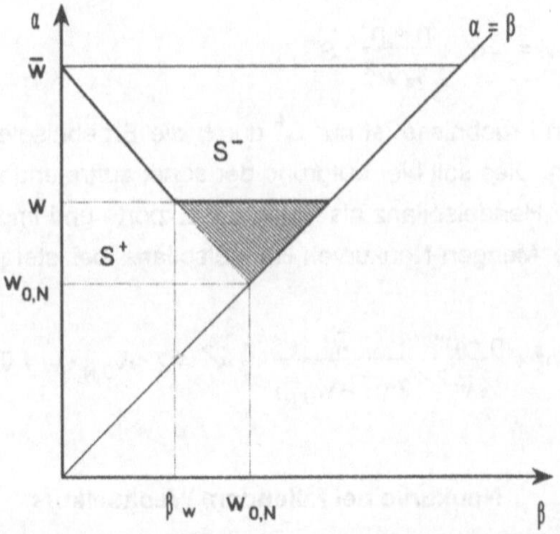

Die Fläche S_t^+, die die aktiven inländischen Exporteure und die inaktiven ausländischen Exporteure kennzeichnet, ist über eine Erfassung ihrer geometrisch einfachen Teilflächen (rechtwinklige Dreiecke als halbe Rechtecke) ermittelbar. Im folgenden soll zur Vereinfachung der Ausdrücke der Periodenindex t weggelassen werden, sofern hierdurch die Eindeutigkeit der Aussage nicht eingeschränkt wird. Demnach sind Ausdrücke ohne den expliziten Zusatz eines Periodenindex t (wie "w" oder "S^+") trotzdem als aktuelle Werte der Periode t (d.h. als w_t bzw. S_t^+) zu verstehen. Die der Neukurve entsprechende Fläche der aktiven inländischen Exporteure (in der Periode t) ergibt sich somit geometrisch als:

$$\text{(4.14)} \quad S_N^{+}\!\nearrow = \tfrac{1}{2} \cdot w^2 + \tfrac{1}{2} \cdot (\bar{w} - w) \cdot \beta_w \qquad \text{mit} \qquad \beta_w = (\bar{w} - w) \cdot \frac{w_{0,N}}{\bar{w} - w_{0,N}}$$

$$\Rightarrow \quad S_N^{+}\!\nearrow = \frac{\bar{w}}{2 \cdot (\bar{w} - w_{0,N})} \cdot [\, w^2 - 2 \cdot w_{0,N} \cdot w + \bar{w} \cdot w_{0,N} \,]$$

$S_N^{+}\!\nearrow$ läßt sich mit Hilfe von Gleichung (4.11) auch allein über $\bar{w}$ oder $w_{0,N}$ ausdrücken:

$$\text{(4.15)} \quad S_N^{+}\!\nearrow = \frac{1}{2} \cdot \left[\frac{n+n^*}{n} \cdot w^2 - 2 \cdot \frac{n^*}{n} \cdot \bar{w} \cdot w + \frac{n^*}{n} \cdot \bar{w}^2 \right] \qquad \text{bzw.}$$

$$S_N^{+}\!\nearrow = \frac{n+n^*}{2n} \cdot \left[w^2 - 2 \cdot w_{0,N} \cdot w + \frac{n+n^*}{n^*} \cdot w_{0,N}^2 \right]$$

Die mengenmäßigen Exporte, Importe sowie die Handelsbilanz ergeben sich auch für die Neukurve bei steigendem Wechselkurs über die bekannten Gleichungen:

$$(4.16)\quad X = \frac{n}{\frac{1}{2}\,\overline{w}^2}\cdot S^+ \quad \text{und} \quad M = n^* - n^*\cdot\frac{S^+}{\frac{1}{2}\,\overline{w}^2} \quad \text{bzw.}$$

$$H = X - M = -\,n^* + \frac{n + n^*}{\frac{1}{2}\,\overline{w}^2}\cdot S^+$$

Für die direkten Ergebnisse ist nur S^+ durch die Ergebnisgleichungen für $S^+_{N\nearrow}$ zu substituieren. Dies soll hier aufgrund der sonst auftretenden Redundanz nur am Beispiel der Handelsbilanz als Saldo der Exporte und Importe erfolgen. Mit (4.14) folgt die Mengen-Neukurven-Handelsbilanz bei steigendem Wechselkurs als:

$$(4.17)\quad H_{N\nearrow} = -\,n^* + \frac{n + n^*}{\frac{1}{2}\,\overline{w}^2}\cdot\frac{\overline{w}}{2\cdot(\overline{w} - w_{0,N})}\cdot[\, w^2 - 2\cdot w_{0,N}\cdot w + \overline{w}\cdot w_{0,N}\,]$$

Neukurve bei fallendem Wechselkurs

Für die Ermittlung der Mengen-Neukurve bei fallendem Wechselkurs soll analog vorgegangen werden. Zur Angabe der Ergebnisse ist es vor dem Hintergrund der allgemeinen Ergebnisse gemäß (4.16) völlig ausreichend, die Fläche $S^+_{N\searrow}$ für einen fallenden Wechselkurs, ausgehend von einer ausgeglichenen Mengen-Leistungsbilanz für $w_{0,N}$, anzugeben. Die Bestimmung der Fläche soll wieder nur über eine geometrische Ermittlung erfolgen.

Abb. 4.4: Neukurvenermittlung bei fallendem Wechselkurs

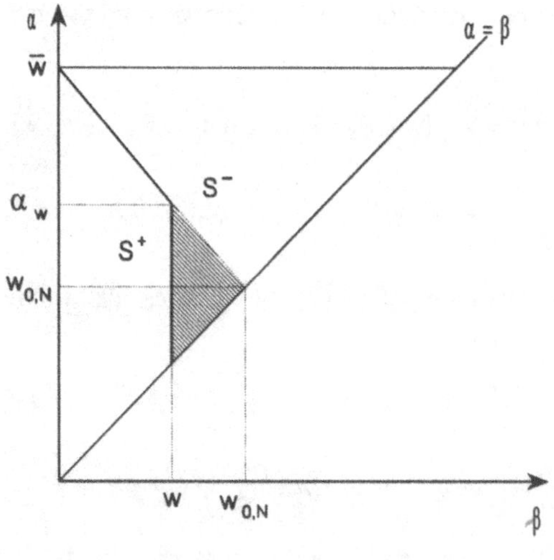

Die Fläche der aktiven inländischen Exporteure ergibt sich für die Mengen-Neukurve bei fallendem Wechselkurs bei Ermittlung über geometrisch einfache Teilflächen als:

$$(4.18)\quad S_N^{+}\searrow = w \cdot \alpha_W - ½\, w^2 + ½ \cdot (\bar{w} - \alpha_W) \qquad \text{mit} \quad \alpha_W = \bar{w} - \frac{\bar{w} - w_{0,N}}{w_{0,N}} \cdot w$$

$$\Rightarrow \quad S_N^{+}\searrow = -\frac{1}{2} \cdot \frac{\bar{w}}{w_{0,N}} \cdot w^2 + \bar{w} \cdot w$$

Mit Hilfe von (4.11) $w_{0,N} = \frac{n^*}{n+n^*} \cdot \bar{w}$ folgt:

$$(4.19)\quad S_N^{+}\searrow = -\frac{1}{2} \cdot \frac{n+n^*}{n^*} \cdot w^2 + \bar{w} \cdot w = -\frac{1}{2} \cdot \frac{n+n^*}{n^*} \cdot w^2 + \frac{n+n^*}{n^*} \cdot w_{0,N} \cdot w$$

Auf die neuerliche Angabe der Gleichungen für alle mengenmäßigen Außenhandelsgrößen wird verzichtet. Es wird hierzu auf (4.16) verwiesen. Der Handelsbilanzsaldo für die Neukurve bei fallendem Wechselkurs soll jedoch noch angegeben werden:

$$(4.20)\quad H_N\searrow = -n^* + \frac{n+n^*}{½\,\bar{w}^2} \cdot \left(-\frac{1}{2} \cdot \frac{\bar{w}}{w_{0,N}} \cdot w^2 + \bar{w} \cdot w \right)$$

4.3.3 Neukurve bei Bewertung in Inlandswährung

Die Gleichungen für $S_N^{+}\nearrow$ und $S_N^{+}\searrow$ sind für eine ausgeglichene Wert-Leistungsbilanz neu aufzustellen, da der Wechselkurs $w'_{0,N}$, für den sich ein Leistungsbilanzausgleich ergibt, hier anders bestimmt wird. Allerdings sind die Formeln zur geometrischen Ermittlung der Wert-Neukurve dieselben wie bei der Bestimmung der Mengen-Neukurve, nur für den Ausgangswechselkurs $w'_{0,N}$ ist ein anderer Term (an Stelle der Gleichung (4.11)) im Laufe der Umformungen einzusetzen.

Bei einer Bewertung in Inlandswährung müssen für einen Leistungsbilanzausgleich in der Ausgangssituation bewertete Exporte und bewertete Importe genau übereinstimmen. Im übrigen ist die in Auslandswährung bewertete Leistungsbilanz ebenfalls ausgeglichen, wenn sich ein Leistungsbilanzausgleich bei Bewertung in Inlandswährung ergibt. Daher sei beispielhaft nur die Bewertung in Inlandswährung betrachtet.

Der Ausgleichswechselkurs $w'_{0,N}$ bei einer Neukurve mit Wertgrößenbetrachtung ergibt sich für den Fall, daß gilt:

$$(4.21)\quad H_0' = X_0' - M_0' = w_{0,N}' \cdot n \cdot \frac{S_0^+}{T} - n^* \cdot \frac{S_0^-}{T} = 0$$

$$\Rightarrow \quad w_{0,N}' \cdot \frac{n}{n^*} = \frac{S_0^-}{S_0^+} \quad \Rightarrow \quad w_{0,N}' = \frac{n^*}{n} \cdot \frac{S_0^-}{S_0^+}$$

D.h. die Fläche der aktiven Exporteure muß der Fläche der aktiven Importeure entsprechen, wobei eine Gewichtung hier nicht nur mit der jeweiligen Gesamtzahl erfolgt, sondern zusätzlich auch mit dem Wechselkurs, für den sich der (Wert-) Leistungsbilanzausgleich ergibt, gewichtet wird. Da die gleichen geometrischen Flächenbestimmungen wie bei der Herleitung der Mengen-Neukurve zugrundegelegt werden können, gilt analog zu (4.10):

$$(4.22)\quad S_0^+ = \frac{\bar{w} \cdot w_{0,N}'}{2} \quad \text{und} \quad S_0^- = \frac{\bar{w}^2 - \bar{w} \cdot w_{0,N}'}{2}$$

Mit Hilfe der Lösungsgleichung für quadratische Gleichungen der allgemeinen Form [10]

$$(4.23)\quad w^2 + a_1 \cdot w + a_0 = 0 \quad \Rightarrow \quad w_0 = -\frac{a_1}{2} \pm \sqrt{\left(\frac{a_1}{2}\right)^2 - a_0}$$

läßt sich aus (4.21) und (4.22) der Ausgleichswechselkurs errechnen:

$$(4.24)\quad w_{0,N}' = \frac{n^*}{n} \cdot \frac{\bar{w} - w_{0,N}'}{w_{0,N}'} \quad \Rightarrow \quad w_{0,N}'^{\,2} + \frac{n^*}{n} \cdot w_{0,N}' - \frac{n^*}{n} \cdot \bar{w} = 0$$

$$\Rightarrow \quad w_{0,N}' = -\frac{n^*}{2n} + \sqrt{\left(\frac{n^*}{2n}\right)^2 + \frac{n^*}{n} \cdot \bar{w}}$$

Ökonomisch sinnvoll ist hier nur eine positive Verknüpfung des Wurzelausdrucks, da sich sonst ein negativer Ausgleichswechselkurs ergäbe.

Die Gleichungen für $S_N^{+}\nearrow$ und $S_N^{+}\searrow$ sind nun, ausgehend von den geometrisch bestimmten Ausgangsformeln, über das Einsetzen des neuen Leistungsbilanzausgleichs-Wechselkurses $w_{0,N}'$ neu zu bestimmen.

Es gilt wieder analog zu (4.14) bei von $w_{0,N}'$ aus steigendem Wechselkurs:

$$(4.25)\quad S_N^{+}\nearrow = \frac{\bar{w}}{2 \cdot (\bar{w} - w_{0,N}')} \cdot [\, w^2 - 2 \cdot w_{0,N}' \cdot w + \bar{w} \cdot w_{0,N}' \,]$$

Für den Fall der Wert-Neukurve bei fallendem Wechselkurs kann auf gleiche Weise vorgegangen werden. Analog zu (4.18) gilt wieder:

$$(4.26)\quad S_N^{+}\searrow = -\frac{1}{2} \cdot \frac{\bar{w}}{w_{0,N}'} \cdot w^2 + \bar{w} \cdot w$$

---

10 Vgl. z.B. Bartsch (1985), S. 116.

Die bewerteten Außenhandelsgrößen auf der Wert-Neukurve bei steigendem oder bei fallendem Wechselkurs ergeben sich, indem die so ermittelten Formeln für die Fläche S^+ der aktiven inländischen und der inaktiven ausländischen Exporteure in die (4.3) bis (4.5) entsprechenden Gleichungen

$$(4.27)\quad X' = w \cdot X = \frac{w \cdot n}{\tfrac{1}{2}\,\overline{w}^2} \cdot S^+ \quad \text{und} \quad M' = n^* - n^* \cdot \frac{S^+}{\tfrac{1}{2}\,\overline{w}^2} \quad \text{sowie}$$

$$H' = X' - M' = -n^* + \frac{w \cdot n + n^*}{\tfrac{1}{2}\,\overline{w}^2} \cdot S^+$$

einsetzt. Explizit sei hier wieder nur als Beispiel der Handelsbilanzsaldo aufgeführt. Bei steigendem bzw. fallendem w folgt mit (4.25) und (4.26) als Wert-Neukurven-Handelsbilanzsaldo:

$$(4.28)\quad H'_{N\nearrow} = -n^* + \frac{w \cdot n + n^*}{\tfrac{1}{2}\,\overline{w}^2} \cdot \frac{\overline{w}}{2 \cdot (\overline{w} - w'_{0,N})} \cdot [\, w^2 - 2 \cdot w'_{0,N} \cdot w + \overline{w} \cdot w'_{0,N} \,]$$

$$\text{bzw.}\quad H'_{N\searrow} = -n^* + \frac{w \cdot n + n^*}{\tfrac{1}{2}\,\overline{w}^2} \cdot \left(-\frac{1}{2} \cdot \frac{\overline{w}}{w'_{0,N}} \cdot w^2 + \overline{w} \cdot w \right)$$

Die Wert-Neukurve bei einer Bewertung in ausländischer Währung läßt sich, anlehnend an die Gleichungen (4.6) bis (4.8), ermitteln, indem man die Ergebnisse für S^+ in folgende Formeln einsetzt:

$$(4.29)\quad X'^* = n \cdot \frac{S^+}{\tfrac{1}{2}\,\overline{w}^2} \;;\quad M'^* = \frac{n^*}{w} - \frac{n^*}{w} \cdot \frac{S^+}{\tfrac{1}{2}\,\overline{w}^2} \;;\quad H'^* = -\frac{n^*}{w} + \frac{n + \frac{n^*}{w}}{\tfrac{1}{2}\,\overline{w}^2} \cdot S^+$$

4.4 Bedingung für eine ausgeglichene Leistungsbilanz bei allgemeiner Betrachtung

Nachdem unter der vereinfachenden Annahme einer durch Entmagnetisierung erzeugten, linearen Trennlinie zwischen S^+ und S^- die Neukurve ermittelt wurde, die eine ausgeglichene Leistungsbilanz in der Ausgangssituation voraussetzt, sollen hier die allgemeinen Bedingungen für einen Leistungsbilanzausgleich im Rahmen des hysteretischen Modells untersucht werden. Hierbei soll die Vergangenheitsabhängigkeit des Wechselkurses, für den sich der Leistungsbilanzausgleich ergibt, deutlich gemacht werden.

Zunächst soll der Einfachheit halber und der Systematik der Vorkapitel folgend die Untersuchung anhand einer reinen Mengenbetrachtung, d.h. bei der impliziten Bewertung zum Kaufkraftparitätenkurs von eins, und anschließend für den Fall der Wertbetrachtung erfolgen.

4.4.1 Leistungsbilanzausgleich bei einer Mengenbetrachtung

Die Fläche S^+ der aktiven inländischen (und der inaktiven ausländischen) Exporteure läßt sich in zwei Teilflächen aufteilen: die durch die vergangenen Extremwerte in der Wechselkursentwicklung bestimmte Teilfläche $\sum_i^p S_i^+$ und die von der aktuellen Wechselkursentwicklung abhängige Teilfläche σ_t^+ bzw. $\sigma_{p,t}^+$. Wird die Formel für die von der vergangenen Wechselkursentwicklung abhängige Teilfläche bei der Darstellung der Mengen-Leistungsbilanz verwendet, verkürzt sich die Gleichung (3.47) für den Handelsbilanzsaldo bei steigendem Wechselkurs zu:

$$\text{(4.30)}\quad H\nearrow = -n^* + \frac{n+n^*}{\frac{1}{2}\bar{w}^2}\cdot\left(\sum_i^p S_i^+ + \frac{1}{2}w^2 + \frac{1}{2}{w_p^m}^2 - w\cdot w_p^m\right)$$

$$\text{mit: } \sum_i^p S_i^+ = \sum_{i=1}^p \left[w_i^M\cdot(w_i^m - w_{i-1}^m) + \frac{1}{2}{w_{i-1}^m}^2 - \frac{1}{2}{w_i^m}^2\right]$$

$$\Rightarrow\quad H\nearrow = \frac{n+n^*}{\bar{w}^2}\cdot w^2 - \frac{n+n^*}{\frac{1}{2}\bar{w}^2}\cdot w_p^m\cdot w + \left[-n^* + \frac{n+n^*}{\frac{1}{2}\bar{w}^2}\cdot\left(\sum_i^p S_i^+ + \frac{1}{2}{w_p^m}^2\right)\right]$$

Die Bedingung für den Leistungsbilanzausgleich lautet $H\nearrow=0$. Zur Ermittlung der Nullstellen von (4.30) wird wieder auf die Lösungsgleichung für quadratische Gleichungen der allgemeinen Form (4.23) zurückgegriffen. Der Wechselkurs, für den sich ein Mengen-Leistungsbilanzausgleich bei steigendem Wechselkurs ergibt, folgt daher mit:

$$\text{(4.31)}\quad w_0\nearrow = w_p^m + \sqrt{\frac{n^*}{n+n^*}\cdot\bar{w}^2 - 2\cdot\sum_i^p S_i^+}$$

Der Wurzelausdruck wird hierbei eindeutig mit einem positiven Vorzeichen verknüpft, da der Wechselkurs steigt und daher größer als das größte ungelöschte Minimum w_p^m sein muß.

Bei fallendem Wechselkurs wird analog entsprechend (3.48) vorgegangen:

$$\text{(4.32)}\quad H\searrow = -n^* + \frac{n+n^*}{\frac{1}{2}\bar{w}^2}\cdot\left[\sum_i^{p-1} S_i^+ + w_p^M\cdot(w - w_{p-1}^m) + \frac{1}{2}{w_{p-1}^m}^2 - \frac{1}{2}w^2\right]$$

$$\Rightarrow\quad H\searrow = -\frac{n+n^*}{\bar{w}^2}\cdot w^2 + \frac{n+n^*}{\frac{1}{2}\bar{w}^2}\cdot w_p^M\cdot w + \left[-n^* + \frac{n+n^*}{\frac{1}{2}\bar{w}^2}\cdot\left(\sum_i^{p-1} S_i^+ - w_p^M\cdot w_{p-1}^m + \frac{1}{2}{w_{p-1}^m}^2\right)\right]$$

mit $H\searrow = 0$ folgt:

$$(4.33)\quad w_{0\searrow} = w_p^M - \sqrt{(w_p^M - w_{p-1}^m)^2 - \frac{n^*}{n+n^*}\cdot \overline{w}^2 + 2\cdot \sum_i^{p-1} S_i^+}$$

Hier ist das Vorzeichen des Wurzelausdrucks eindeutig negativ, da der fallende Wechselkurs niedriger als das kleinste ungelöschte Maximum w_p^M sein muß.

Die Bedeutung der vergangenen Entwicklung des Wechselkurses für denjenigen Wechselkurs, der zu einem Ausgleich der Leistungsbilanz führt, ist aus den Lösungsgleichungen (4.31) und (4.33) direkt ersichtlich. In beiden Formeln tritt die durch die *vergangenen* Extremwerte in der Wechselkursentwicklung bestimmte Teilfläche ΣS_i^+ (d.h. $\sum_i^p S_i^+$ für steigenden Wechselkurs bzw. $\sum_i^{p-1} S_i^+$ bei fallendem Wechselkurs) der Fläche der aktiven inländischen Exporteure S^+ im Wurzelausdruck auf. Wie aus (4.30) zu ersehen, ist die Fläche ΣS_i^+ insbesondere durch die Höhe der (nicht durch die nachfolgende Wechselkursentwicklung gelöschten) Maximalwerte der ehemaligen Inputentwicklung bestimmt. Je höher der Wechselkurs in der Vergangenheit war, desto größer ist ΣS_i^+. Die Minima aus der vergangenen Wechselkursentwicklung bestimmen insbesondere die Anzahl der Stufen (mit zugehörigen Maxima und Minima) der Treppenlinie, die noch nicht gelöscht worden sind. Ein sehr tief fallender Wechselkurs löscht viele Stufen, damit auch viele zugehörige Maximalwerte, und verkleinert so die Fläche von ΣS_i^+ nachhaltig. Im Extremfall führt ein auf null zurückgeführter Wechselkurs zur Löschung aller Extremwerte aus der vergangenen Wechselkursentwicklung und löscht damit auch die "Erinnerung" des Systems an die Vergangenheit; dies wurde bei der Herleitung der Ergebnisse genutzt. Festzuhalten bleibt, daß die durch die vergangene Wechselkursentwicklung bestimmte Teilfläche der Fläche der aktiven inländischen Exporteure sich mit sehr hohen Maximalwerten stark vergrößert, mit sehr niedrigen Minimalwerten aber stark verkleinert wird.

Da ΣS_i^+ in beiden Formeln für den Leistungsbilanzausgleichskurs in negativer Weise einfließt, bedeutet die Vergrößerung von ΣS_i^+ mit hohen Maximalwerten eine Verringerung des Wechselkurses, der die Leistungsbilanz ausgleicht. War der Wechselkurs in der Vergangenheit sehr hoch, so ist im hysteretischen Außenhandelsmodell der Ausgleichswechselkurs sehr niedrig. D.h. übersetzt: War die Inlandswährung in der Vergangenheit stark abgewertet (und damit der inländische Außenbeitrag sehr hoch), wird ein Leistungsbilanzausgleich erst wieder über eine sehr stark aufgewertete Inlandswährung erreicht. Umgekehrt gilt für sehr niedrige vergangene Wechselkurse, daß sie über die Verkleinerung von ΣS_i^+ zu einem hohen Ausgleichswechselkurs führen. Folglich ist nach einer starken Aufwertung (und dem damit verbundenen hohen Leistungsbilanzdefizit) eine sehr starke Abwertung der inländischen Währung nötig, um die Leistungsbilanz zum Ausgleich zu bringen. Diese Eigenschaft des hysteretischen Systems, durch Extremwerte aus der vergangenen Inputentwicklung in seinem aktuellen Verhalten beeinflußt zu werden, liegt in der Eigenschaft der "Remanenz" begründet, welche in dieser Arbeit später noch ausführlich analysiert wird.

4.4.2 Leistungsbilanzausgleich bei Wertgrößen

Unabhängig davon, ob die Bewertung anhand der Inlands- oder der Auslandswährung erfolgt, ergibt sich der Leistungsbilanzausgleich für den gleichen Wechselkurs. Daher soll die Bedingung für einen Leistungsbilanzausgleich bei Vergangenheitsabhängigkeit der Außenhandelsgrößen am Beispiel der Bewertung in Inlandswährung durchgeführt werden.

Wird Gleichung (4.5) bzw. (4.27) zugrundegelegt, so lautet die allgemeine Bedingung für einen Ausgleich der Handelsbilanz bei Bewertung in Inlandswährung wieder:

$$(4.34)\quad H' = -n^* + \frac{w \cdot n + n^*}{\frac{1}{2}\bar{w}^2} \cdot S^+ = 0$$

Hieraus ergeben sich analog zu (4.30) bzw. (4.32) die Bedingungen für den Leistungsbilanzausgleich bei einer Bewertung in Inlandswährung bei steigendem und bei fallendem Wechselkurs:

$$(4.35)\quad H'\nearrow = -n^* + \frac{w \cdot n + n^*}{\frac{1}{2}\bar{w}^2} \cdot \left(\sum_i^p S_i^+ + \frac{1}{2} w^2 + \frac{1}{2} {w_p^m}^2 - w \cdot w_p^m \right)$$

$$\Rightarrow \quad H'\nearrow = \frac{n}{\bar{w}^2} \cdot w^3 + \left(\frac{n^*}{\bar{w}^2} - \frac{n}{\frac{1}{2}\bar{w}^2} \cdot w_p^m \right) \cdot w^2 + \left[-\frac{n^*}{\frac{1}{2}\bar{w}^2} \cdot w_p^m + \frac{n}{\frac{1}{2}\bar{w}^2} \cdot \left(\sum_i^p S_i^+ + \frac{1}{2} {w_p^m}^2 \right) \right] \cdot w + \left[-n^* + \frac{n^*}{\frac{1}{2}\bar{w}^2} \cdot \left(\sum_i^p S_i^+ + \frac{1}{2} {w_p^m}^2 \right) \right]$$

mit: $H'\nearrow = 0$

$$(4.36)\quad H'_{\searrow} = -n^* + \frac{w \cdot n + n^*}{\tfrac{1}{2}\overline{w}^2} \cdot \left[\sum_i^{p-1} S_i^+ + w_p^M \cdot (w - w_{p-1}^m) + \frac{1}{2} w_{p-1}^{m\,2} - \frac{1}{2} w^2 \right]$$

$$\Rightarrow\quad H'_{\searrow} = -\frac{n}{\overline{w}^2} \cdot w^3 + \left(-\frac{n^*}{\overline{w}^2} + \frac{n}{\tfrac{1}{2}\overline{w}^2} \cdot w_p^M \right) \cdot w^2 +$$

$$\left[\frac{n^*}{\tfrac{1}{2}\overline{w}^2} \cdot w_p^M + \frac{n}{\tfrac{1}{2}\overline{w}^2} \cdot \left(\sum_i^{p-1} S_i^+ + \frac{1}{2} w_{p-1}^{m\,2} - w_p^M \cdot w_{p-1}^m \right) \right] \cdot w +$$

$$\left[-n^* + \frac{n^*}{\tfrac{1}{2}\overline{w}^2} \cdot \left(\sum_i^{p-1} S_i^+ + \frac{1}{2} w_{p-1}^{m\,2} - w_p^M \cdot w_{p-1}^m \right) \right]$$

mit $H'_{\searrow} = 0$

Beide Gleichungen lassen sich zur Ermittlung der Nullstellen in die allgemeine Form einer Gleichung dritten Grades, d.h. in

$$(4.37)\quad w^3 + a_2 \cdot w^2 + a_1 \cdot w + a_0 = 0$$

überführen, die eine direkte Anwendung der Cardanoschen Formel zur Bestimmung der Nullstellen von Gleichungen dritten Grades ermöglicht. Die allgemeine Lösungsgleichung zur Ermittlung der Nullstellen lautet dann:[11]

$$(4.38)\quad w_0' = \sqrt[3]{\left(-\frac{a_2^3}{27} + \frac{a_1 a_2}{6} - \frac{a_0}{2}\right) + \sqrt{\frac{1}{4}\left(\frac{2a_2^3}{27} - \frac{a_1 a_2}{3} + a_0\right)^2 + \frac{1}{27}\left(a_1 - \frac{a_2^2}{3}\right)^3}}$$
$$+ \sqrt[3]{\left(-\frac{a_2^3}{27} + \frac{a_1 a_2}{6} - \frac{a_0}{2}\right) - \sqrt{\frac{1}{4}\left(\frac{2a_2^3}{27} - \frac{a_1 a_2}{3} + a_0\right)^2 + \frac{1}{27}\left(a_1 - \frac{a_2^2}{3}\right)^3}}$$

Der Ausgleichswechselkurs wird wieder als w_0' bezeichnet. Die Koeffizienten dieser Formel ergeben sich für den Fall steigender Wechselkurse als:

$$(4.39)\quad a_{0\nearrow} = \frac{2n^*}{n} \cdot \left\{ \sum_i^{p} S_i^+ + \frac{1}{2} w_p^{m\,2} - \frac{1}{2} \overline{w}^2 \right\}$$

$$a_{1\nearrow} = -\frac{2n^*}{n} \cdot w_p^m + 2 \cdot \left\{ \sum_i^{p} S_i^+ + \frac{1}{2} w_p^{m\,2} \right\}$$

$$a_{2\nearrow} = \frac{n^*}{n} - 2 \cdot w_p^m$$

Bei fallenden Wechselkursen ergeben sich die Koeffizienten mit:

---

11 Zur Cardanoschen Formel sowie zur genauen Vorgehensweise bei der Ermittlung der Lösungsgleichung sei verwiesen auf Dallmann/Elster (1973), S. 181 f., oder Strubecker (1966), S. 246 ff.

$$(4.40)\quad a_{0\searrow} = -\frac{2n^*}{n} \cdot \left\{ \sum_{i}^{p-1} S_i^+ + \frac{1}{2} {w_{p-1}^{m}}^2 - w_p^M \cdot w_{p-1}^m - \frac{1}{2} \bar{w}^2 \right\}$$

$$a_{1\searrow} = -\frac{2n^*}{n} \cdot w_p^M - 2 \cdot \left\{ \sum_{i}^{p-1} S_i^+ + \frac{1}{2} {w_{p-1}^{m}}^2 - w_p^M \cdot w_{p-1}^m \right\}$$

$$a_{2\searrow} = \frac{n^*}{n} - 2 \cdot w_p^M$$

Wegen des formalen Aufwands soll auf eine explizite Angabe der Ergebnisse für den die Leistungsbilanz ausgleichenden Wechselkurs bei fallenden und bei steigenden Wechselkursen verzichtet werden. Der formale Aufwand, der aus der Betrachtung der Bedingungen für den Leistungsbilanzausgleich im allgemeinen Fall resultiert, ist auch ein Grund für die mit der Neukurvenanalyse vereinfachte Betrachtung des Falles der anfänglich ausgeglichen Leistungsbilanz.

4.5 Die äußere Hysteresis-Schleife als Grenzfall

Bei der soeben durchgeführten Analyse wird deutlich, daß, soweit die allgemeine Form der hysteretischen Beziehung zwischen Leistungsbilanz und aktuellem Wechselkurs zugrundegelegt wird, der formale Aufwand bei der Analyse der Modelleigenschaften, insbesondere bei der Betrachtung der Wertgrößen, unverhältnismäßig groß wird, und gleichzeitig die Ergebnisse für eine direkte Interpretation zu komplex werden. Daher wird bei der folgenden Analyse zumeist nicht auf den allgemeinen Fall, sondern auf die drei einfachen Spezialfälle einer Beziehung zwischen aktuellem Wechselkurs und Leistungsbilanz auf dem "limiting ascending branch" (abgekürzt LAB, allerdings nur für steigendes w) auf dem "limiting descending branch" (LDB, nur für fallendes w) sowie als "mittlerer Fall" auf die Neukurve (für steigenden und fallenden Wechselkurs) zurückgegriffen werden. Die in der Realität auftretenden Fälle lassen sich so interpretieren, daß sie in etwa durch die Beziehung auf der Neukurve approximiert werden, während mit den Zusammenhängen, wie sie auf der äußeren Hysteresis-Schleife gelten, die äußeren Grenzen der möglichen Wechselkurs-Leistungsbilanz-Beziehung aufgezeigt werden. Außerdem wird durch Wechselkursschocks die Neukurven-Beziehung in Richtung auf die äußere Hysteresis-Schleife verzerrt. Eine Angabe der Zusammenhänge auf dem "limiting ascending branch" bzw. dem "limiting descending branch" kann einen Hinweis auf die Richtung und die Höhe dieser Verzerrung geben.

Der "limiting ascending branch" (LAB) bildet den aufsteigenden "Ast" der äußeren Hysteresis-Schleife, d.h. mit dem LAB ist der Zusammenhang zwischen aktuellem Wechselkurs und Außenhandelsgröße dargestellt, der sich für einen von w=0 aus steigenden Wechselkurs ergibt. Folglich wurde der LAB zu Beginn der Herleitung der allgemeinen hysteretischen Außenhandelsbeziehungen zugrundegelegt. Die Gleichung für den LAB läßt sich demnach auch aus den allgemeinen Gleichungen herleiten.

Die Fläche der aktiven inländischen Exporteure S^+ ergab sich bei steigendem Wechselkurs allgemein als:[12]

$$(4.41) \quad S^+\nearrow = \sum_i^p S_i^+ + \frac{1}{2}w^2 + \frac{1}{2}{w_p^m}^2 - w \cdot w_p^m$$

Für den Fall des LAB gilt nun aber, daß weder eine von der vergangenen Wechselkursentwicklung abhängige Teilfläche ΣS_i^+ existiert, noch liegt, abgesehen vom Ausgangswechselkurs von w=0, ein größtes ungelöschtes Minimum w_p^m vor. Demnach gilt für den LAB:

$$(4.42) \quad \sum_i^p S_i^+ = 0 \quad \text{und} \quad w_p^m = 0$$

$$\Rightarrow \quad S_L^+\nearrow = \frac{1}{2} \cdot w^2$$

Dieses Ergebnis läßt sich anhand der Abb. 3.5 (a) leicht geometrisch nachvollziehen.

Der "limiting descending branch" ist der Teilbereich der äußeren Hysteresis-Schleife, der bei vom Maximalwechselkurs $\bar{w}$ aus fallendem Wechselkurs gültig ist. Wieder gibt es keine nur von der vergangenen Wechselkursentwicklung abhängige Teilfläche ΣS_i^+. Das kleinste ungelöschte Maximum w_p^M ist hier $\bar{w}$. Ein größtes ungelöschtes Minimum w_{p-1}^m existiert in diesem Fall nicht, ist also als null zu setzen. Aus der allgemeinen Formel für S^+ bei fallendem Wechselkurs [13]

$$(4.43) \quad S^+\searrow = \sum_i^{p-1} S_i^+ + w_p^M \cdot (w - w_{p-1}^m) + \frac{1}{2}{w_{p-1}^m}^2 - \frac{1}{2}w^2$$

folgt daher für den LDB:

$$(4.44) \quad \sum_i^{p-1} S_i^+ = 0 \quad \text{und} \quad w_p^M = \bar{w} \quad \text{sowie} \quad w_{p-1}^m = 0$$

$$\Rightarrow \quad S_L^+\searrow = \bar{w} \cdot w - \frac{1}{2} \cdot w^2$$

---

12 Vgl. z.B. Gleichung (4.30).

13 Vgl. z.B. Formel (4.32).

Die Handelsbilanzgleichungen für den LAB (steigender Wechselkurs) in Mengen- und in Wertbetrachtung folgen daher als:

$$(4.45)\quad H_L\nearrow = -n^* + \frac{n+n^*}{\bar{w}^2}\cdot w^2 \qquad \text{(Mengen)}$$

$$H_L'\nearrow = -n^* + \frac{w\cdot n+n^*}{\bar{w}^2}\cdot w^2 \qquad \text{(Wertgrößen)}$$

Für den LDB (fallender Wechselkurs) ergibt sich:

$$(4.46)\quad H_L\searrow = -n^* + \frac{n+n^*}{½\,\bar{w}^2}\cdot\left(\bar{w}\cdot w-\frac{1}{2}\cdot w^2\right) \qquad \text{(Mengen)}$$

$$H_L'\searrow = -n^* + \frac{w\cdot n+n^*}{½\,\bar{w}^2}\cdot\left(\bar{w}\cdot w-\frac{1}{2}\cdot w^2\right) \qquad \text{(Wertgrößen)}$$

Die sehr einfachen Ergebnisse für die äußere Hysteresis-Schleife lassen eine Interpretation über einen einfachen Vergleich von LAB, LDB und Neukurve zu. So vereinfacht sich der die Mengen-Leistungsbilanz ausgleichende Wechselkurs bei steigender Entwicklung von w entsprechend (4.31) für den LAB in:

$$(4.47)\quad w_{0,L}\nearrow = \bar{w}\cdot\sqrt{\frac{n^*}{n+n^*}}$$

Der Mengen-Leistungsbilanz-Ausgleichs-Wechselkurs für fallendes w vereinfacht sich aus (4.33) für den LDB zu:

$$(4.48)\quad w_{0,L}\searrow = \bar{w}\cdot\left(1-\sqrt{\frac{n}{n+n^*}}\right)$$

Ein Vergleich der drei betrachteten Spezialfälle (des LAB, des LDB und der Neukurve als "mittlerer Fall" gemäß Formel (4.11)) bezüglich der Bedingungen des Ausgleichs der Mengen-Leistungsbilanz zeigt eine erwartete Größenbeziehung auf. Denn im allgemeinen dürfte gelten:

$$(4.49)\quad w_{0,L}\nearrow = \bar{w}\cdot\sqrt{\frac{n^*}{n+n^*}} > w_{0,N} = \bar{w}\cdot\frac{n^*}{n+n^*} > w_{0,L}\searrow = \bar{w}\cdot\left(1-\sqrt{\frac{n}{n+n^*}}\right)$$

Es zeigt sich also wieder die schon bei der allgemeinen Betrachtung des leistungsbilanzausgleichenden Wechselkurses angesprochene Größenbeziehung: Der Wechselkurs, der die inländische Leistungsbilanz zum Ausgleich bringt, ist umso höher, je geringer der Wechselkurs in der Vergangenheit gewesen ist. Lag in der Vergangenheit ein großes Leistungsbilanzdefizit infolge einer sehr hohen Bewertung der Inlandswährung vor (d.h. w war niedrig), so wird der leistungsbilanzausgleichende Wechselkurs sehr hoch sein; ein Ausgleich wird erst mit einer sehr hohen Abwertung der Inlandswährung erreicht.

Da der Ausgleichswechselkurs sich der vergangenen Wechselkursentwicklung entgegengesetzt verändert, kann von einer Art "*Überschießen*" des Ausgleichswechselkurses gesprochen werden.[14]

Die getroffenen Aussagen gelten qualitativ auch für den Fall einer Bewertung der Mengen, doch infolge des formalen Aufwands (vgl. Formel (4.38) bis (4.40)) wird hier auf eine explizite Darstellung der leistungsbilanzausgleichenden Wechselkurse auf der äußeren Hysteresis-Schleife bei der Betrachtung von Wertgrößen verzichtet.

4.6 Leistungsbilanzreaktionen bei Wechselkursänderungen

4.6.1 Zur Erfassung der Leistungsbilanzreaktionen

Die Untersuchung von Leistungsbilanzreaktionen auf Änderungen des Wechselkurses soll in diesem Text in zwei Schritten erfolgen. Zuerst werden mit Hilfe der Infinitesimalrechnung und der hierauf beruhenden Ermittlung von (marginalen) Elastizitäten die Reaktionen der Außenhandelsgrößen auf (infinitesimal kleine) Wechselkursänderungen analysiert. Hierbei werden auch die Bedingungen für eine sog. "normale" Reaktion der Wert-Leistungsbilanz, d.h. die Bedingungen für eine Verbesserung des Leistungsbilanzsaldos des Inlands bei einer Abwertung der inländischen Währung, kurz angesprochen. Danach sollen im darauffolgenden Kapitel die Bedingungen für das Auftreten von Remanenz in den Außenhandelsgrößen, d.h. für das Auftreten permanenter Wirkungen einer nur temporären Wechselkursschwankung als Besonderheit hysteretischer Außenhandelsmodelle, betrachtet werden.

Die Reaktion der Export- und Import-Mengen und -Werte auf Wechselkursänderungen läßt sich mit Hilfe der wechselkursbedingten Änderungen der Fläche der aktiven inländischen Exporteure S^+ erfassen, da alle betrachteten Außenhandelsgrößen sich über die schon bekannten Gleichungen direkt aus S^+ ermitteln lassen. S^+ ergab sich bei steigendem bzw. bei fallendem Wechselkurs aus jeweils zwei Teilflächen, einem vergangenheitsabhängigen Teil ΣS_i^+ und einem direkt von der aktuellen Wechselkursentwicklung bestimmten Teil σ_t^+ bzw. $\sigma_{p,t}^+$. Entsprechend (4.41) und (4.43) gilt:

$$(4.50)\quad S^+\nearrow = \sum_i^p S_i^+ + \tfrac{1}{2}w^2 + \tfrac{1}{2}{w_p^m}^2 - w \cdot w_p^m = \sum_i^p S_i^+ + \tfrac{1}{2}(w - w_p^m)^2 = \sum_i^p S_i^+ + \sigma_t^+$$

---

14 Diese Eigenschaft des "Überschießens" wird später in der Arbeit näher analysiert.

$$(4.51)\quad S^{+}\searrow = \sum_{i}^{p-1} S_i^{+} + w_p^M\cdot(w - w_{p-1}^m) + \frac{1}{2}{w_{p-1}^m}^2 - \frac{1}{2}w^2 = \sum_{i}^{p-1} S_i^{+} + \sigma_{p,t}^{+}$$

Wird angenommen, daß durch eine infinitesimal kleine Wechselkursänderung keine "Stufe" in der Treppenlinie zwischen S^+ und S^- gelöscht wird, d.h. die Anzahl p der ungelöschten Maximalwerte in der vergangenen Wechselkursentwicklung wird nicht verändert, ändert sich damit auch ΣS_i^+ in seiner Ordnung und seiner Fläche nicht. Bei der Betrachtung der Flächenänderung braucht ΣS_i^+ für diesen Spezialfall also nicht weiter berücksichtigt werden. Die Reaktion von S^+ resultiert hier also vollständig aus einer Änderung von σ_t^+ bzw. $\sigma_{p,t}^+$. Unter dieser Annahme ergibt sich die Änderung der Fläche S^+ bei steigendem aktuellen Wechselkurs, wobei es zu keiner Löschung des kleinsten bisher ungelöschten Maximums w_p^M kommen soll, als:

$$(4.52)\quad dS^{+}\nearrow = \frac{\delta S^{+}\nearrow}{\delta w}\cdot dw = (\, w - w_p^m \,)\cdot dw$$

Ein nicht tiefer als auf den Wert des bisher größten ungelöschten Minimums w_{p-1}^m fallender Wechselkurs führt zu folgender Flächenänderung:

$$(4.53)\quad dS^{+}\searrow = \frac{\delta S^{+}\searrow}{\delta w}\cdot dw = (\, w_p^M - w \,)\cdot dw$$

Nun ist es aber so, daß die Effekte der vergangenen Entwicklung des Wechselkurses, und damit die permanenten Effekte der Inputentwicklung, durch die Teilfläche ΣS_i^+ erfaßt werden. Über die Vergangenheitsbestimmtheit dieser Teilfläche bzw. *über die Veränderung dieser Teilfläche im Laufe der Wechselkursentwicklung kommt es zur Hysterese oder genauer zur Remanenz*, d.h. zu permanenten Wirkungen einer nur temporären Wechselkursschwankung. Folglich bedeutet die oben getroffene Annahme, daß es bei der betrachteten Wechselkursänderung nicht zu einer Löschung eines Extremwertes aus der vergangenen Inputentwicklung und damit nicht zur Veränderung von ΣS_i^+ kommen soll, eine starke Einschränkung für die Untersuchung remanenter Effekte von Wechselkursschwankungen auf die Außenhandelsgrößen. Die Bedingungen für das Auftreten von Remanenz bzw. von zurückbleibenden Effekten einer nur temporären Wechselkursschwankung werden daher später in einem gesonderten Abschnitt unter Aufgabe der hier getroffenen Annahmen näher untersucht.

Während im nächsten Abschnitt die Untersuchung der Remanenz einer Wechselkurs*schwankung*, d.h. die (persistierende) Wirkung einer *später wieder zurückgenommenen* Wechselkursänderung, folgt, soll im folgenden mit Hilfe der Infinitesimalrechnung die direkte Reaktion der Außenhandelsgrößen auf eine nur in eine Richtung gerichtete Wechselkursänderung analysiert werden. Diese Reaktion setzt somit eine bestimmte durch die vergangene Inputentwicklung festgelegte Situation voraus, und untersucht die Abhängigkeit der Leistungsbilanz vom *aktuellen* Wechselkurs für diese bestimmte Situation. Die Berücksichtigung der Vergangenheitsabhängigkeit dieser "aktuellen" Reaktionen soll vor allen durch die Gegenüberstellung der drei einfachen Fälle (LAB, LDB und Neukurve) erfolgen.

4.6.2 Mengenreaktionen

Die reinen (Angebots-) Mengenreaktionen auf eine Änderung des aktuellen Wechselkurses lassen sich mit Hilfe der Gleichung (4.16) direkt angeben. Die mengenmäßigen Exporte ergaben sich als:

$$(4.54)\quad X = n \cdot \frac{S^+}{T} \quad \Rightarrow \quad dX = \frac{\delta X}{\delta w} \cdot dw = \frac{n}{T} \cdot \frac{\delta S^+}{\delta w} \cdot dw$$

$$\Rightarrow \quad dX\nearrow = \frac{n}{T} \cdot \frac{\delta S^+\nearrow}{\delta w} \cdot dw = \frac{n}{T} \cdot (w - w_p^m) \cdot dw \qquad \text{(fallendes w) bzw.}$$

$$dX\searrow = \frac{n}{T} \cdot \frac{\delta S^+\searrow}{\delta w} \cdot dw = \frac{n}{T} \cdot (w_p^M - w) \cdot dw \qquad \text{(steigendes w)}$$

Die Reaktion des Importvolumens folgt mit:

$$(4.55)\quad M = n^* - n^* \cdot \frac{S^+}{T} \quad \Rightarrow \quad dM = \frac{\delta M}{\delta w} \cdot dw = \frac{-n^*}{T} \cdot \frac{\delta S^+}{\delta w} \cdot dw$$

$$\Rightarrow \quad dM\nearrow = \frac{-n^*}{T} \cdot \frac{\delta S^+\nearrow}{\delta w} \cdot dw = \frac{-n^*}{T} \cdot (w - w_p^m) \cdot dw \qquad \text{(fallendes w) bzw.}$$

$$dM\searrow = \frac{-n^*}{T} \cdot \frac{\delta S^+\searrow}{\delta w} \cdot dw = \frac{-n^*}{T} \cdot (w_p^M - w) \cdot dw \qquad \text{(steigendes w)}$$

Damit reagiert die Mengen-Leistungsbilanz gemäß folgender Gleichungen:

$$(4.56)\quad H = X - M \quad \Rightarrow \quad dH = dX - dM = \frac{n+n^*}{T} \cdot \frac{\delta S^+}{\delta w} \cdot dw$$

$$\Rightarrow \quad dH\nearrow = \frac{n+n^*}{T} \cdot \frac{\delta S^+\nearrow}{\delta w} \cdot dw = \frac{n+n^*}{T} \cdot (w - w_p^m) \cdot dw \qquad \text{(fallendes w) bzw.}$$

$$dH\searrow = \frac{n+n^*}{T} \cdot \frac{\delta S^+\searrow}{\delta w} \cdot dw = \frac{n+n^*}{T} \cdot (w_p^M - w) \cdot dw \qquad \text{(steigendes w)}$$

Die Reaktion des Exportvolumens auf eine Erhöhung des Wechselkurses (das entspricht einer Abwertung der Inlandswährung) ist demnach eindeutig positiv, da sich die Fläche der aktiven inländischen Exporteure S^+ eindeutig vergrößert hat. Das Importvolumen zeigt hingegen eine eindeutig negative Reaktion auf die Wechselkurserhöhung. Der Saldo der inländischen Handelsbilanz bei Mengenbetrachtung (bzw. bei einer impliziten Bewertung zum Kaufkraftparitätenkurs) zeigt somit eine eindeutig positive Reaktion auf die Abwertung. Diese

Reaktionen sind aber im hysteretischen Modell wieder in bestimmter Form vergangenheitsabhängig. Die Effekte der Wechselkursänderung sind, wie die Gleichungen (4.54) bis (4.56) zeigen, in ihrem Ausmaß im hysteretischen Modell durch den vergangenen Extremwert mit der höchsten Ordnungszahl bestimmt. Das ist bei steigendem Wechselkurs das größte ungelöschte Minimum w_p^m und bei fallendem Wechselkurs das kleinste ungelöschte Maximum w_p^M. Dieser Extremwert kann auch als zeitlich zuletzt aufgetretener Extremwert interpretiert werden, denn ein später auftretender Extremwert löscht alle weniger "extrem" liegenden zeitlich vorgelagerten Extremwerte und stellt demnach für die unmittelbar folgende Wechselkursentwicklung den Extremwert mit der höchsten Ordnung dar. Folglich ist z.B. bei fallendem Wechselkurs das kleinste ungelöschte Maximum w_p^M auch das zuletzt aufgetretene Maximum, von dem ausgehend der aktuelle Wechselkurs in monotoner Weise fällt. Alle lokalen Maxima aus der vergangenen Wechselkursentwicklung, die kleiner als w_p^M waren, wurden bei der Steigerung auf w_p^M gelöscht. Analoges gilt für einen von w_p^m aus steigenden Wechselkurs. Die Stärke der Reaktion hängt von der Entfernung vom letzten Extremwert (als Wendepunkt in der Entwicklungsrichtung) ab: je größer die Entfernung, desto größer die Reaktion. Der Grund für die zunächst sehr geringe bzw. "zähe" Mengenreaktion, soweit vom letzten Extremwert ausgegangen wird, liegt in den die Mengenreaktionen behindernden Markteintrittsinvestitionen, d.h. im hysteretischen Angebotsverhalten der Exporteure, begründet. Hat ein Exporteur den Eintritt gewagt (und damit die Markteintrittsinvestitionen getätigt) wird er nicht schon bei einer nur kleinen Umkehrung der Wechselkursentwicklung den Markt wieder verlassen. Umgekehrt: Hat ein Exporteur den Markt verlassen, wird er nicht bei einem nur gering geänderten Wechselkurs die Kosten des Markteintritts von neuem auf sich nehmen.

Festzuhalten bleibt somit, daß die direkte *Änderung* der Außenhandelsgrößen (dX, dM, dH) als eine Reaktion auf eine (infinitesimal kleine) Wechselkurs*änderung* (dw) nur die unmittelbare Vergangenheit über den Extremwert höchster Ordnung berücksichtigt, während die Niveaugrößen (X, M, H) in ihrer Höhe durch die Gesamtheit der bisher ungelöschten Extremwerte aus der vergangenen Wechselkursentwicklung bestimmt werden.

Die Reaktion der Fläche der aktiven Exporteure auf Wechselkursänderungen ($\frac{\delta S^+}{dw}$) soll noch explizit für einige besondere Fälle angegeben werden. Die jeweilige Reaktion der Mengengrößen folgt dann entsprechend (4.54) bis (4.56). Die Flächenreaktion auf der äußeren Hysteresis-Schleife ergeben sich einfach als Spezialfälle der oben aufgeführten Gleichungen. Für den LAB gilt u.a. w_p^m=0, für den LDB hingegen gilt $w_p^M=\overline{w}$, daher folgt als Flächenreaktion:

(4.57) $\frac{\delta S^{+}_{L\nearrow}}{\delta w} = w$ (für den LAB) bzw. $\frac{\delta S^{+}_{L\searrow}}{\delta w} = \bar{w} - w$ (für den LDB)

Für die Neukurve ergab sich die Fläche S^{+} (bei Mengen und bei Wertbetrachtung) bei steigendem Wechselkurs als:

(4.14) $$S^{+}_{N\nearrow} = \frac{\bar{w}}{2\cdot(\bar{w} - w_{0,N})} \cdot [\, w^2 - 2 \cdot w_{0,N} \cdot w + \bar{w} \cdot w_{0,N} \,]$$

Folglich läßt sich die Flächenänderungsreaktion bei einer infinitesimal kleinen Wechselkursänderung angeben mit:

(4.58) $$\frac{\delta S^{+}_{N\nearrow}}{\delta w} = \frac{\bar{w}}{\bar{w} - w_{0,N}} \cdot (\, w - w_{0,N} \,)$$

mit: $w_{0,N} = \frac{n^*}{n+n^*} \cdot \bar{w}$ (bei Mengen) bzw.

$w'_{0,N} = -\frac{n^*}{2n} + \sqrt{\left(\frac{n^*}{2n}\right)^2 + \frac{n^*}{n} \cdot \bar{w}}$ (bei Werten)

Für fallenden Wechselkurs gilt für die Mengen- und Wert-Neukurve:

(4.18) $$S^{+}_{N\searrow} = -\frac{1}{2} \cdot \frac{\bar{w}}{w_{0,N}} \cdot w^2 + \bar{w} \cdot w$$

Hieraus folgt als Flächenreaktion:

(4.59) $$\frac{\delta S^{+}_{N\searrow}}{\delta w} = \frac{-\bar{w}}{w_{0,N}} \cdot w + \bar{w}$$

Die jeweiligen Reaktionen der Außenhandelsmengen auf LAB, LDB und Neukurve lassen sich unter Verwendung der Gleichungen (4.54) bis (4.56) leicht ermitteln; auf eine explizite Angabe soll daher hier verzichtet werden.

4.6.3 Reaktion der Wertgrößen

Bisher wurden nur die reinen Mengenreaktionen analysiert. Zusätzlich zu den Mengeneffekten einer Wechselkursänderung gilt es aber auch die Wirkung der infolge der Wechselkursänderung auftretenden Bewertungsänderung auf den Wert-Leistungsbilanzsaldo zu untersuchen. Die Mengeneffekte bleiben auch bei einer Untersuchung der Wertgrößen die gleichen, soeben dargestellten Reaktionen. Wirken schon die Mengeneffekte einer Abwertung deutlich in Richtung einer Verbesserung des Leistungsbilanzsaldos, so tritt unter den getroffenen Elastizitätsannahmen infolge der Abwertung zusätzlich ein positiver Effekt auf den Exportwert auf, da die Exporte zu einem höheren Wechselkurs bewertet werden. Würde die Annahme einer unendlich hohen Nachfrageelastizität auf den Außenhandelsmärkten nicht getroffen, so würde sich infolge einer Abwertung der inländischen Währung der Preis des Importgutes im Inland erhöhen; man hätte daher eine bewertungsbedingte Erhöhung des Importwertes und hierüber einen negativen Bewertungseffekt auf die Wert-Handelsbilanz zu berücksichtigen. Hier allerdings bleibt der Preis der Importgüter im Inland bei Wechselkursschwankungen konstant, daher sind für den hier angenommenen Spezialfall keine Bewertungseffekte für die Importe zu berücksichtigen. Folglich ist auch die Gesamtreaktion des inländischen Wert-Leistungsbilanzsaldos auf eine Abwertung der Inlandswährung, wie oben bereits grafisch dargestellt,[15] unter den hier getroffenen Elastizitätsannahmen eindeutig positiv: Leistungsbilanzverbessernde Mengenreaktionen werden hier durch den positiven Effekt der Höherbewertung der Exporte noch verstärkt.

Der Leistungsbilanzsaldo bei Wertgrößenbetrachtung ergab sich als:

$$\text{(4.60)}\quad H' = X' - M' = w \cdot X - M \quad \Rightarrow \quad dH' = w \cdot dX + X \cdot dw - dM$$

Die Mengenreaktionen sind über dX (Exportmengensteigerung bei Abwertung) und dM (Importmengenreduktion für steigendes w) erfaßt, wobei die Exportmengenreaktion schon mit dem Wechselkurs w bewertet wurde. Der Effekt der Bewertungsänderung für das Ausgangsniveau der Exporte wird durch (X·dw) ausgedrückt. Aus (4.60) folgt mit (4.54) und (4.55):

$$\text{(4.61)}\quad \text{mit: } X = n \cdot \frac{S^+}{T} \quad ; \quad dX = \frac{n}{T} \cdot \frac{\delta S^+}{\delta w} \cdot dw \quad ; \quad dM = \frac{-n^*}{T} \cdot \frac{\delta S^+}{\delta w} \cdot dw$$

$$\Rightarrow \quad dH' = \frac{w \cdot n + n^*}{T} \cdot \frac{\delta S^+}{\delta w} \cdot dw + n \cdot \frac{S^+}{T} \cdot dw$$

Der erste Summand drückt den positiven Effekt der Mengenreaktionen und der zweite Summand den (hier positiven) Bewertungseffekt aus. Im Fall einer Abwertung der Inlandswährung (w steigt) folgt daher als Leistungsbilanzreaktion:

$$\text{(4.62)}\quad dH'{\nearrow} = \frac{w \cdot n + n^*}{T} \cdot \frac{\delta S^+{\nearrow}}{\delta w} \cdot dw + n \cdot \frac{S^+{\nearrow}}{T} \cdot dw$$

$$\Rightarrow \quad \frac{dH'{\nearrow}}{dw} = \frac{w \cdot n + n^*}{\frac{1}{2}\overline{w}^2} \cdot (w - w_p^m) + \frac{n}{\frac{1}{2}\overline{w}^2} \cdot \left[\sum_i^p S_i^+ + \frac{1}{2}(w - w_p^m)^2 \right]$$

Gleichung (4.62) läßt erkennen, daß zwei Faktoren die Stärke der Leistungsbilanzreaktion bestimmen.

Erstens: Je größer die Differenz $(w - w_p^m)$ zwischen dem aktuellen Wechselkurs und dem größten ungelöschten Minimum (als Ausgangswechselkurs der Steigerung) ist, desto größer sind die (immer positiv wirkenden) Mengenreak-

---

15 Vgl. Abb. 4.1.

tionen. Hier tritt mit der abwertungsbedingten *Änderung* der gehandelten Mengen wieder die im Rahmen der Analyse der Mengenreaktionen schon beschriebene Abhängigkeit vom zuletzt aufgetretenen Extremwert (hier w_p^m) auf. Folglich ist bei einer Umkehrung der Entwicklungsrichtung des Wechselkurses aufgrund der zunächst geringen Mengenreaktion zunächst von einer "zähen" Reaktion der Leistungsbilanz auszugehen. Mit zunehmendem Abstand zum letzten Extremwert vergrößert sich die positive Mengenreaktion.

Zweitens: Je größer die Fläche der aktiven Exporteure $S^{+}\nearrow$ in der Ausgangssituation ist, desto größer ist das *Niveau* der Exporte und desto stärker wiegt damit der positive Effekt der Höherbewertung der Exporte. Hier führt die Berücksichtigung der Teilfläche ΣS_i^{+}, die in ihren Abgrenzungen durch die Extremwerte der vergangenen Wechselkursentwicklung bestimmt ist, zu einer weiter zurückreichenden Vergangenheitsabhängigkeit der Reaktion der Wert-Leistungsbilanz auf Wechselkursänderungen als es bei der reinen Mengenbetrachtung der Fall war.

Für den Spezialfall des LAB vereinfacht sich die Formel für die Leistungsbilanzreaktion zu:

$$\text{(4.63)}\quad \frac{dH_L'\nearrow}{dw} = \frac{w \cdot n + n^*}{\frac{1}{2}\bar{w}^2} \cdot w + \frac{n}{\frac{1}{2}\bar{w}^2} \cdot \left[\frac{1}{2} w^2\right] = \frac{3n}{\bar{w}^2} \cdot w^2 + \frac{2n^*}{\bar{w}^2} \cdot w$$

Für den Fall einer Aufwertung der Inlandswährung, d.h. bei fallendem Wechselkurs, ergibt sich eine (in der Vergangenheitsabhängigkeit) analoge Situation. Die Leistungsbilanzreaktion folgt hier als:

$$\text{(4.64)}\quad dH'\searrow = \frac{w \cdot n + n^*}{T} \cdot \frac{\delta S^{+}\searrow}{\delta w} \cdot dw + n \cdot \frac{S^{+}\searrow}{T} \cdot dw$$

$$\Rightarrow \quad \frac{dH'\searrow}{dw} = \frac{w \cdot n + n^*}{\frac{1}{2}\bar{w}^2} \cdot (w_p^M - w) + \frac{n}{\frac{1}{2}\bar{w}^2}\left[\sum_i^{p-1} S_i^{+} + w_p^M \cdot (w - w_{p-1}^m) + \frac{1}{2} w_{p-1}^{m\,2} - \frac{1}{2} w^2\right]$$

Für den LDB vereinfacht sich (4.64) zu:

$$\text{(4.65)}\quad \frac{dH_L'\searrow}{dw} = \frac{w \cdot n + n^*}{\frac{1}{2}\bar{w}^2}(\bar{w} - w) + \frac{n}{\frac{1}{2}\bar{w}^2}\left[\bar{w} w - \frac{1}{2} w^2\right]$$

$$= \frac{-3n}{\bar{w}^2} \cdot w^2 + \left(\frac{4n}{\bar{w}} - \frac{2n^*}{\bar{w}^2}\right) \cdot w + \frac{2n^*}{\bar{w}}$$

Würde nicht die extreme Annahme getroffen, daß unendlich große Nachfrageelastizitäten auf den Außenhandelsmärkten vorliegen, ergäbe sich infolge einer Abwertung der Inlandswährung durch die Verteuerung der Importe ein negativer Bewertungseffekt auf die Leistungsbilanz. So kann es bewertungsbedingt bei einer Abwertung zu einer Erhöhung des Importwertes und hiermit bei einer geringeren abwertungsbedingten Exportwerterhöhung sogar zu einer Verschlechterung der inländischen (Wert-) Leistungsbilanz kommen.[16] Die hysteretischen Mengenreaktionen würden in diesem Fall zwar durch Preisreaktionen abgeschwächt, wären aber qualitativ gleich: Eine Änderung der Wechselkurs-Entwicklungsrichtung würde zunächst nur eine hysteretisch bedingte "zähe" Mengenreaktion auslösen. Die sich im Abwertungsfall positiv auf die Leistungsbilanz auswirkenden Mengeneffekte wären hier (wegen der mit den Markteintritts-Sunk-Costs auftretenden zögerlichen Reaktion der Exporteure) zunächst sehr gering. Gleichzeitig treten die Bewertungseffekte auf. Sollte der Effekt der wechselkursbedingten Importpreiserhöhung den Effekt der Exportpreiserhöhung überkompensieren, käme es in diesem Fall wegen der zunächst sehr geringen Mengeneffekte mit der Abwertung zu einer Verschlechterung der Leistungsbilanz. Mit einer weiteren Abwertung kommt es dann aber zu stärkeren Mengenreaktionen, die dann dazu führen, daß mit zunehmender Abwertung eine positive Leistungsbilanzreaktion auftritt. Die durch das hysteretische Angebotsverhalten der Exporteure begründeten Mengenreaktionen führen demnach zu einem "Pfad", der dem Fall der "J-Kurve" ähnlich ist. Im Fall der J-Kurve handelt es sich aber um einen *Anpassungs*pfad, der die zeitlich verzögerte Anpassung der Außenhandelsgrößen an einen bestimmten Wechselkurs und damit die Lagstruktur in der Anpassung an ein neues Gleichgewicht beschreibt.[17] Hier hingegen wird die Lagstruktur der Anpassungen nicht explizit berücksichtigt; zu jedem aktuellen Wechselkurs wird das (allerdings pfadabhängige) Gleichgewicht in diesem Modell sofort erreicht. In dem stark-hysteretischen Modell wird eine Abfolge von *Gleichgewichten* bei einem vom Extremwert (als Punkt der Entwicklungsrichtungsänderung) aus sich entwickelnden Wechselkurs beschrieben; und gerade diese Abfolge von Gleichgewichten für einen immer weiter steigenden Wechselkurs könnte für den Fall nicht unendlich hoher Nachfrageelastizitäten einen j-förmigen Verlauf aufweisen. Die explizite Herleitung eines solchen Modells wäre allerdings zu aufwendig, daher soll die oben skizzierte verbal-qualitative Darstellung genügen. Festgehalten werden sollte aber, daß (auch) in einem stark-hysteretischen Modellrahmen, soweit nicht eine vollständig elastische Nachfrage zugrunde gelegt wird, neben der Richtung der Wechselkursänderung auch die *Höhe* der Änderung über die *Richtung* der Leistungsbilanzreaktion entscheiden kann.

---

16 Die sog. Robinson-Bedingung gibt genau die Elastitizitätskonstellationen an, für die eine Verbesserung der Leistungsbilanz bei einer Abwertung (im nicht-hysteretischen Fall) folgt. Zur Robinson-Bedingung vgl. z.B. Jarchow/Rühmann (1988), S. 56, sowie Robinson (1947).

17 Zur J-Kurve vgl. z.B. Rose, K. (1989), S. 84 ff., sowie Magee (1973), S. 308 ff.

4.6.4 Zur Bedeutung der Angebotselastizitäten im stark-hysteretischen Außenhandelsmodell

Bisher wurden die Wechselkursreaktionen der (Wert-) Leistungsbilanz innerhalb des hysteretischen Außenhandelsmodells ohne die explizite Verwendung von Elastizitäten zur Beschreibung der (Mengen-) Reaktionen formuliert. Trotzdem soll hier zur Verdeutlichung der ökonomischen Hintergründe die Untersuchung der Leistungsbilanzreaktionen analog zur sonst üblichen Darstellung über die explizite Formulierung von Elastizitäten erfolgen.[18] Je höher die Mengenreaktionen bzw. je größer die zugrundegelegte Reagibilität der Mengen auf Wechselkursänderungen, ausgedrückt als hohe Wechselkurselastizität der Mengengrößen, ist, desto stärker sind die Leistungsbilanzreaktionen.

Bei der Herleitung des hier aufgestellten Modells sind, da eine vollständig preiselastische Nachfrage zugrundegelegt wurde, die Preise auf den jeweiligen Absatzmärkten als konstant aus Sicht des einzelnen Anbieters und auch für die Gesamtheit der Anbieter angenommen worden. Entscheidend für Mengenreaktionen in diesem Modell ist damit das dynamische Exportaktivitätsverhalten der Exportanbieter des In- und Auslands. Da der vom einzelnen Exporteur erzielte Stückerlös in eigener Währung bei einem konstanten Absatzpreis (in der Währung des jeweiligen Auslands) nur vom Wechselkurs abhängig ist, wird hier bei der Diskussion des Angebotsverhaltens statt mit der Preiselastizität des Angebots mit der Wechselkurselastizität des Exportangebots argumentiert. Aus Sicht eines inländischen Exportanbieters erhöht sich mit steigendem Wechselkurs (Abwertung der Inlandswährung) der Stückerlös, daher wird mit steigendem Wechselkurs die (aggregierte) Exportangebotsmenge steigen. Umgekehrt ist die Situation im Fall der ausländischen Anbieter. Steigt der Wechselkurs, so sinken ihre Stückerlöse (in Auslandswährung); das ausländische Exportangebot, d.h. das inländische Importangebot, wird sich verringern. Zusammenfassend ist festzustellen, daß im hier vorliegenden Fall der Preis als die für die Angebotsstückzahl und für die Bewertung der Angebotsmenge relevante Größe durch den Wechselkurs ersetzt wird. Außerdem ist anzumerken, daß hier anhand einer Situation argumentiert wird, die zu den "klassischen" Marshall-Lerner-Annahmen (unendlich hohe Angebotselastizitäten, Betrachtung der Bedeutung unterschiedlicher Nachfrageelastizitäten) genau entgegengesetzt ist. Der Grund der Beschränkung auf die Betrachtung der Angebotselastizitäten liegt

---

18 Die bekanntesten Ansätze zur Untersuchung der Frage nach der Richtung der Reaktion der Leistungsbilanz auf eine Änderung des Wechselkurses dürften mit der Robinson- und der Marshall-Lerner-Bedingung genannt sein. Beide Ansätze beruhen auf der Analyse von Preiselastizitäten. Vgl. z.B. Jarchow/Rühmann (1988), S. 56 ff.

darin, daß die Hauptquellen der Hysteresis im Außenhandel, wie sie hier untersucht wird, im dynamischen Angebotsverhalten der Exportanbieter liegen. Daher ist aus Vereinfachungsgründen, und um die hysteretischen Faktoren eindeutig herausarbeiten zu können, die Analyse auf die Determinanten und Wirkungen genau dieses Angebotsverhaltens fokussiert worden.

Für die Exporte des Inlands gilt im Rahmen des hier vorgestellten hysteretischen Außenhandelsmodells: Der Absatzpreis auf dem Auslandsmarkt ist mit $p^*_{X,t} = \bar{p}^*_{X,t} = p^* = 1$ fest gegeben. Gleiches gilt für die Nachfrage nach Exporten des Auslands, d.h. für die inländische Importnachfrage. Es ist $p_{M,t} = \bar{p}_{M,t} = p = 1$. Für die Preiselastizität der (ausländischen) Nachfrage nach Exportgütern (X_N) des Inlands sowie der (inländischen) Nachfrage nach inländischen Importgütern (M_N) gilt entsprechend:

$$(4.66) \quad n_X = \frac{\delta X_N / X_N}{\delta p^*_{X,t} / p^*_{X,t}} = -\infty \qquad \text{bzw.} \qquad n_M = \frac{\delta M_N / M_N}{\delta p_{M,t} / p_{M,t}} = -\infty$$

Der Stückerlös der inländischen Exporteure ist damit $p_{X,t} = w \cdot \bar{p}^*_{X,t} = w$; der Stückerlös der ausländischen Exporteure ergibt sich mit $p^*_{M,t} = (\bar{p}_{M,t}/w) = 1/w$. Die Angebotselastizitäten, ausgedrückt als Stückerlöselastizitäten der Angebotsmenge, folgen somit als:

$$(4.67) \quad s_X = \frac{\delta X_A / X_A}{\delta w / w} \geq 0 \qquad \text{bzw.} \qquad s_M = \frac{\delta M_A / M_A}{\delta\left(\frac{1}{w}\right) / \frac{1}{w}} \geq 0$$

Da die Nachfrage als vollkommen elastisch angenommen wurde, wird der Preis zwar durch die Nachfrage determiniert, die realisierten Außenhandelsmengen werden aber allein von der Angebotsmenge bestimmt. Die Reaktionen des Export- bzw. Importvolumens sind damit über die Angebotselastizitäten festgelegt. Die Wechselkurselastizitäten der Außenhandelsvolumina sind daher über die Angebotselastizitäten anzugeben mit:

$$(4.68) \quad \varepsilon_{X,w} = \frac{\delta X / X}{\delta w / w} = s_X \geq 0 \qquad \text{bzw.} \qquad \varepsilon_{M,w} = \frac{\delta M / M}{\delta w / w} = (-s_M) \leq 0$$

Für die Exporte stimmen somit die Stückerlöselastizität des Exportangebots und die Wechselkurselastizität des Exportvolumens überein. Für die Importe ergibt sich für die Wechselkurselastizität des Importvolumens ein Vorzeichenwechsel ggü. der Stückerlöselastizität des Importangebots.

Die so beschriebene Situation soll noch einmal grafisch veranschaulicht werden. Die folgende grafische Darstellung präzisiert die schon über Abb. 3.3 angesprochenen Auswirkungen des (schwach-) hysteretischen Verhaltens der einzelnen Anbieter auf die Lage der aggregierten Angebotsfunktion. In Abb. 4.5

ist die Hysteresis-Schleife der inländischen Exportmenge dargestellt worden (bzw. der internationale Exportmarkt bei Betrachtung in Inlandswährung), im Gegensatz zur Handelsbilanz-Hysteresis-Schleife in Abb. 3.8, die sich aus der Saldierung von Exportmengen- und Importmengen-Hysteresis-Schleife ergibt. Die Darstellung der Export-Hysteresis-Schleife ist nun genau so gewählt worden, daß sie dem üblichen Preis-Mengen-Diagramm entspricht. Statt des Preises wurde aber hier der Wechselkurs (als Stückerlös) an der Ordinate abgetragen. Die Nachfragekurve bei unendlich preiselastischer Nachfrage nach inländischen Exportgütern (EN) folgt als horizontale Linie in Höhe des aktuellen Wechselkurses. Die für einen bestimmten Wechselkurs folgende Exportmenge liegt auf dem jeweils gültigen "Ast" der Hysteresis-Schleife. Der jeweils gültige "Ast" der Hysteresis-Schleife ist somit hier die aktuell gültige (aggregierte) Angebotskurve.

Abb. 4.5: Der hysteretische Exportmarkt

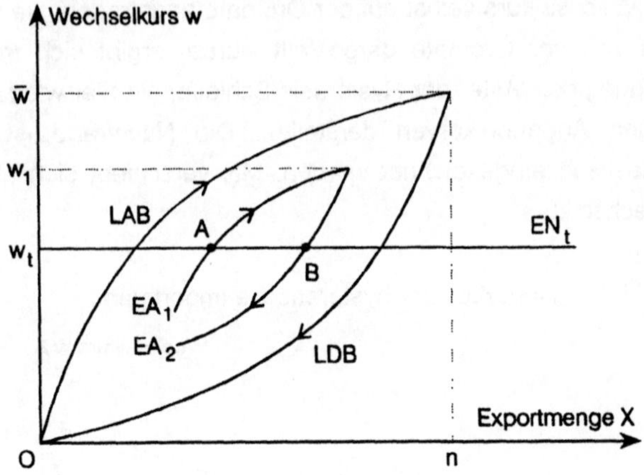

EA_1 ist der für eine Situation mit (zuerst) steigendem Wechselkurs gültige "Ast" der Hysteresis-Schleife, die das Exportangebotsverhalten beschreibt, bzw. die aktuell gültige Angebotskurve. Daher ergibt sich die Gleichgewichtskombination für einen über die aktuelle Nachfragekurve (EN) angegebenen Wechselkurs w_t mit dem Punkt A. Steigt der Wechselkurs weiter bis w_1, und fällt er dann aber wieder, so gilt nun die aktuelle Angebotskurve EA_2 (als neuer "Ast"). Wird der gleiche Wechselkurs (w_t) wieder erreicht, hat sich die horizontale Nachfragekurve wieder in die Ursprungslage zurückverschoben; trotzdem gilt eine neue Gleichgewichtskombination B. Die gleichgewichtige Exportmenge hat sich erhöht. Diesen Effekt kann man in Anlehnung an den Ferromagnetismus als "Remanenz" bezeichnen. Die Eigenschaft der Remanenz soll wegen ihrer für die Hysteresis entscheidenden Bedeutung in einem gesonderten Abschnitt näher betrachtet werden. Eine unterschiedliche Gleichgewichtsmenge für einen nach einer Schwankung wieder gleichen Wechselkurs hätte sich auch ergeben, wenn statt der eingezeichneten vollkommen elastischen Nachfragekurve eine fallende Nachfragekurve zugrundegelegt worden wäre. Die hier interessanten hysteretischen Effekte gäbe es demnach auch in dieser allgemeineren Situation; es wäre nur noch schwieriger, die genauen Reaktionen der Gleichgewichtsmengen festzustellen. Festzuhalten bleibt, daß die hier getroffene Annahme bezüglich der Preiselastizität der Nachfrage, was die Untersuchung der hysteretisch-vergangenheitsabhängigen Effekte betrifft, keine entscheidende Einschränkung der qualitativen Analyseergebnisse bedeutet.

Wird die Importmengen-Hysteresis-Schleife ebenfalls in einem Wechselkurs-Mengen-Diagramm abgetragen, ergibt sich ein zum hysteretischen Exportmarkt analoges Bild des internationalen Importmarktes. In Abb. 4.6 wurde damit aber nicht der hier relevante Stückerlös, als Reziprokwert des Wechselkurses, sondern der Wechselkurs selbst auf der Ordinate abgetragen. Da nun aber die Menge links von der Ordinate dargestellt wurde, ergibt sich trotzdem eine positive Steigung der "Äste" der Hysteresis-Schleife, die hier wieder die jeweils aktuell-gültigen Angebotskurven darstellen. Die Nachfrage ist wieder als unendlich elastisch eingezeichnet worden. MN verschiebt sich aber mit dem aktuellen Wechselkurs.

Abb. 4.6: Der hysteretische Importmarkt

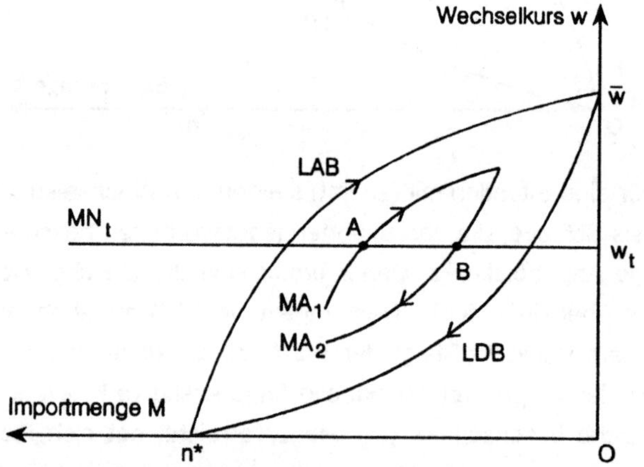

Bei zuerst steigendem Wechselkurs (MA_1) ergibt sich für den aktuellen Wechselkurs w_t wieder ein Gleichgewicht mit A; für den nach einer weiteren Steigerung später wieder fallenden Wechselkurs (gemäß MA_2) folgt schließlich für w_t ein Gleichgewicht mit B. Die gleichgewichtige Importmenge hat sich trotz des für A und B gleichen Wechselkurses verringert.

Wird nun die sich für einen bestimmten Wechselkurs ergebende Exportmenge mit der entsprechenden Importmenge saldiert, ergibt sich mit Abb. 4.7 die analoge Darstellung der Mengen-Leistungsbilanz-Hysteresis-Schleife als alternative Darstellung zu Abb. 3.8.

Abb. 4.7: Die Leistungsbilanz-Hysteresis-Schleife

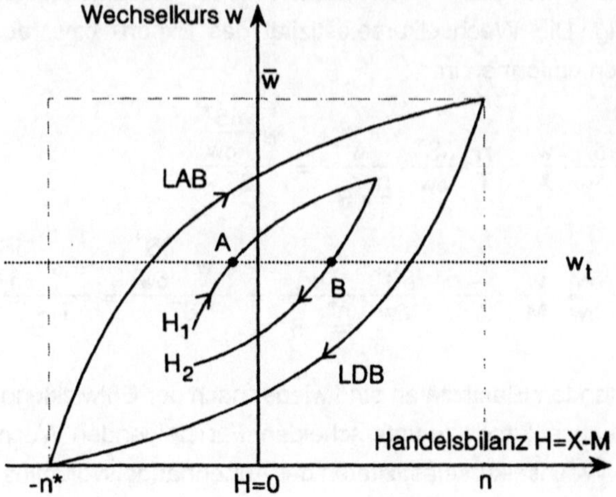

Die Betrachtung soll nun von der grafischen Analyse der Export- und Importmärkte auf die mathematisch-formale Analyse der Elastizitäten umgelenkt werden. Gemäß (4.54), (4.55) und (4.60) ergibt sich die Reaktion der Wert-Leistungsbilanz als:

(4.69) $$dH' = w{\cdot}dX + X{\cdot}dw - dM \quad \text{mit:} \quad dX = \frac{\delta X}{\delta w} \cdot dw \quad \text{und} \quad dM = \frac{\delta M}{\delta w} \cdot dw$$

$$\Rightarrow \quad dH' = w \cdot \frac{\delta X}{\delta w} \cdot dw + X \cdot dw - \frac{\delta M}{\delta w} \cdot dw$$

$$= \varepsilon_{X,w} \cdot w \cdot X \cdot \frac{dw}{w} + X \cdot dw - \varepsilon_{M,w} \cdot M \cdot \frac{dw}{w}$$

$$\Rightarrow \quad \frac{dH'}{dw} = X \cdot \left[(1 + \varepsilon_{X,w}) - \varepsilon_{M,w} \cdot \frac{M}{w{\cdot}X} \right]$$

Hierbei wird über den Term $\varepsilon_{X,w}$ die Wechselkurselastizität des Exportvolumens erfaßt; $(1 + \varepsilon_{X,w})$ drückt die Wechselkurselastizität des Exportwertes aus. Da hier eine Bewertung über den Wechselkurs erfolgt, wird neben der relativen Mengenreaktion ($\varepsilon_{X,w}$) noch die relative Bewertungsänderung berücksichtigt. Der Term $\varepsilon_{M,w}$ erfaßt hingegen zugleich die Wechselkurselastizität des Importvolumens und des Importwertes. Wird für die Ausgangssituation zusätzlich eine ausgeglichene Leistungsbilanz angenommen (hier gilt: w·X=M), so vereinfacht sich die Gleichung für die Leistungsbilanzreaktion zu:

$$(4.70)\quad \frac{dH'}{dw} = X \cdot (1 + \varepsilon_{X,w} - \varepsilon_{M,w}) = X \cdot (1 + s_X + s_M)$$

Die bisher hergeleiteten Elastizitätsbedingungen sind allerdings auch für nicht-hysteretische Modelle gültig, sofern die gleichen Annahmen bezüglich der Preise bzw. Nachfrageelastizitäten getroffen werden. In diesem Modell sind aber im Gegensatz zu einem nicht-hysteretischen Modell die Elastizitäten vergangenheitsabhängig. Die Wechselkurselastizität des Export- bzw. des Importvolumens läßt sich umformen in:

$$(4.71)\quad \varepsilon_{X,w} = \frac{\delta X}{\delta w} \cdot \frac{w}{X} = \frac{n}{T} \cdot \frac{\delta S^+}{\delta w} \cdot \frac{w}{\frac{n}{T} \cdot S^+} = \frac{w \cdot \frac{\delta S^+}{\delta w}}{S^+}$$

$$\varepsilon_{M,w} = \frac{\delta M}{\delta w} \cdot \frac{w}{M} = \frac{-n^*}{T} \cdot \frac{\delta S^+}{\delta w} \cdot \frac{w}{\frac{n^*}{T} \cdot S^-} = \frac{-w \cdot \frac{\delta S^+}{\delta w}}{S^-} = \frac{-w \cdot \frac{\delta S^+}{\delta w}}{T - S^+}$$

Die herzuleitenden Elastizitäten sind wieder nach der Entwicklungsrichtung des aktuellen Wechselkurses zu unterscheiden. Für steigenden Wechselkurs ergeben sich die Wechselkurselastizitäten der Außenhandelsvolumina daher als:

$$(4.72)\quad \varepsilon_{X,w\nearrow} = \frac{w \cdot \frac{\delta S^{+}\nearrow}{\delta w}}{S^{+}\nearrow} = \frac{w \cdot (w - w_p^m)}{S^{+}\nearrow} = \frac{w \cdot (w - w_p^m)}{\sum_i^p S_i^+ + \frac{1}{2}(w - w_p^m)^2}$$

$$\varepsilon_{M,w\nearrow} = \frac{-w \cdot \frac{\delta S^{+}\nearrow}{\delta w}}{T - S^{+}\nearrow} = \frac{-w \cdot (w - w_p^m)}{T - S^{+}\nearrow} = \frac{-w \cdot (w - w_p^m)}{½\,\overline{w}^2 - \sum_i^p S_i^+ - \frac{1}{2}(w - w_p^m)^2}$$

Bei fallendem Wechselkurs folgen die Wechselkurselastizitäten als:

$$(4.73)\quad \varepsilon_{X,w\searrow} = \frac{w \cdot \frac{\delta S^{+}\searrow}{\delta w}}{S^{+}\searrow} = \frac{w \cdot (w_p^M - w)}{\sum_i^{p-1} S_i^+ + w_p^M \cdot (w - w_{p-1}^m) + \frac{1}{2} w_{p-1}^{m\,2} - \frac{1}{2} w^2}$$

$$\varepsilon_{M,w\searrow} = \frac{-w \cdot \frac{\delta S^{+}\searrow}{\delta w}}{T - S^{+}\searrow} = \frac{-w \cdot (w_p^M - w)}{½\,\overline{w}^2 - \sum_i^{p-1} S_i^+ - w_p^M \cdot (w - w_{p-1}^m) - \frac{1}{2} w_{p-1}^{m\,2} + \frac{1}{2} w^2}$$

Die Vergangenheitsabhängigkeit der Elastizitäten in den Gleichungen (4.72) und (4.73) ist offensichtlich. Die Elastizität als relative Mengenänderung bezogen auf die relative Wechselkursänderung weist zum einen über die Erfassung der Mengenreaktion die schon beschriebene direkte Vergangenheitsabhängigkeit der Änderungsgrößen von dem zuletzt aufgetretenen Extremwert auf. Da aber die *relative* Mengenänderung erfaßt wird, wird die Mengenänderung auf die Niveaugröße bezogen, die wiederum über die Fläche der aktiven inländischen Exporteure S^+ und damit auch über die vergangenheitsbestimmte Teilfläche ΣS_i^+ bestimmt wird. Folglich werden die Wechselkurselastizitäten bzw. die Angebotselastizitäten hier von allen (ungelöschten) Extremwerten aus der vergangenen Wechselkursentwicklung beeinflußt.

Für den Spezialfall der äußeren Hysteresis-Schleife vereinfachen sich die Elastizitätsgleichungen sehr stark. Im Fall des LAB (von w_p^m=0 aus steigender Wechselkurs) ergibt sich:

$$(4.74) \quad \varepsilon_{X,w,L\nearrow} = 2 \qquad \text{und} \qquad \varepsilon_{M,w,L\nearrow} = \frac{-2 \cdot w^2}{\bar{w}^2 - w^2}$$

Für den LDB (von $w_p^M = \bar{w}$ aus fallender Wechselkurs) folgt:

$$(4.75) \quad \varepsilon_{X,w,L\searrow} = \frac{\bar{w} - w}{\bar{w} - \frac{1}{2}w} = 2 - \frac{\bar{w}}{\bar{w} - \frac{1}{2}w} \qquad \text{und} \qquad \varepsilon_{M,w,L\searrow} = \frac{-2 \cdot w}{\bar{w} - w}$$

Der Wertebereich von $\varepsilon_{X,w,L\searrow}(w)$ liegt damit zwischen $\varepsilon_{X,w,L\searrow}(\bar{w})=0$ und $\varepsilon_{X,w,L\searrow}(0)=1$, d.h. die Wechselkurselastizität des Exportvolumens steigt bei von $\bar{w}$ aus sinkendem Wechselkurs (LDB) vom Wert 0 (für $\bar{w}$) bis zum Wert 1 für den Wechselkurs w=0 an. Steigt der Wechselkurs dann wieder (ausgehend von w=0: LAB), so liegt eine konstante Wechselkurselastizität des Exportvolumens von 2 vor. Folglich ist für den LAB eine höhere Wechselkurselastizität als für den LDB festzustellen. Der Grund hierfür liegt darin, daß auf dem LDB von dem hohen Wechselkurs $\bar{w}$ ausgegangen wird. Damit ist die Niveaugröße, auf die sich die Mengenänderung bezieht, vergangenheitsbestimmt sehr groß. Im Fall des LAB wird von w=0 ausgegangen, daher ist hier die Bezugsgröße klein, die *relative* Mengenänderung demnach groß. Ein tendenziell ähnliche Argumentation ist möglich, wenn sich infolge eines in der Vergangenheit sehr hohen Wechselkurses (hier war das Exportvolumen sehr groß) in der Vergangenheit eine große Fläche ΣS_i^+ ergeben hat. Auch hier ist die Niveaugröße, auf die sich die Änderung bezieht, vergleichsweise groß, die relative Mengenreaktion damit klein. Festzuhalten ist demnach, daß die Wechselkurselastizität umso kleiner ist, je größer das vergangenheitsbestimmte Exportvolumen ist, d.h. je höher der Wechselkurs in der Vergangenheit zeitweise war.

Für das Importvolumen gilt auf dem LAB: $\varepsilon_{M,w,L\nearrow}(0)=0$; $\varepsilon_{M,w,L\nearrow}(\bar{w})=-\infty$; auf dem LDB gilt: $\varepsilon_{M,w,L\searrow}(0)=0$ und $\varepsilon_{M,w,L\searrow}(\bar{w})=-\infty$. Die Grenzen des Wertebereiches sind damit zwar in beiden Fällen gleich; trotzdem läßt sich eine Vergangenheitsabhängigkeit der Wechselkurselastizität des Importvolumens angeben, die zur Betrachtung der Wechselkurselastizität des Exportvolumens analog ist. Die Wechselkurselastizität des Importvolumens ist negativ. Wird aber die Differenz zwischen den Absolutwerten von $\varepsilon_{M,w,L\nearrow}$ und $\varepsilon_{M,w,L\searrow}$ gebildet, zeigt sich, daß für den LAB, mit einem in der Vergangenheit sehr hohem Importvolumen, sich absolut gesehen kleinere Wechselkurselastizitäten des Importvolumens ergeben. Denn es gilt:

$$(4.76)\quad (-\varepsilon_{M,w,L\nearrow}) - (-\varepsilon_{M,w,L\searrow}) = \frac{-2 \cdot w \cdot \bar{w}}{\bar{w}^2 - w^2} < 0$$

Für den LDB mit einem Ausgangsniveau des Importvolumens von null sind die Elastizitäten dagegen absolut gesehen höher. Das Verhältnis der Absolutgrößen der Elastizitäten ist damit für das Importvolumen genau umgekehrt zu dem Verhältnis der Absolutgrößen der Wechselkurselastizitäten des Exportvolumens, da sich das Importvolumen direkt über S^- ergibt, während sich das Exportvolumen über die Komplementärfläche S^+ bestimmt. Analog zum Exportvolumen kann festgehalten werden, daß sich für einen in der Vergangenheit zeitweise hohen Wechselkurs (mit geringem Importvolumen) eine absolut gesehen hohe Wechselkurselastizität ergibt, während bei einem in der Vergangenheit niedrigen Wechselkurs ein kleiner Absolutwert der Wechselkurselastizität des Importvolumens folgt.

Zusammenzufassen ist folglich, daß, soweit in der Vergangenheit der Wechselkurs sehr niedrig war, die Exporte sehr elastisch auf eine Wechselkursänderung reagieren, während das Importvolumen eine unelastische Reaktion aufweist.

4.7 "Nur temporäre" Wechselkursschwankungen und Remanenz

Da die Tatsache des Auftretens der Remanenz das entscheidende Charakteristikum eines hysteretischen Systems ist, soll die Analyse dieser schon einige Male angesprochenen System- und Modelleigenschaft hier in ausführlicher Form erfolgen. Die vergangene Wechselkursentwicklung beeinflußt die aktuelle Beziehung zwischen dem (verursachenden) Wechselkurs und dem (von w abhängigen) Außenhandel über die lokalen Extremwerte der vergangenen Wechselkursentwicklung. Die Extremwerte bestimmen die Lage und Form der "Treppen"-Begrenzungslinie der Fläche der aktiven inländischen Exporteure, und zwar genauer die Begrenzungslinie der vergangenheitsbestimmten Teilfläche ΣS_i^+. Hierdurch kommt es zu einer "Erinnerung" des Systems gerade an diese Extremwerte. Übertreffen nachfolgende lokale Extremwerte die über die Begrenzungslinie gespeicherten vergangenen Extrema, so werden diese Werte aus der Begrenzungslinie und damit aus der Erinnerung des Systems gelöscht. Der Prozeß des Bildens und Entfernens von "Stufen" in der "Treppen"-Linie als Ursache des Auftretens persistierender Wirkungen vergangener Wechselkursschwankungen soll in diesem Kapitel genau untersucht werden.

"Nur temporäre" Wechselkursschwankungen

Eine "nur temporäre" Wechselkursschwankung $\tilde{\Delta}w$ soll sich in der folgenden Argumentation dadurch kennzeichnen, daß eine primäre Wechselkursänderung $\Delta_1 w$ durch eine nachfolgende Änderung genau gleicher Größe, aber mit umgekehrter Richtung ($\Delta_2 w = -\Delta_1 w$), kompensiert wird. Dieses wird durch die Schlange "~" über dem Differenzenzeichen Δ ausgedrückt. Die nur temporäre Schwankung soll daher im folgenden Text bedeuten, daß der aktuelle Wechselkurs, ausgehend von einem Ausgangswechselkursniveau von w_0, sich bis zu einem (nur zeitweilig erreichten) Niveau w_1 ändert und nach einer unbestimmten Zeit wieder zum Ausgangsniveau w_0 zurückentwickelt. Hierbei soll die jeweilige Änderung monoton erfolgen, d.h. es sollen keine weiteren lokalen Extremwerte oder kleine "Zwischenschwankungen" im Laufe der "nur temporären" Wechselkursschwankung auftreten. Die Größe der Wechselkursschwankung sei unbestimmt und nicht unbedingt infinitesimal klein, daher wird das Differenzenzeichen "Δ" statt des Differentialzeichens "d" verwendet. Da die Wechselkursschwankung von unbestimmter Größe sein soll, um auch die Möglichkeit einer Änderung von ΣS_i^+ als Bedingung für remanente Wirkungen erfassen zu können, ist hier die Möglichkeit der Anwendung der Infinitesimalrechnung nicht gegeben. Die Analyse wird daher anhand von grafischen Darstellungen für die unterschiedlichen besprochenen Fälle durchgeführt.

4.7.1 Remanenz bei zuerst steigendem Wechselkurs

Zunächst soll die Wirkung einer Wechselkursänderung auf die Fläche S^+ für den Fall eines zuerst steigenden und dann wieder auf das Ausgangsniveau sinkenden Wechselkurses durchgeführt werden.

"Kleine" Wechselkursschwankung ohne Remanenz

Zunächst soll auf den einfachsten Fall einer nur temporären Wechselkurserhöhung eingegangen werden. Hier sei der Ausgangswechselkurs w_0 gleichzeitig das größte bisher ungelöschte Minimum w_p^m. Außerdem soll die Schwankung nicht so groß sein, daß w_1 das kleinste bisher ungelöschte Maximum aus der vergangenen Inputentwicklung (w_p^M) löscht. Diese Schwankung kann daher als "kleine" Wechselkursschwankung bezeichnet werden. Die sich ergebenden Änderungen der Fläche der aktiven inländischen Exporteure S^+ sind in der Abb. 4.8 veranschaulicht worden.

Abb. 4.8: Temporäre Wechselkurserhöhung ohne Änderung von ΣS_i^+

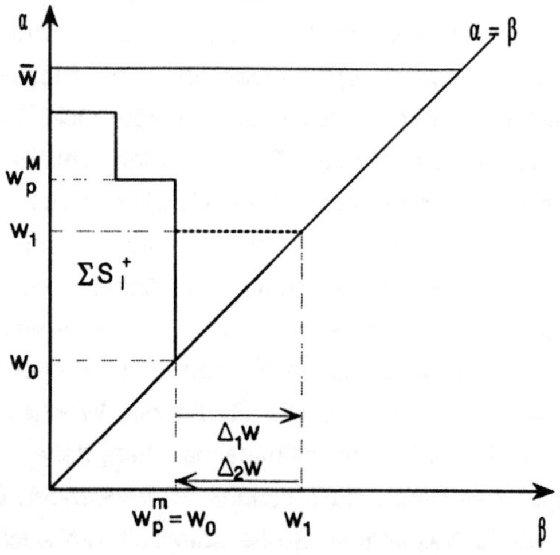

Wie in Abb. 4.8 ersichtlich, vergrößert sich S^+ im Laufe der Steigerung von w_0 nach w_1 um $\frac{1}{2} \cdot (w_1 - w_p^m) \cdot (w_1 - w_0) = \frac{1}{2} \cdot (w_1 - w_p^m) \cdot \Delta_1 w$. Bei später wieder fallendem Wechselkurs wird S^+ aber um genau diese Fläche wieder verkleinert. Folglich ergibt sich bei dieser Art der Wechselkursschwankung keinerlei Remanenz und somit auch *keinerlei hysteretische Wirkung*. Die Bedingung für das Auftreten von Remanenz, nämlich die andauernde Veränderung der Fläche von ΣS_i^+, ist hier nicht erfüllt. Festzuhalten bleibt, daß eine kleine Wechselkursschwankung im Rahmen des hysteretischen Außenhandelsmodells eine permanente Wirkung haben *kann, aber nicht haben muß*!

"Kleine" Wechselkursschwankung mit Remanenz

Der nächste zu behandelnde Fall liegt sehr ähnlich, aber hier kommt es infolge einer "kleinen" Wechselkursschwankung zu remanenten Außenhandels-Effekten. Der Unterschied zum vorhin betrachteten Fall liegt darin, daß hier nicht davon ausgegangen wird, daß der Ausgangswechselkurs w_0 dem letzten Minimum entspricht. Dieses kann zwei Gründe haben: Entweder wird von einem bestimmten Punkt einer schon länger anhaltenden positiven Inputentwicklung ausgegangen, und der Wechselkurs wird zu diesem Ausgangspunkt zurückgeführt; oder aber es handelt sich um eine nur teilweise zurückgeführte Wechselkurssteigerung, wobei der Punkt, bis zu dem der Wechselkurs wieder fällt, als (fiktiver) Ausgangspunkt der Schwankung interpretiert wird. Die Schwankung sei hier ebenfalls in dem Sinne "klein", daß w_1 das kleinste bisher ungelöschte Maximum aus der vergangenen Inputentwicklung (w_p^M) nicht löscht. Die dann folgenden remanenten Effekte einer weiteren, aber wieder völlig zurückgenommenen Wechselkurssteigerung ist in Abb. 4.9 dargestellt.[19]

Abb. 4.9: "Kleine" temporäre Abwertung mit Änderung von ΣS_i^+

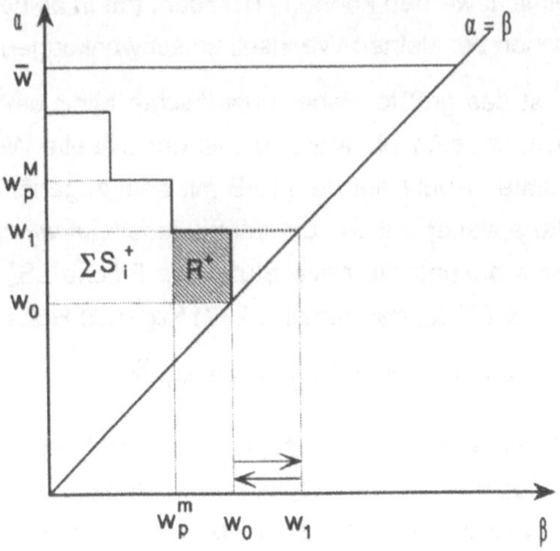

Steigt der Wechselkurs ausgehend von einem über w_p^m liegenden Wert w_0 auf w_1 an und sinkt daraufhin wieder auf w_0, so hat sich die Fläche der aktiven inländischen Exporteure bei gleichem Wechselkurs w_0 gegenüber der Ausgangs-

19 Die in Abb. 4.9 eingezeichnete Schwankung mit remaneter Wirkung ist sogar in der absoluten Höhe kleiner als die Schwankung ohne Remanenz in Abb. 4.8 (bei etwa gleicher Treppenlinie). Die absolute Amplitudenhöhe der Schwankung allein ist somit nicht ausschlaggebend für das Auftreten von Remanenz.

situation vergrößert, und zwar um die schraffierte Fläche. Steigt der Wechselkurs nach der soeben beschriebenen temporären Schwankung wieder ausgehend von w_0 an, so ist für die weitere Betrachtung w_0 als größtes ungelöschtes Minimum anzusehen. Eine weitere Stufe in der Treppenlinie hat sich mit der Schwankung ausgebildet. Die Fläche ΣS_i^+ wurde vergrößert. Damit liegt ein positiver hysteretischer Effekt bzw. positive Remanenz R^+ in folgender Höhe vor:

(4.77) mit $(w_1 - w_0) = \Delta_1 w = \tilde{\Delta} w$ folgt:

$$\tilde{\Delta} S^+\nearrow = R^+ = (w_0 - w_p^m)\cdot(w_1 - w_0) = (w_0 - w_p^m)\cdot \Delta_1 w = (w_0 - w_p^m)\cdot \tilde{\Delta} w$$

Man sieht, daß es sich bei dem zuerst dargestellten Fall ohne Remanenz nur um einen Spezialfall der Gleichung (4.77) für $w_0 = w_p^m$ handelte.

"Limiting ascending branch" und Neukurve

Es sollen noch zwei interessante Spezialfälle behandelt werden: die äußere Hysteresis-Schleife, d.h. der LAB, sowie die Neukurve. In beiden Fallen liegen keine "Stufen" vor, die infolge der temporären Wechselkursschwankung verschoben oder gelöscht werden können. Trotzdem tritt in beiden Fällen Hysteresis immer auch schon bei kleinen Wechselkursschwankungen auf.

Im Fall des LAB ist das größte bisher ungelöschte Minimum der Wechselkurs $w_p^m = 0$, das kleinste ungelöschte Maximum ist der aktuelle Wechselkurs. Steigt von einem bestimmten Punkt auf dem LAB mit dem zugehörigen Wechselkurs w_0 der Wechselkurs weiter auf w_1, um dann wieder auf w_0 zu fallen, so bildet sich mit dieser Schwankung die erste Stufe. Die Fläche ΣS_i^+ entsteht. Es verbleibt ein remanenter Effekt, der gemäß (4.77) folgende Höhe hat:

(4.78) $\tilde{\Delta} S_L^+\nearrow = R^+ = w_0\cdot (w_1 - w_0) = w_0\cdot \Delta_1 w = w_0\cdot \tilde{\Delta} w$

Für die Neukurve mit ihrer "glatten Treppenlinie" wird bei einer Steigerung des Wechselkurses, ausgehend vom Ausgleichswechselkurs $w_{0,N}$ (bzw. $w'_{0,N}$; hier wird stellvertretend mit der Mengenbetrachtung argumentiert), je nach Interpretation entweder keine Stufe gelöscht, weil eine glatte Trennlinie vorliegt, oder aber unendlich viele sehr nah aneinanderliegende Stufen übersprungen und damit gelöscht. Steigt der Wechselkurs auf w_1 und fällt dann wieder auf $w_{0,N}$ zurück, so hat sich oberhalb der (ehemalig glatten) Trennlinie eine Stufe mit den Eck-Koordinaten $\alpha = w_1$ und $\beta = w_{0,N}$ gebildet. Die remanenzverursachende dreieckige Flächenänderung einer nur zeitweiligen Abwertung der Inlandswährung für den Neukurvenfall ist in Abb. 4.10 schraffiert dargestellt worden.

Abb. 4.10: Wirkung nur temporärer Wechselkurserhöhung für die Neukurve

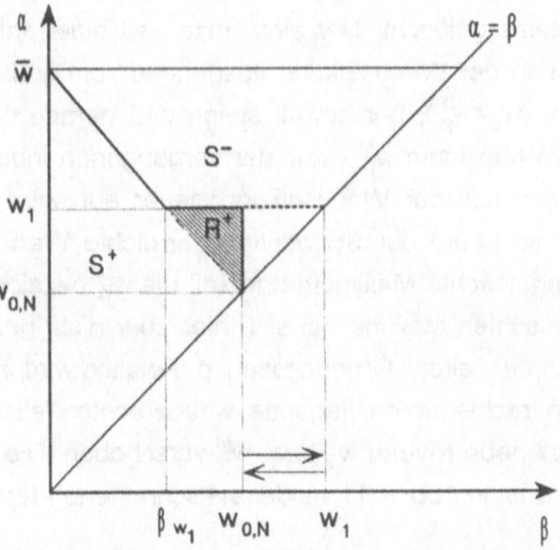

Die Remanenz für eine von $w_{0,N}$ ausgehende, nur temporäre Wechselkurssteigerung ergibt sich aus der Grafik mit:[20]

$$(4.79)\quad \tilde{\Delta}S^{+}_{N\nearrow} = R^{+} = \frac{1}{2}\cdot(w_{0,N}-\beta_{w_1})\cdot(w_1-w_{0,N}) \quad \text{mit} \quad \beta_{w_1} = (\overline{w}-w_1)\cdot\frac{w_{0,N}}{\overline{w}-w_{0,N}}$$

$$\Rightarrow \quad \tilde{\Delta}S^{+}_{N\nearrow} = \frac{1}{2}\cdot\left(w_{0,N}\cdot\frac{w_1-w_{0,N}}{\overline{w}-w_{0,N}}\right)\cdot\tilde{\Delta}w$$

$$\text{mit:}\quad w_{0,N} = \frac{n^*}{n+n^*}\cdot\overline{w} \qquad \text{(bei Mengen) bzw.}$$

$$w'_{0,N} = -\frac{n^*}{2n}+\sqrt{\left(\frac{n^*}{2n}\right)^2+\frac{n^*}{n}\cdot\overline{w}} \qquad \text{(bei Werten)}$$

Die unterschiedlichen Gleichungen für die Mengen- und die Wert-Neukurve lassen sich unter Verwendung der unterschiedlichen Ausgleichswechselkurse entsprechend (4.11) bzw. (4.24) ermitteln.

Der allgemeine Fall

Bisher wurden bei der Betrachtung der Remanenz infolge einer nur temporären Erhöhung des Wechselkurses nur bestimmte, in der Herleitung einfache Spezialfälle betrachtet. Insbesondere wurden bisher die Probleme vermieden, die sich daraus ergeben, daß die Wechselkursschwankung so groß ist, daß einige der aus der vergangenen Wechselkursentwicklung resultierenden Stufen aus der Trennlinie zwischen S^+ und S^- gelöscht werden. Steigt der Wechselkurs

---

20 Zur Herleitung der Trennliniengleichung vgl. Gleichung (4.13).

temporär höher als bis zum kleinsten bisher ungelöschten Maximum an, so wird die zugehörige Stufe aus der Treppenlinie und damit auch w_p^M aus der "Erinnerung" des Systems gelöscht. Der einfachste Fall einer solchen Steigerung liegt dann vor, wenn der Wechselkurs, ausgehend vom größten bisher ungelöschten Minimum ($w_0=w_p^m$), nur soweit steigt, daß gerade nur w_p^M aber nicht das nächstgrößere Maximum w_{p-1}^M aus der vergangenen Inputentwicklung gelöscht wird. Danach soll der Wechselkurs wieder auf sein Ursprungsniveau zurückfallen. Der im Laufe der Schwankung erreichte Wert w_1 ist das neue kleinste bisher ungelöschte Maximum und soll als $w_{\tilde{p}}^M$ bezeichnet werden. Die Anzahl der ungelöschten Maxima hat sich hier aber nicht geändert. Die neue Anzahl $\tilde{p}$ ist gleich der "alten" Ordnungszahl p. Folglich wird in diesem Fall nur der am weitesten rechts unten liegende waagerechte Teil der Treppenlinie nach oben auf das neue Niveau w_1 bzw. $w_{\tilde{p}}^M$ verschoben. Die zurückbleibende positive Remanenz ist in Abb. 4.11 wieder als schraffierte Fläche dargestellt.

Abb. 4.11: Nur temporäre Wechselkurserhöhung bei Verschiebung einer Stufe

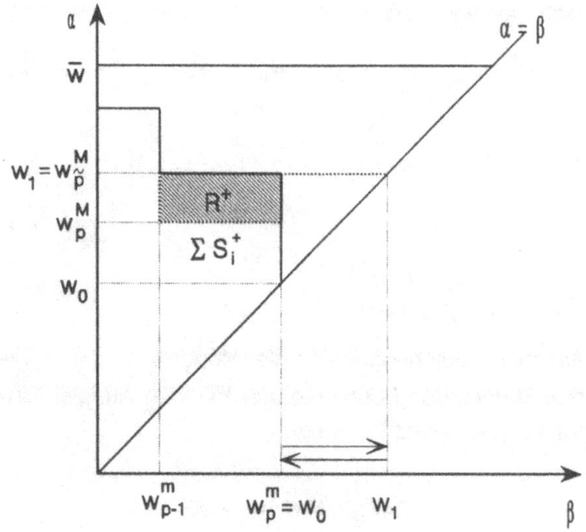

Die sich für diesen Fall ergebende Remanenz läßt sich aus der Grafik leicht ablesen:

(4.80) $\tilde{\Delta}S^{+}\nearrow = R^{+} = (w_0 - w_{p-1}^m)\cdot(w_1 - w_p^M) = (w_p^m - w_{p-1}^m)\cdot(w_{\tilde{p}}^M - w_p^M)$

$$\Rightarrow \quad \tilde{\Delta}S^{+}\nearrow = (w_p^m - w_{p-1}^m)\cdot\left[\tilde{\Delta}w - (w_p^M - w_0)\right]$$

Folglich führt hier nur der Teil der Schwankung, der über das "alte" w_p^M hinausgeht, zu remanenten Wirkungen. Festzuhalten bleibt aber, daß, obwohl von

$w_0 = w_p^m$ ausgegangen wurde, in diesem Fall eine bleibende Wirkung der temporären Schwankung besteht.

Die Annahme zum Ausgangswechselkurs muß für den allgemeinen Fall dahingehend verallgemeinert werden, daß w_0 auch größer als w_p^m sein kann. Der Ausgangswechselkurs w_0 muß gleichzeitig aber kleiner als das kleinste bisher *ungelöschte* Maximum w_p^M sein, denn kleinere lokale Maxima aus der vergangenen Inputentwicklung sind schon im Laufe der Wechselkurssteigerung bis w_0 gelöscht worden. Zur soeben beschriebenen Remanenz ist dann noch die der Gleichung (4.77) bzw. Abb. 4.9 entsprechende Remanenz zu addieren. Die Gesamtremanenz ergibt sich daher als:

$$\text{(4.81)} \quad \tilde{\Delta}S^{+}\nearrow = (w_0 - w_p^m)\cdot\tilde{\Delta}w + (w_p^m - w_{p-1}^m)\cdot\left[\tilde{\Delta}w - (w_p^M - w_0)\right]$$

Im allgemeinen Fall einer nur temporären Abwertung der Inlandswährung soll die Zahl der im Laufe der temporären Abwertung überschrittenen (und damit aus der Systemerinnerung gelöschten) vergangenen lokalen Maxima nicht begrenzt sein. Außerdem soll auch hier nicht mehr davon ausgegangen werden, daß $w_0 = w_p^m$ erfüllt ist. Die in einem solchen Fall aus einer temporären Abwertung resultierende positive Remanenz ist in der Abb. 4.12 (wieder schraffiert) dargestellt worden.

Abb. 4.12: Wirkung einer nur temporären Abwertung
bei Löschung von mehr als einer Stufe

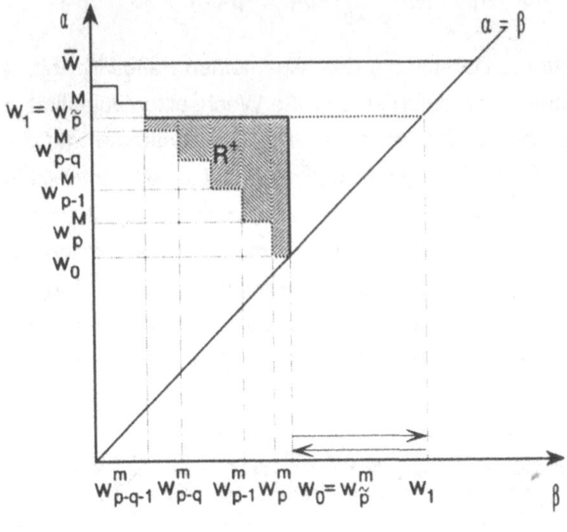

Durch die zeitweilige Abwertung der Inlandswährung werden alle lokalen Maxima w_i^M, die niedriger als der Maximalwert der Schwankung w_1 liegen, sowie die korrespondierenden Minima der Stufen, die den w_i^M entsprechen, gelöscht. Die Zahl der durch $\tilde{\Delta}w$ aus der Erinnerung des Systems gelöschten ehemaligen Maximalwerte sei q+1. Die Ordnungszahl der niedrigsten Stufe vor der Schwankung war p; die neue sei $\tilde{p}$. Da mit der Schwankung sich eine neue Stufe in der Trennlinie ausgebildet hat, aber vorher q+1 Stufen gelöscht wurden, gibt q die Differenz in der Anzahl der Stufen vor und nach der Schwankung an. Es gilt demnach für die Ordnungszahl $\tilde{p}$ des kleinsten ungelöschten Maximums nach der Schwankung ($w_{\tilde{p}}^M$):

$$(4.82) \quad \tilde{p} = p - q$$

Wird, wie im vorher in Abb. 4.11 dargestellten Fall, nur das kleinste bisher ungelöschte Maximum w_p^M gelöscht, bedeutet dies grafisch nur eine Verschiebung der untersten waagerechten Teillinie; die Ordnungszahl ändert sich für diesen Fall nicht. Dort galt demnach $\tilde{p}=p$ und somit $q=0$.[21]

Die aus der zeitlich begrenzten Abwertung resultierende Remanenz ergibt sich für den allgemeinen Fall gemäß Abb. 4.12 mit $w_1 = w_{\tilde{p}}^M$ als:

$$(4.83) \quad \tilde{\Delta}S^{+}\nearrow = (w_0 - w_p^m) \cdot \tilde{\Delta}w + (w_p^m - w_{p-1}^m) \cdot \left[\tilde{\Delta}w - (w_p^M - w_0)\right] + \sum_{j=1}^{q} (w_{p-j}^m - w_{p-j-1}^m) \cdot (w_{\tilde{p}}^M - w_{p-j}^M)$$

$$\Rightarrow \quad \tilde{\Delta}S^{+}\nearrow = (w_0 - w_p^m) \cdot \tilde{\Delta}w + \sum_{j=0}^{q} (w_{p-j}^m - w_{p-j-1}^m) \cdot (w_{\tilde{p}}^M - w_{p-j}^M)$$

Im übrigen zeigt die Darstellung des allgemeinen Falles in Abb. 4.12 mit einer Vielzahl von Stufen, die durch eine große Wechselkursvolatilität in der Vergangenheit verursacht wurden, schon eine große Ähnlichkeit mit der Darstellung der Neukurve. Je häufiger der Wechselkurs mit jeweils unterschiedlichen Ausschlägen in der Vergangenheit fluktuierte, desto eher ist eine der Neukurve ähnliche Situation zu erwarten. Vor diesem Hintergrund erscheint die approximative Darstellung einer ausgeglichenen Leistungsbilanz in der Ausgangssituation über die Neukurve mit ihrem (relativ zum allgemeinen Fall des Handelsbilanzausgleichs) einfachen formalen Aufbau nicht mehr so unrealistisch.

---

21 Hier ist zwischen der Ordnungs*zahl* p bzw. $\tilde{p}$ (diese sind für q=0 gleich) und der *Kennzeichnung* des alten und neuen bisher ungelöschten Maximums w_p^M bzw. $w_{\tilde{p}}^M$ (welche auch für q=0 ungleich sind) zu unterscheiden. Für den allgemeinen Fall gilt entsprechend für die Ordnungszahl $\tilde{p} = p - q$, aber das neue kleinste bisher ungelöschte Maximum $w_{\tilde{p}}^M$ entspricht nicht dem alten Maximum mit der gleichen Ordnungszahl nach der alten Indizierung vor der Wechselkursschwankung ($w_{p-q}^M \neq w_{\tilde{p}}^M$).

Remanente Wirkung in den Außenhandelsgrößen

Mit Hilfe der allgemeinen Formeln (4.16) und (4.27) für die Ermittlung der Außenhandelsgrößen aus der Fläche S^+ lassen sich auch direkt die remanenten Effekte auf diese Größen angeben. Eine in diesem Modell unbestimmt lange, in der Realität aber wohl zur Erwartungsänderung ausreichend lang andauernde, aber nur zeitweilige, später vollständig zurückgenommene Abwertung der Inlandswährung hat folgende permanente Wirkungen auf die gehandelten Mengen sowie auf den Mengen-Leistungsbilanzsaldo (d.h. den Außenbeitrag bei einer impliziten Bewertung zum Kaufkraftparitätenkurs):

$$(4.84)\quad \tilde{\Delta}X\nearrow = \frac{n}{\tfrac{1}{2}\,\bar{w}^2}\cdot\tilde{\Delta}S^+\nearrow \quad ; \quad \tilde{\Delta}M\nearrow = \frac{-n^*}{\tfrac{1}{2}\,\bar{w}^2}\cdot\tilde{\Delta}S^+\nearrow$$

$$\tilde{\Delta}H\nearrow = \tilde{\Delta}X\nearrow - \tilde{\Delta}M\nearrow = \frac{n+n^*}{\tfrac{1}{2}\,\bar{w}^2}\cdot\tilde{\Delta}S^+\nearrow$$

$$\text{mit:}\quad \tilde{\Delta}S^+\nearrow = (w_0 - w_p^m)\cdot\tilde{\Delta}w + \sum_{j=0}^{q}(w_{p-j}^m - w_{p-j-1}^m)\cdot(w_{\tilde{p}}^M - w_{p-j}^M)$$

Die remanenten Wirkungen auf die Werte der gehandelten Mengen und auf den Leistungsbilanzsaldo bei Bewertung in Inlandswährung sind:

$$(4.85)\quad \tilde{\Delta}X'\nearrow = \frac{w\cdot n}{\tfrac{1}{2}\,\bar{w}^2}\cdot\tilde{\Delta}S^+\nearrow \quad ; \quad \tilde{\Delta}M'\nearrow = \frac{-n^*}{\tfrac{1}{2}\,\bar{w}^2}\cdot\tilde{\Delta}S^+\nearrow$$

$$\tilde{\Delta}H'\nearrow = \tilde{\Delta}X'\nearrow - \tilde{\Delta}M'\nearrow = \frac{w\cdot n+n^*}{\tfrac{1}{2}\,\bar{w}^2}\cdot\tilde{\Delta}S^+\nearrow$$

Die remanent-zurückbleibende Wirkung der temporären Abwertung auf die Exporte ist eindeutig positiv (oder gleich null, wie im zuerst dargestellten Spezialfall), auf die Importe eindeutig negativ und daher auf den Handelsbilanzsaldo eindeutig positiv, unabhängig davon, ob es sich um eine Mengen- oder eine Wertbetrachtung handelt. Der ökonomische Grund für die positive Remanenz liegt, wie ausführlich vorne beschrieben, darin, daß einige der mit der (temporären) Abwertung der Inlandswährung in den Auslandsmarkt eingetretenen inländischen Exporteure aus den bekannten Gründen nicht wieder ausgetreten sind, oder weil einige der ausländischen Exporteure mit der Aufwertung ihrer Währung ausgetreten sind, aber bei dem Ausgangswechselkurs aufgrund der von neuem anfallenden Markteintrittsinvestitionen nicht wieder in den Inlandsmarkt eintreten.

4.7.2 Remanenz bei zuerst fallendem Wechselkurs

Ergab sich für den Fall zuerst steigender und dann wieder auf das Ausgangsniveau fallender Wechselkurse eine positive Remanenz bezüglich der inländischen Handelsbilanz, so folgt bei einem nur zeitweiligen, später wieder ausgeglichenen Sinken des Wechselkurses (d.h. bei einer zeitlich begrenzten Aufwertung der Inlandswährung) analog ein negativer remanenter Effekt auf die Fläche der aktiven inländischen Exporteure und damit auf die inländische Handelsbilanz. Die Vorgehensweise des allmählichen Entwickelns des komplizierten allgemeinen Falls aus einfachsten Grundfällen soll hier parallel zur Darstellung des Falles mit zuerst steigendem Wechselkurs durchgeführt werden.

"Kleine" Wechselkursschwankung ohne Remanenz

Der einfachste Fall einer nur temporären Wechselkurssenkung soll wieder zuerst dargestellt werden. Hier sei der Ausgangswechselkurs w_0 gleichzeitig das kleinste bisher ungelöschte Maximum w_p^M. Außerdem soll die Schwankung nicht so groß sein, daß w_1 das größte bisher ungelöschte Minimum aus der vergangenen Inputentwicklung (w_{p-1}^m) löscht. Diese Schwankung kann daher wieder als "kleine" Wechselkursschwankung bezeichnet werden. Die Veranschaulichung dieses Falles findet man in Abb. 4.13.

Abb. 4.13: Wirkung einer nur temporären Aufwertung ohne Remanenz

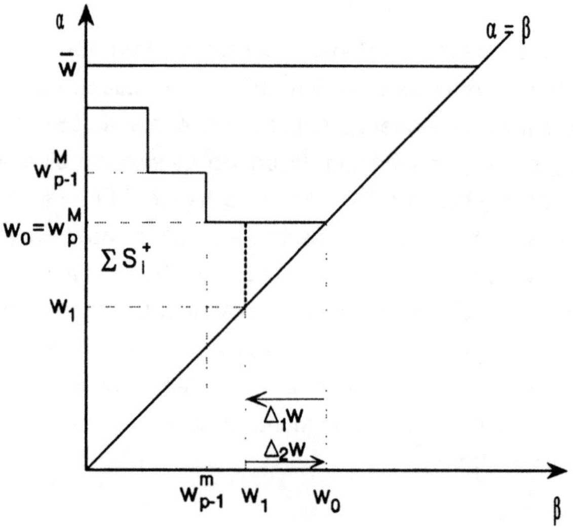

Abb. 4.13 zeigt, wie sich S^+ im Laufe der Senkung von w_0 nach w_1 um $\frac{1}{2} \cdot (w_p^M - w_1) \cdot (w_1 - w_0) = \frac{1}{2} \cdot (w_p^M - w_1) \cdot \Delta_1 w$ verringert ($\Delta_1 w$ hat hier ein negatives Vorzeichen), um sich bei wieder steigendem Wechselkurs um genau diese Fläche wieder zu vergrößern. Folglich ergibt sich auch bei zuerst fallendem Wechselkurs bei dieser Art der Wechselkursschwankung keinerlei Remanenz und somit auch keine hysteretische Wirkung. Auch hier muß demnach eine kleine Wechselkursschwankung keine remanente Wirkungen haben, kann es aber, wie gleich gezeigt wird.

"Kleine" Wechselkursschwankung mit Remanenz

Wird, im Gegensatz zum vorherigen Fall, von einem bestimmten Punkt einer schon länger anhaltenden negativen Inputentwicklung ausgegangen, entspricht der Ausgangswechselkurs w_0 nicht dem letzten Maximum. Die temporäre Wechselkurssenkung sei aber auch hier nicht so groß, daß w_1 das kleinste bisher ungelöschte Minimum (w_{p-1}^m) aus der vergangenen Inputentwicklung löscht. Die dann folgenden remanenten Effekte einer weiteren, aber wieder völlig zurückgenommenen Wechselkurssenkung sind in Abb. 4.14 dargestellt worden.

Abb. 4.14: Nur temporäre Aufwertung und Auftreten von Remanenz

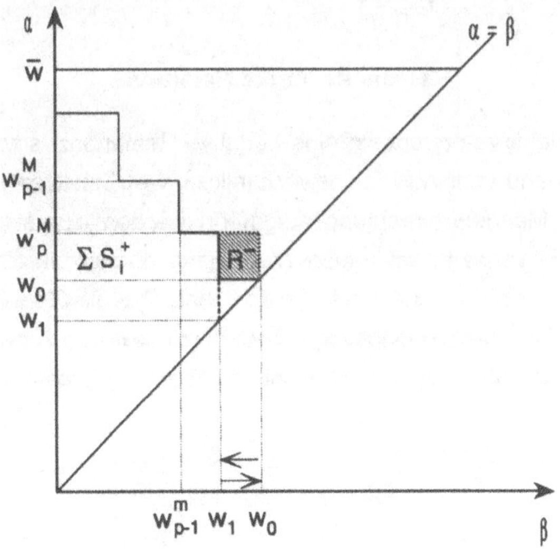

Sinkt der Wechselkurs, ausgehend von einem unter w_p^M liegenden Wert w_0, auf w_1 ab und steigt daraufhin wieder auf w_0, so hat sich die Fläche der aktiven inländischen Exporteure bei gleichem Wechselkurs w_0 gegenüber der Ausgangssituation verkleinert, und zwar um die schraffierte Fläche. Sinkt der Wechselkurs nach der soeben beschriebenen temporären Schwankung wieder ausgehend von w_0, so ist für die weitere Betrachtung w_0 als kleinstes ungelöschtes Maximum anzusehen; die Fläche ΣS_i^+ hat sich verkleinert. Wird die temporäre Schwankung bei zuerst sinkendem Wechselkurs mit dem Absolutwert $-\tilde{\Delta}w$ beschrieben (wobei $-\tilde{\Delta}w$ ein positives Vorzeichen aufweist), ergibt sich der vorliegende negative hysteretische Effekt bzw. die negative Remanenz R^-:

(4.86) mit $(w_0 - w_1) = -(\Delta_1 w) = -\Delta_1 w = -(\tilde{\Delta}w) = -\tilde{\Delta}w > 0$ folgt

$$\tilde{\Delta}S^-\searrow = R^- = (w_p^M - w_0)\cdot(w_0 - w_1) = (w_p^M - w_0)\cdot -\Delta_1 w = (w_p^M - w_0)\cdot -\tilde{\Delta}w$$

Wobei die Remanenz hier über die Vergrößerung der Komplementärfläche S^- ausgedrückt wurde. Die Verringerung der Fläche ΣS_i^+ ergibt sich über einen einfachen Wechsel des Vorzeichens:

(4.87) $\tilde{\Delta}S^+\searrow = -(\tilde{\Delta}S^-\searrow) = (w_p^M - w_0)\cdot\tilde{\Delta}w < 0$

Man sieht, daß es sich im zuerst dargestellten Fall ohne Remanenz wieder nur um einen Spezialfall für $w_p^M = w_0$ gehandelt hat. Ebenso ergibt sich die äußere Hysteresis-Schleife, hier der LDB, wieder als Spezialfall für $w_p^M = \bar{w}$. Mit der nur temporären Aufwertung bildet sich auch hier eine erste Stufe aus. Die auftretende negative Remanenz für den LDB ist folglich:

(4.88) $\tilde{\Delta}S_L^-\searrow = R^- = (\bar{w} - w_0)\cdot(w_0 - w_1) = (\bar{w} - w_0)\cdot -\tilde{\Delta}w$

Remanenz für die Neukurve

Auch für die Neukurve ergibt sich eine negative Remanenz, soweit der Wechselkurs, ausgehend vom Ausgleichswechselkurs $w_{0,N}$ (stellvertretend soll hier wieder nur die Mengenbetrachtung aufgeführt werden) zuerst fällt und dann wieder steigt. Es verbleibt ein remanenter Effekt, da sich unterhalb der (ehemalig glatten) Trennlinie eine Ecke gebildet hat. Die die Remanenz verursachende dreieckige Flächenänderung einer nur zeitweiligen Aufwertung der Inlandswährung für den Neukurvenfall ist in Abb. 4.15 schraffiert dargestellt worden.

Abb. 4.15: Wirkung einer nur temporären Aufwertung im Fall der Neukurve

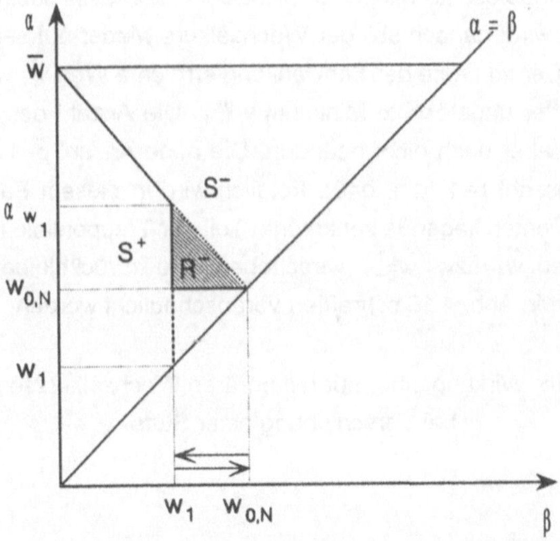

Die Remanenz für eine von $w_{0,N}$ ausgehende, nur temporäre Wechselkurssenkung läßt sich aus der Grafik ableiten:[22]

(4.89) $\widetilde{\Delta S}^{-}_{N\searrow} = R^{-} = \frac{1}{2} \cdot (\alpha_{w_1} - w_{0,N}) \cdot (w_{0,N} - w_1)$

mit: $\alpha_{w_1} = \bar{w} - \frac{\bar{w} - w_{0,N}}{w_{0,N}} \cdot w_1$

$w_{0,N} = \frac{n^*}{n+n^*} \cdot \bar{w}$ (bei Mengen) bzw.

$w'_{0,N} = -\frac{n^*}{2n} + \sqrt{\left(\frac{n^*}{2n}\right)^2 + \frac{n^*}{n} \cdot \bar{w}}$ (bei Werten)

Die unterschiedlichen Gleichungen für die Mengen- und die Wert-Neukurve sind wieder unter Verwendung der unterschiedlichen Ausgleichswechselkurse entsprechend (4.11) bzw. (4.24) ermittelbar.

Der allgemeine Fall

Die Wechselkurssenkung kann ebenso wie die temporäre Wechselkurserhöhung dazu führen, daß einige der aus der vergangenen Wechselkursentwicklung resultierenden Stufen aus der Trennlinie zwischen S^+ und S^- gelöscht werden. Sinkt der Wechselkurs temporär tiefer als das größte bisher ungelöschte Minimum, so wird w^m_{p-1} aus der "Erinnerung" des Systems gelöscht. Der einfachste Fall liegt dann vor, wenn der Wechselkurs, ausgehend vom

22 Zur Herleitung der Trennliniengleichung vgl. auch hier Gleichung (4.13).

kleinsten bisher ungelöschten Maximum ($w_0=w^M_p$), nur soweit sinkt, daß gerade nur das größte ungelöschte Minimum, nicht aber das nächstkleinere Minimum (w^m_{p-2}), gelöscht wird; danach soll der Wechselkurs wieder auf sein Ursprungsniveau steigen. Der im Laufe der Schwankung erreichte Wert w_1 wird damit das neue größte bisher ungelöschte Minimum $w^m_{\tilde{p}-1}$. Die Anzahl der ungelöschten Minima hat sich aber noch nicht geändert. Die neue Anzahl $\tilde{p}-1$ ist gleich der "alten" Ordnungszahl p–1 (d.h. q=0). Folglich wird in diesem Fall nur der am weitesten rechts unten liegende senkrechte Teil der Treppenlinie nach links auf das neue Niveau w_1 bzw. $w^m_{\tilde{p}-1}$ verschoben. Die zurückbleibende negative Remanenz R^- ist in Abb. 4.16 schraffiert veranschaulicht worden.

Abb. 4.16: Wirkung einer nur temporären Wechselkurssenkung bei Verschiebung einer Stufe

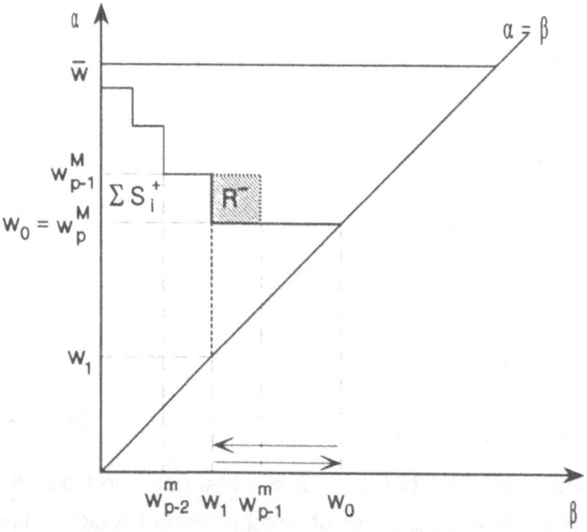

Aus der Grafik läßt sich die negative Remanenz leicht ablesen.

$$(4.90)\quad \tilde{\Delta}S^{-}\searrow = R^- = (w^m_{p-1} - w_1)\cdot(w^M_{p-1} - w^M_p) = (w^m_{p-1} - w^m_{\tilde{p}-1})\cdot(w^M_{p-1} - w^M_p)$$

$$\Rightarrow\quad \tilde{\Delta}S^{-}\searrow = (w^M_{p-1} - w^M_p)\cdot\left[-\tilde{\Delta}w - (w_0 - w^m_{p-1})\right]$$

Hier führt nur der Teil der Wechselkursschwankung, der weiter als das "alte" w^m_{p-1} hinuntergeht, zu remanenten Wirkungen, und das obwohl von $w_0=w^M_p$ ausgegangen wurde.

Es soll nun auch die Möglichkeit, daß w_0 kleiner als w^M_p ist, erfaßt werden. Der Ausgangswechselkurs w_0 muß gleichzeitig aber größer als das größte bisher *ungelöschte* Minimum w^m_{p-1} sein, denn größere lokale Minima sind schon im

Laufe der vorangegangenen Wechselkurssenkung bis w_0 gelöscht worden. Zur soeben beschriebenen Remanenz ist noch die der Gleichung (4.86) bzw. Abb. 4.14 entsprechende Remanenz zu addieren. Die Gesamtremanenz ist dann:

(4.91) $\tilde{\Delta}S^{-}\searrow = R^{-} = (w_p^M - w_0) \cdot -\tilde{\Delta}w + (w_{p-1}^m - w_{\tilde{p}-1}^m) \cdot (w_{p-1}^M - w_p^M)$

Wird die Größe der Schwankung nicht mehr begrenzt, ist somit auch die Zahl der im Laufe der temporären Abwertung überschrittenen (und damit aus der Systemerinnerung gelöschten) vergangenen lokalen Minima nicht mehr auf eins begrenzt, und wird außerdem nicht davon ausgegangen, daß w_0 gleich w_p^M ist, so ergibt sich der allgemeine Fall.

Abb. 4.17 stellt die in diesem Fall aus einer temporären Aufwertung der Inlandswährung resultierende negative Remanenz dar.

Abb. 4.17: Wirkung einer nur temporären Aufwertung bei Löschung von mehr als einer Stufe

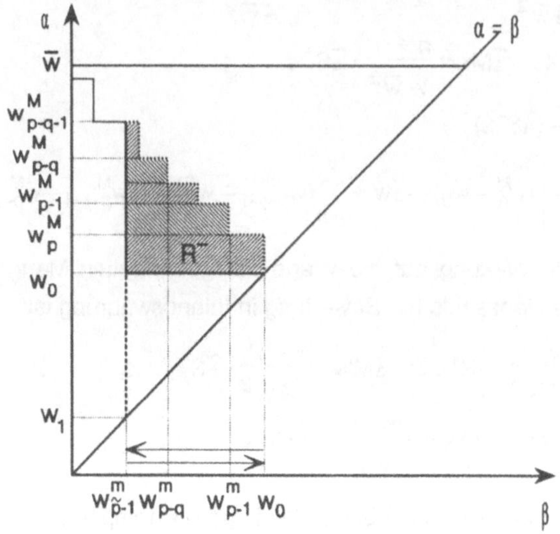

Durch die zeitweise Aufwertung der Inlandswährung werden alle lokalen Minima w_i^m, die höher als der temporäre Minimalwert w_1 liegen, gelöscht. Die Zahl der durch $-\tilde{\Delta}w$ aus der Erinnerung des Systems gelöschten ehemaligen Minimalwerte sei q+1.[23] Wird, wie im vorher dargestellten speziellen Fall gemäß Abb. 4.16, das größte bisher ungelöschte Minimum w_{p-1}^m nur dadurch gelöscht, daß es durch w_1 ersetzt wird, bedeutet dies grafisch nur eine Verschie-

---

23 Die im Rahmen der Gleichung (4.82) getroffenen Aussagen gelten hier analog.

bung der untersten senkrechten Teillinie. Die Ordnungszahl ändert sich nicht; in diesem Fall gilt q=0.

Im allgemeinen Fall (q≥0) ergibt sich die aus der zeitlich begrenzten Aufwertung resultierende negative Remanenz gemäß Abb. 4.17 (mit $w_1 = w^m_{p-1}$) als:

$$(4.92)\quad \tilde{\Delta} S^{-}\searrow = (w^M_p - w_0) \cdot -\tilde{\Delta} w + \sum_{j=0}^{q} (w^m_{p-j-1} - w^m_{p-1}) \cdot (w^M_{p-j-1} - w^M_{p-j})$$

Remanente Wirkung in den Außenhandelsgrößen

Es soll wieder mit Hilfe der allgemeinen Formeln (4.16) und (4.27) direkt die Remanenz in den Außenhandelsgrößen angegeben werden. Eine in diesem Modell unbestimmte, aber zur Erwartungsänderung ausreichend lange, nur zeitweilige und später vollständig zurückgenommene Aufwertung der Inlandswährung hat folgende permanente Wirkungen auf die Mengen-Handelsbilanz:

$$(4.93)\quad \tilde{\Delta} X\searrow = \frac{n}{\tfrac{1}{2}\bar{w}^2} \cdot \tilde{\Delta} S^{+}\searrow \;;\qquad \tilde{\Delta} M\searrow = \frac{-n^*}{\tfrac{1}{2}\bar{w}^2} \cdot \tilde{\Delta} S^{+}\searrow$$

$$\tilde{\Delta} H\searrow = \tilde{\Delta} X\searrow - \tilde{\Delta} M\searrow = \frac{n + n^*}{\tfrac{1}{2}\bar{w}^2} \cdot \tilde{\Delta} S^{+}\searrow$$

$$\text{mit:}\quad \tilde{\Delta} S^{+}\searrow = -(\tilde{\Delta} S^{-}\searrow)$$

$$\Rightarrow\quad \tilde{\Delta} S^{+}\searrow = -\left[(w^M_p - w_0) \cdot -\tilde{\Delta} w + \sum_{j=0}^{q} (w^m_{p-j-1} - w^m_{p-1}) \cdot (w^M_{p-j-1} - w^M_{p-j})\right] < 0$$

Die permanente Wirkung auf die Werte der gehandelten Mengen sowie den Wert-Leistungsbilanzsaldo bei Bewertung in Inlandswährung ist:

$$(4.94)\quad \tilde{\Delta} X'\searrow = \frac{w \cdot n}{\tfrac{1}{2}\bar{w}^2} \cdot \tilde{\Delta} S^{+}\searrow \;;\qquad \tilde{\Delta} M'\searrow = \frac{-n^*}{\tfrac{1}{2}\bar{w}^2} \cdot \tilde{\Delta} S^{+}\searrow$$

$$\tilde{\Delta} H'\searrow = \tilde{\Delta} X'\searrow - \tilde{\Delta} M'\searrow = \frac{w \cdot n + n^*}{\tfrac{1}{2}\bar{w}^2} \cdot \tilde{\Delta} S^{+}\searrow$$

Die remanente bzw. zurückbleibende Wirkung der temporären Aufwertung auf die Exporte ist eindeutig negativ, da die remanente Änderung der Fläche der aktiven inländischen Exporteure $\tilde{\Delta} S^{+}\searrow$ negativ ist. Die Wirkung auf die Importe bzw. den Importwert ist umgekehrt eindeutig positiv. Damit ist für den Saldo hier eine negative anhaltende Wirkung der nur temporären Aufwertung festzuhalten, unabhängig davon, ob Mengen oder Werte betrachtet werden. Der ökonomische Grund für die negative Remanenz liegt wieder darin, daß einige der mit der (temporären) Abwertung der Auslandswährung in den Inlandsmarkt eingetretenen ausländischen Exporteure nicht wieder ausgetreten sind, und weil einige inländische Exporteure mit der Aufwertung der Inlandswährung ausgetreten sind, aber bei dem Ausgangswechselkurs aufgrund der von neuem anfallenden Markteintrittsinvestitionen nicht wieder in den Auslandsmarkt eintreten.

4.7.3 Remanenz und "Größe" der Wechselkursschwankung

Mit den in diesem Kapitel dargestellten remanenten, d.h. dauerhaften Effekten einer hinterher vollständig zurückgenommenen Wechselkursänderung wurde der eigentliche Kern des hysteretischen Außenhandelsmodells dargestellt. Die Existenz von dauerhaften Nachwirkungen unterscheidet das hier dargestellte Modell, wie andere hysteretische Modelle auch, von den Standard-Außenhandelsmodellen. Dort führt die Rückkehr zum Ausgangswechselkurs, eventuell über eine verzögerte Anpassung der Außenhandelsmengen wie im Fall der J-Kurve zeitlich gestreckt, wieder zu den alten (Gleichgewichts-) Mengen zurück. Hysteretische Modelle, und so auch dieses, können sich, wie vorne ausgeführt, durch Änderungen in der Inputgröße dauerhaft in ihrem Gleichgewicht ändern, haben also ein *pfadabhängiges Gleichgewicht*. Die Pfadabhängigkeit des Gleichgewichts wird über die Remanenz einer nur temporären Schwankung der Inputgröße, mit völlig gleichen Werten der verursachenden Variablen vor und nach der Schwankung, in "reiner Form" zum Ausdruck gebracht. Hier ist die Gleichgewichtsverschiebung vollständig durch die *vergangene* Inputentwicklung bedingt, der aktuelle Wert der Inputvariablen ist der gleiche! Anders als die bislang üblichen hysteretischen Außenhandelsmodelle ist hier aber nicht mehr ein "schwach"-hysteretisches Verhalten zugrundegelegt, dort folgen persistierende Effekte bzw. das Auftreten von Remanenz *nur* soweit bestimmte Schwellenwerte überschritten werden. Vielmehr konnte gezeigt werden, daß auch sehr kleine Wechselkursschwankungen persistierende Effekte aufweisen *können* (vgl. z.B. Abb. 4.9 bzw. Gleichung (4.77) oder Abb. 4.14 bzw. Gleichung (4.86)), aber nicht zwingend müssen, wie die jeweiligen Eingangsbeispiele gemäß Abb. 4.8 und 4.13 verdeutlichen. Ebenso können Fälle vorliegen, für die auch in diesem Modell erst das Überschreiten bestimmter Schwellenwerte im Laufe der nur temporären Wechselkursschwankung zu Remanenz führt, wie dies in den Formeln (4.80) und (4.90) sehr klar zum Ausdruck kommt. In diesen Fällen traten remanente Wirkungen nur in der Höhe auf, in denen der temporäre Wechselkursausschlag "extremer" als die Extremwerte der jeweils höchsten ungelöschten Ordnungszahl war. In den vorangegangenen Abschnitten ist auch deutlich geworden, daß die einzelnen dargestellten Fälle sich nicht eindeutig nach ihrer absoluten Schwankungsstärke (z.B. gemessen als Höhe der absoluten Differenz zwischen Maximal- und Minimalwert der Schwankung) in Fälle mit oder ohne Remanenz differenzieren lassen. Es sollte zum Ausdruck gekommen sein, daß gleich große temporäre Wechselkursschocks, je nach vorangegangener Inputentwicklung und je nach nachfolgender Entwicklung der verursachenden Variablen, völlig unterschiedliche remanente Wirkungen aufweisen können.

Die Remanenz ergab sich über die Veränderung der Fläche ΣS_i^+ (oder genauer der Begrenzungslinie von ΣS_i^+ zu S^-), indem entweder neue Stufen hinzugefügt wurden ("kleine" Wechselkursschwankungen mit Remanenz, LAB, LDB oder auch im Fall der Neukurve), Stufen verschoben wurden (soweit nur der Extremwert mit der jeweilig höchsten Ordnungszahl gelöscht wurde) oder Stufen völlig gelöscht wurden (im allgemeinen Fall).

Die Bedeutung der vorangegangenen Inputentwicklung wird anhand der Beispiele auf der äußeren Hysteresis-Schleife (LAB, LDB) oder der Neukurve sofort deutlich. In Fällen mit diesen "Vorgeschichten" hat jede noch so kleine Wechselkursschwankung remanente Effekte zur Folge. Es konnte auch gezeigt werden, daß Wechselkursschwankungen, die eine vorangegangene Wechselkursentwicklung weiterführen, um sie dann zum Teil zurückzunehmen, zu remanenten Effekten führen, während eine von einem lokalen Extremwert ausgehende gleich große temporäre Schwankung möglicherweise keine remanente Wirkung aufweist. Weiterhin wird durch die Vorgeschichte des Systems die Lage der Stufen bestimmt, die es, um Remanenz zu erreichen, zu verschieben oder zu löschen gilt. Es wurde gezeigt, daß soweit die Schwankung von einem lokalen Extremum ausgeht, nur der Teil der Schwankung zu remanenten Effekten führt, der über den Extremwert der größten Ordnungszahl hinausgeht. Je nachdem wo dieser Extremwert liegt, kann ein und dieselbe Wechselkursschwankung völlig unterschiedliche persistierende Wirkungen zur Folge haben.

Die Bedeutung der nachfolgenden Wechselkursentwicklung für die durch eine temporäre Wechselkursschwankung verursachte Remanenz wird bei der Betrachtung einer aktuellen Wechselkursschwankung implizit mitbeantwortet. Aus Sicht der hier als "vergangene Inputentwicklung" bezeichneten Wechselkursschwankungen, ist die hier analysierte Schwankung "nachfolgend". Die "nachfolgende" Wechselkursentwicklung führte hier (in einigen, aber nicht allen Fällen) dazu, daß die durch die vergangene Wechselkursentwicklung bewirkten Stufen in der Trennlinie zwischen den beiden Teilflächen verschoben bzw. gelöscht wurden. Das Löschen der Stufen bedeutet aber gleichzeitig auch das Löschen der remanenten Effekte der entsprechenden Extremwerte und damit die Löschung dieser Extremwerte selbst aus der Erinnerung des Systems. Die Dauer und auch das Ausmaß der Persistenz ist also durch die nachfolgende Inputentwicklung bestimmt.

Vor dem eben dargestellten Hintergrund läßt sich folglich bezüglich der absoluten Größe der aktuellen Wechselkursschwankung keine eindeutige Zuordnung in Fälle mit oder ohne Remanenz machen. Trotzdem können aber einige qualitative Aussagen über die Wahrscheinlichkeit der Auftretens remanenter Effekte bzw. der Persistenz dieser Effekte getätigt werden. Je größer eine nur temporäre Wechselkursschwankung ist, desto größer ist die Wahrscheinlichkeit, daß im Laufe der Wechselkursschwankung Extremwerte aus der vergangenen Wechselkursentwicklung übertroffen werden, wodurch sich die Treppenlinie in ihrer Gestalt dauerhaft ändert, und folglich Remanenz auftritt. Gleichzeitig ist es bei großen aktuellen Wechselkursschwankungen unwahrscheinlich, daß die so in der Erinnerung des Systems zurückbleibenden Extremwerte durch nachfolgende Schwankungen übertroffen und damit gelöscht werden. Je größer die Wechselkursschwankung ist, desto persistierender wird daher die Wirkung sein.

Das Auftreten der Remanenz, wie sie in diesem Kapitel beschrieben wurde, bedeutet einen Strukturbruch in den Beziehungen zwischen aktueller Ausprägung der Inputvariable und den abhängigen Variablen (hier die Ex- und Importe). Ein Strukturbruch ergibt sich auch im Fall der "schwachen" Hysteresis infolge des Sprungs auf den anderen Ast der "Multibranch"-Nichtlinearität bei Überschreiten bestimmter Schwellenwerte. Da auch in diesem "stark"-hysteretischen Modell in einigen Spezialfällen erst das Überschreiten bestimmter Schwellenwerte (hier die Extremwerte aus der vergangenen Inputentwicklung) zu remanenten Effekten, d.h. Strukturbrüchen, führt, dürfte eine Unterscheidung dieser beiden Hysteresis-Arten vor dem Hintergrund empirischer Beobachtungen der Input- und der Outputvariablen nicht ohne weiteres möglich sein. Zusammenfassend läßt sich als Unterschied zwischen den beiden Hysteresis-Arten kurz festhalten: In "schwach"-hysteretischen Modellen kommt es *nur* bei "großen", die Schwellenwerte überschreitenden Wechselkursschocks zu Hysteresis (oder Remanenz) und sonst nicht. Damit liegt ein nur dichotomes Verhalten vor. Dagegen ist das Verhalten des hier vorgestellten "stark"-hysteretischen Modells bzw. Systems viel differenzierter: Je nach vergangener Inputentwicklung bedeutet eine Zunahme der Größe des Wechselkursschocks nur eine Erhöhung der Wahrscheinlichkeit eines Strukturbruches und eine Erhöhung der zu erwartenden Dauer der persistierenden Wirkungen. Folglich wäre das Zugrundelegen eines nur "schwach"-hysteretischen Modells zur Beschreibung einer "stark"-hysteretischen Realität nur eine Approximation im Verhalten des Systems, die allerdings immer noch günstiger ist als die Vernachlässigung der Möglichkeit des Auftretens von Strukturbrüchen infolge von Schocks in der Entwicklung verursachender Größen.

4.8 Simulation des stark-hysteretischen Außenhandelsmodells

Bisher wurde das Modell zur starken Hysteresis im Außenhandel in seinen Eigenschaften nur formal abstrakt oder anhand von Skizzen grafisch in seinen Eigenschaften untersucht. Um eine bessere Vorstellung über den genauen Verlauf der hergeleiteten Funktionen zu bekommen, sollen für einige Datenkombinationen die Hysteresis-Schleifen, die sich für das hier hergeleitete Modell ergeben, beispielhaft vorgestellt werden. Zur Darstellung der hysteretischen Handelsbilanz dienen hier insbesondere die "Äste" der äußeren Hysteresis-Schleife sowie die Neukurven, die sich jeweils für die Mengen- und für die Wertbetrachtung ergeben. Für ein Ausgangsbeispiel sind diese Kurvenverläufe in der Abb. 4.18 beispielhaft ermittelt bzw. simuliert worden. Die in der Abb. 4.18 dargestellte Situation ist durch folgende Daten gekennzeichnet: Der maximal mögliche Wechselkurs, zu dem alle inländischen Exporteure im Auslandsmarkt aktiv sind, ist mit $\overline{w} = 2{,}5$ gegeben. Die Zahl der potentiellen (aktiven und inaktiven) inländischen Exporteure beträgt $n = 150$, während sich im Beispiel die Zahl der potentiellen ausländischen Exporteure mit $n^* = 120$ beziffert. Der Unterschied in der Zahl der potentiellen Exporteure des Inlandes und des Auslandes ist im Beispiel relativ gering. Dies kann folgende Gründe haben: Die in der Simulation hypothetisch zugrundegelegten Länder könnten z.B. etwa gleich groß sein. Andererseits kann die Zahl der potentiellen Exporteure auch für zwei unterschiedlich große Länder in etwa übereinstimmen. Die Zahl der Exporteure des kleinen Landes wird durch die Größe des Landes begrenzt sein. Hier ist es aber so, daß alle Exporteure des kleinen Landes an einem Export in das größere Land mit seinem großen Absatzmarkt interessiert sind (folglich wird die Exportquote eines kleinen Landes typischerweise relativ groß sein). Auf der anderen Seite wird im größeren Land die Zahl der Produzenten zwar hoch sein, gleichzeitig aber das Interesse an einem Export in das kleinere Land geringer ausgeprägt sein, da für die Produzenten der große eigene Inlandsmarkt Vorrang hat (die Exportquote des großen Landes ist damit eher klein). Daher kann trotz des Unterschieds in der Größe der beiden betrachteten Ländern in vielen Fällen von einer etwa gleich großen Zahl von Exporteuren, die prinzipiell am jeweiligen Auslandsmarkt interessiert sind, d.h. von einer etwa gleich großen Zahl potentieller Exporteure, ausgegangen werden, ohne die simulierte Situation unrealistisch zu gestalten.

Abb. 4.18: Hysteresis-Schleifen-Simulation des LAB, LDB und der Neukurven für: $\overline{w}$ = 2,5 ; n = 150 ; n* = 120

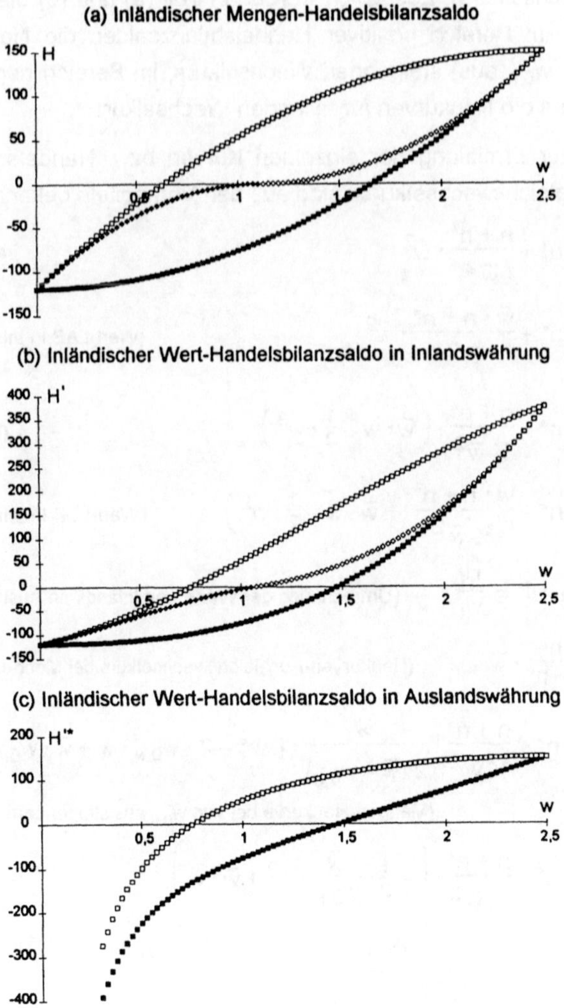

In Abb. 4.18 wurden im Teil (a) auf der Ordinate der inländische Handelsbilanzsaldo bei Mengenbetrachtung (d.h. bei impliziter Bewertung zum Kaufkraftparitätenkurs von w=1) abgetragen, auf der Abzisse (wie auch in den anderen Teilen der Abbildung) der aktuelle Wechselkurs w. Der Teil (b) stellt den inländischen Handelsbilanzsaldo bei einer Betrachtung der Werte in Inlandswährung dar, während in Teil (c) die Simulationsergebnisse für die inländische Handelsbilanz bei einer Bewertung in Auslandswährung veranschaulicht worden sind. In allen drei Teilgrafiken wurde jeweils die äußere Hysteresis-

Schleife abgetragen, der obere Teil dieser Schleifen ist wieder der LDB (bei von $\bar{w}$ aus fallendem Wechselkurs), der untere "Ast" ist der LAB (von w=0 aus steigender Wechselkurs). Zusätzlich wurden in Teil (a) und (b) die Neukurven eingezeichnet; im Bereich positiver Handelsbilanzsalden die Neukurven für (von $w_{0,N}$ bzw. $w'_{0,N}$ aus) steigenden Wechselkurs, im Bereich negativer Handelsbilanzsalden die Neukurven für fallenden Wechselkurs.

Die Formeln zur Ermittlung der einzelnen Kurven bzw. Handelsbilanzsalden sowie der Ausgleichswechselkurse sind aus den Vorkapiteln bekannt als:

(4.45) $H_L\nearrow = -n^* + \frac{n+n^*}{\bar{w}^2} \cdot w^2$ (Mengen-LAB)

$H'_L\nearrow = -n^* + \frac{w \cdot n+n^*}{\bar{w}^2} \cdot w^2$ (Wert-LAB in Inlandswährung)

(4.46) $H_L\searrow = -n^* + \frac{n+n^*}{\frac{1}{2}\bar{w}^2} \cdot \left(\bar{w} \cdot w - \frac{1}{2} \cdot w^2\right)$ (Mengen-LDB)

$H'_L\searrow = -n^* + \frac{w \cdot n+n^*}{\frac{1}{2}\bar{w}^2} \cdot \left(\bar{w} \cdot w - \frac{1}{2} \cdot w^2\right)$ (Wert-LDB in Inlandswährung)

Gemäß (4.8) folgt: $H_t'^* = \frac{H'_t}{w_t}$ (Umrechnung der Werte von Inlands- in Auslandswährung)

(4.11) $w_{0,N} = \frac{n^*}{n+n^*} \cdot \bar{w}$ (Neukurven-Ausgleichswechselkurs bei Mengenbetrachtung)

(4.17) $H_N\nearrow = -n^* + \frac{n+n^*}{\frac{1}{2}\bar{w}^2} \cdot \frac{\bar{w}}{2 \cdot (\bar{w} - w_{0,N})} \cdot [\, w^2 - 2 \cdot w_{0,N} \cdot w + \bar{w} \cdot w_{0,N} \,]$

(Mengen-Neukurve bei von $w_{0,N}$ aus steigendem Wechselkurs)

(4.20) $H_N\searrow = -n^* + \frac{n+n^*}{\frac{1}{2}\bar{w}^2} \cdot \left(-\frac{1}{2} \cdot \frac{\bar{w}}{w_{0,N}} \cdot w^2 + \bar{w} \cdot w\right)$

(Mengen-Neukurve bei von $w_{0,N}$ aus fallendem Wechselkurs)

(4.24) $w'_{0,N} = -\frac{n^*}{2n} + \sqrt{\left(\frac{n^*}{2n}\right)^2 + \frac{n^*}{n} \cdot \bar{w}}$

(Neukurven-Ausgleichswechselkurs bei Wertbetrachtung)

(4.28) $H'_N\nearrow = -n^* + \frac{w \cdot n+n^*}{\frac{1}{2}\bar{w}^2} \cdot \frac{\bar{w}}{2 \cdot (\bar{w} - w'_{0,N})} \cdot [\, w^2 - 2 \cdot w'_{0,N} \cdot w + \bar{w} \cdot w'_{0,N} \,]$

(Wert-Neukurve bei von $w'_{0,N}$ aus steigendem Wechselkurs)

$H'_N\searrow = -n^* + \frac{w \cdot n+n^*}{\frac{1}{2}\bar{w}^2} \cdot \left(-\frac{1}{2} \cdot \frac{\bar{w}}{w'_{0,N}} \cdot w^2 + \bar{w} \cdot w\right)$

(Wert-Neukurve bei von $w'_{0,N}$ aus fallendem Wechselkurs)

Ausgehend von dem in Abb. 4.18 grafisch ausführlich dargestellten Ausgangsfall, sollen nun Änderungen an der Datensituation vorgenommen und die daraufhin folgenden Unterschiede in der Lage der Hysteresis-Schleife beschrieben werden. Eine Übersicht der simulierten Fälle gibt Tab. 4.1. Angegeben werden die jeweiligen Daten der analysierten Fälle, der minimale bzw. der niedrigstmögliche Handelsbilanzsaldo, der sich für den LAB, den LDB und die Neukurve beim Wechselkurs von w=0 ergibt. Dieser minimale Handelsbilanzsaldo ergibt sich bei einer Betrachtung der Mengen und bei Bewertung in Inlandswährung jeweils als maximale Importmenge M(w=0), daher ist hier keine Unterscheidung zwischen Mengenbetrachtung und der Betrachtung bei Bewertung in Inlandswährung erforderlich. Weiterhin wird der maximale Handelsbilanzsaldo angegeben, der sich für ein Wechselkursniveau von $\bar{w}$ ergibt. Hier ist zwischen der Angabe von Mengen $[H(\bar{w})=X(\bar{w})]$ und Werten $[H'(\bar{w})=\bar{w}\cdot X(\bar{w})]$ zu unterscheiden. Der Ausgangsfall ist hier als Fall (A) eingetragen.

Tab. 4.1: Übersicht über die Simulationsergebnisse

Fall	$\bar{w}$	n	n*	H(w=0)	$H(\bar{w})$	$H'(\bar{w})$	$w_{0,N}$	$w'_{0,N}$
(A)	2,5	150	120	–120	150	375	1,111	1,07
(B)	2	150	120	–120	150	300	0,889	0,927
(C)	2	120	120	–120	120	240	1	1
(D)	2	120	150	–150	120	240	1,111	1,075

Eine Verringerung des Maximalwechselkurses von $\bar{w}$=2,5 (Fall (A)) auf $\bar{w}$=2 (Fall (B)) bewirkt eine Verringerung der Wechselkurse ($w_{0,N}$ bzw. $w'_{0,N}$), die im Rahmen der Neukurvenanalyse als Ausgangs- und Ausgleichswechselkurse zugrundegelegt werden. Auch der maximal mögliche Handelsbilanzsaldo bei Bewertung in Inlandswährung sinkt. Wird daraufhin in Fall (C) eine geringere Zahl potentieller inländischer Exporteure als in Fall (B) angenommen, so sinkt der maximal mögliche Handelsbilanzsaldo weiter, die Ausgleichswechselkurse der Neukurvenanalyse steigen aber ggü. Fall (B). Bei einer dann simulierten Erhöhung der Zahl der potentiellen ausländischen Exporteure in Fall (D) steigt die Höhe der Ausgleichswechselkurse ggü. Fall (C) weiter; außerdem liegt der niedrigstmögliche Saldo der Handelsbilanz noch weiter im negativen Bereich. Um die Auswirkungen der Änderungen auf die Form und die Lage der Hysteresis-Schleife zu demonstrieren, wurden auch für den Fall (D) die entsprechenden Kurven in der Abb. 4.19 dargestellt.

Abb. 4.19: Hysteresis-Schleifen-Simulation für $\bar{w} = 2$, $n = 120$, $n^* = 150$

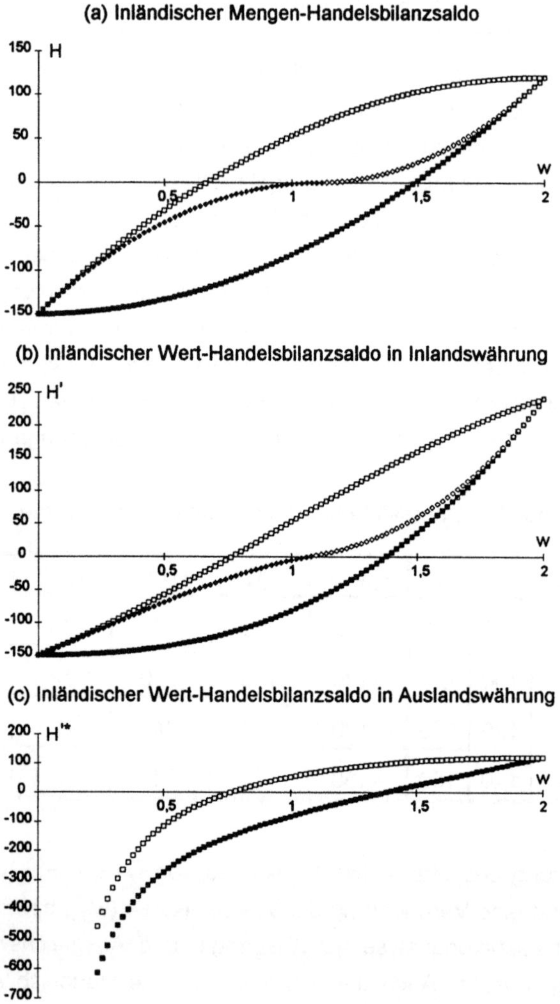

Ein Vergleich der in den beiden Abbildungen dargestellten Situationen läßt die Ähnlichkeit der Schleifen erkennen, die sich für die unterschiedlichen Fälle ergeben. Der Unterschied besteht weniger in der Form der Schleifen, sondern vielmehr in der Lage der Kurven in dem mit der Wechselkurs-Abszisse und der Handelbilanzsaldo-Ordinate gegebenen Koordinatensystem. Im übrigen macht der Vergleich der grafischen Darstellung der Kurven, die sich für die Mengen- und für die Wertbetrachtung ergeben, deutlich, daß die Analyse der Mengen (zumindest im relevanten "mittleren" Wechselkursbereich) ein gute Approximation des hysteretischen Verhaltens auch der Wertgrößen liefert.

5. Linearisierung der Hysteresis-Schleife

5.1 Anforderungen an eine linearisierte Form der Hysteresis-Schleife

Die funktionale Form der Hysteresis-Schleife für die Leistungsbilanz und auch für die Exporte und Importe als quadratische Funktion (für die Mengen) oder sogar als kubische Funktion des aktuellen Wechselkurses (für die Werte) hat schon im Rahmen der Analyse der Eigenschaften des hier vorgestellten stark-hysteretischen Modells dazu geführt, daß die Herleitung der Aussagen über das Verhalten des Modells mathematisch recht anspruchsvoll wurde. Diese Herleitung war nötig, da mit einem gegebenen mathematischen Instrumentarium gearbeitet wurde, welches zur Beschreibung hysteretischer Systeme vor dem Hintergrund der ferromagnetischen Hysteresis entwickelt wurde. Dieses Verfahren führt nun aber über die Bestimmung von Flächen zu quadratischen Funktionen. Da die Eigenschaften der Beziehungen zwischen (aktuellem und vergangenem) Wechselkurs und Außenhandel, die sich über die Anwendung dieses mathematischen Verfahrens ergeben, nun aber hinreichend untersucht worden sind, soll hier versucht werden, die bisher festgestellten Eigenschaften möglichst weitgehend über eine einfache funktionale Form zu approximieren. Diese Eigenschaften sind vor allem:

— Die Beziehung zwischen dem aktuellen Wechselkurs und den Außenhandelsgrößen ist *vergangenheitsabhängig*. Die Vergangenheitsabhängigkeit wird über die Berücksichtigung der *Extremwerte in der vergangenen Wechselkursentwicklung* erfaßt.

— Eine Wechselkursänderung unbestimmter Größe, die später wieder völlig zurückgenommen wird, kann zu einer Änderung der funktionalen Beziehung zwischen aktuellem Wechselkurs und den Außenhandelsgrößen führen. Eine (kleine) *nur temporäre Wechselkursschwankung* kann daher einen *remanenten Effekt* hinterlassen:

  - Eine nur temporäre Abwertung der Inlandswährung kann zu einer permanenten Erhöhung der Exporte bzw. Verminderung der Importe führen. Eine Verbesserung der inländischen Leistungsbilanz ist damit die Folge.
  - Eine nur temporäre Aufwertung sollte demnach zu einer dauerhaften Verschlechterung der inländischen Handelsbilanz führen können.

— Für steigende und fallende Wechselkurse gelten unterschiedliche Funktionen. Wird ein Extremwert in der Wechselkursentwicklung erreicht (d.h. ändert sich die Entwicklungsrichtung), so hat dies einen Strukturbruch in der Beziehung zur Folge.

Die so beschriebenen Eigenschaften, insbesondere die Vergangenheitsabhängigkeit über die vergangenen Extremwerte bzw. die hieraus folgende Remanenz, bilden den eigentlichen Kern des im Vorkapitel genau analysierten Verhaltens des stark-hysteretischen Außenhandelsmodells. Das Ziel muß es daher sein, genau diese Eigenschaften in ein möglichst einfaches Modell zu implementieren. In diesem Kapitel soll nun eine aus linearen Teilstücken zusammengesetzte Funktion entwickelt werden, die die entscheidenden stark-hysteretischen Charakteristika aufweist. Diese "linear-hysteretische" Beziehung soll daher durch folgende Eigenschaften charakterisiert sein:

- Es soll eine situationsabhängig unterschiedliche Steigung der linearen Teilfunktionen zugrundegelegt werden. Zur Vereinfachung soll nur von zwei unterschiedlichen Steigungen ausgegangen werden.
- Sobald ein lokaler Extremwert in der Wechselkursentwicklung erreicht wird, soll die Steigung wechseln.
- Die (Teil-) Funktion(en) soll(en) über die vergangenen Extremwerte in ihrer Lage verschoben werden.
- Die einzelnen Teilstücke der Funktion sollen miteinander verbunden sein. So soll, sofern z.B. ein Maximum in der Entwicklung auftritt, die Funktion für den bis zu diesem Extremwert steigenden Wechselkurs mit der Funktion des von diesem Maximum aus fallenden Wechselkurses im Maximum selbst miteinander verbunden sein. Der Punkt für das Maximum soll somit einen "Join Point" oder auch "Knot" der beiden Teil-Funktionen bilden. Dementsprechend soll die über die gesamte Wechselkursentwicklung betrachtete (Gesamt-) Funktion keine Unstetigkeiten aufweisen.[1]
- Um die Krümmung der quadratischen Original-Hysteresis-Schleife zu approximieren, wird von einem Wechsel der Steigung für einen bestimmten "mittleren" Wechselkurs w_m ausgegangen. Dieser Wechselkurs könnte dem Ausgangswechselkurs der Neukurvenbetrachtung entsprechen oder auch der Kaufkraftparitätenkurs (w=1) sein, oder aber der Wechselkurs, für den sich die (wie auch immer definierte) "beste" Approximation des quadratischen Verhaltens der Original-Hysteresis-Schleife ergibt. Hier soll zunächst einfach davon ausgegangen werden, daß der "mittlere" Wechselkurs bekannt sei.

---

1 Das Vokabular, z.B. "Join Point" oder "Knot", wurde in Anlehnung an "Switching Regression"-Ansätze und auch an lineare "Spline"-Ansätze verwendet, wo ähnliche Eigenschaften im Rahmen von Modellschätzungen über (lineare) Regressionsansätze erfaßt werden sollen. Zur "Switching Regression" vgl. z.B. Judge/Griffiths/Hill/Lütkepohl/Lee (1985), S. 800 ff., sowie Hujer/Hansen/Klein (1989); für eine Einführung zu den linearen "Splines" vgl. z.B. Johnston (1984), S. 392 ff.

— Ähnlich wie im Fall der Neukurve soll sich für eine von w_m ausgehende Wechselkursänderung eine stärkere Reaktion der Außenhandelsgrößen ergeben als für die daraufhin folgende Rücknahme dieser Änderung. Folglich sollen für eine vom "mittleren" Wechselkurs wegführende Wechselkursentwicklung Teilfunktionen mit der steileren Steigung gelten, während für die Wechselkursentwicklungen, die zu einer Annäherung an w_m führen, die flache Steigung zugrundegelegt werden soll. Folglich ergibt sich bei einer Wechselkursentwicklung, die zum Überschreiten des "mittleren" Wechselkurses führt, ein Wechsel der Steigung. Daher soll die für die Extremwerte getroffene Stetigkeitsannahme auch hier gelten. Damit ergibt sich auch für w_m ein "Join Point" zwischen zwei Teilstücken der linearisierten Hysteresis-Schleife.[2]

Die Eigenschaft der Remanenz wird im linearisierten Modell insbesondere durch den Steigungsunterschied zwischen den linearen Teilstücken bedingt. Wird die flachere Steigung mit a als Steigungsparameter angegeben, soll die steilere Steigung daher als (a+r) folgen. Der Unterschied in der Steigung wird über den Parameter r ausgedrückt. Der Parameter drückt die Stärke des remanenten Verhaltens des linearisierten Modells aus; r wird hier daher als "Remanenzparameter" bezeichnet. Über eine Variation der Größe von r können im linearen Modell unterschiedliche Hysteresis-"Ausprägungen" erfaßt werden, während sich für das Originalmodell durch die spezielle Annahme über die Verteilung der die Exportmengen charakterisierenden Punkte im (α/β)-Koordinatensystem nur eine ganz bestimmte "Ausprägung" der Hysteresis oder besser Stärke der Remanenz ergab.[3] Hier ist diese zur einfachen Herleitung der qualitativen Eigenschaften eines stark-hysteretischen Systems notwendige Einschränkung daher unnötig. Insofern handelt es sich bei der linearen Approximation sogar um eine Verallgemeinerung des Ursprungsmodells.

Es soll zunächst bei der reinen Ermittlung der mathematischen Funktionsform nicht mehr explizit unterschieden werden, ob die lineare Beziehung nun die (quadratischen) Mengen- oder die (kubischen) Wert-Reaktionen approximiert.

---

2 Für ein einfaches Beispiel des Aufbaus einer Funktion aus verknüpften linearen Teilstücken, die für steigende und fallende Werte der Inputvariablen unterschiedliche Steigungen aufweist, vgl. Houck (1977). Dort dient allerdings implizit der Anfangswert als Bezugsgröße, und es wird nur zwischen steigender und fallender Entwicklung der Inputgröße unterschieden (und nicht wie hier eine zweite Unterscheidung nach der relativen Lage der aktuellen Inputwerte zu einem bestimmten Inputwert getroffen).

3 "Ausprägung" wird hier als "Breite" der Hysteresis-Schleife verstanden. Je weiter die Entry- und Exit-Wechselkurse für die einzelnen Exporteure auseinanderliegen, desto "breiter" ist die sich über die Aggregation ergebende Schleife. Vgl. hierzu z.B. Abb. 3.2. Dort ist der nicht-hysteretische Fall dargestellt. Die Schleife ist dort zu einer Linie degeneriert.

Aufgrund der Ähnlichkeit der original-hysteretischen Funktionsverläufe für die Mengen- und die Wertbetrachtung (vgl. Abschnitt 4.8) kann die linearisierte Hysteresis-Schleife als Approximation für beide Fälle zugrundegelegt werden.

5.2 Ermittlung der linearisierten Hysteresis-Schleife

Die bisher getroffenen Annahmen sind hinreichend, um die stark-hysteretische Leistungsbilanzfunktion grafisch darzustellen. Aus der graphischen Darstellung der im Vorabschnitt in seinen Eigenschaften verbal beschrieben Beziehung soll später die mathematisch-formale Form der linearisierten Hysteresis-Schleife hergeleitet werden.

Abb. 5.1: Die linearisierte Hysteresis-Schleife

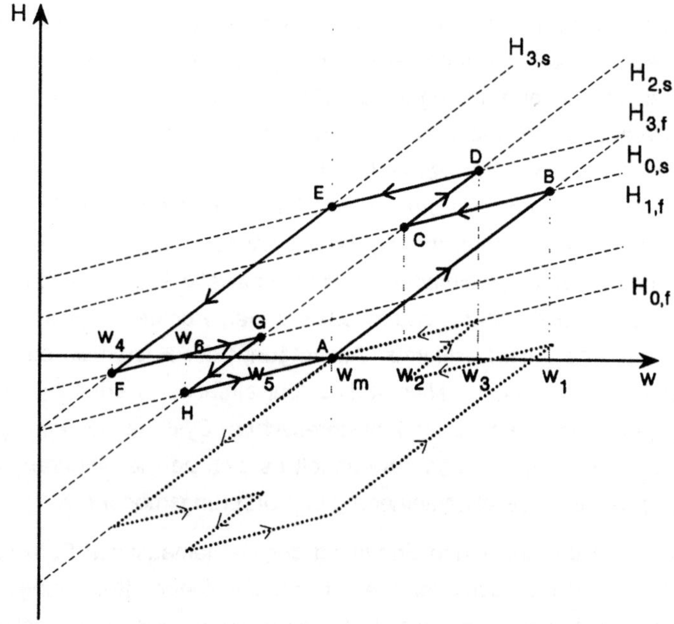

In der Abb. 5.1 sind verschiedene Geraden eingezeichnet. Die Geraden haben unterschiedliche Steigungen. Die "flachen" Geraden haben eine Steigung von a, die "steilen" von (a+r). Der Steigungsunterschied ist mit dem Remanenzparameter r gegeben. Wird in der Ausgangssituation ein Leistungsbilanzausgleich für den "mittleren" Wechselkurs w_m angenommen, so verläuft eine flache ($H_{0,f}$) und eine steile Gerade ($H_{0,s}$) durch den so gegebenen Punkt A. Da für eine Bewegung, die von von w_m wegführt, die steilere Beziehung gelten soll, erfolgt die Leistungsbilanzentwicklung bei einer Wechselkurssteigerung von w_m nach w_1 entlang der steilen Geraden $H_{0,s}$. Fällt der Wechselkurs nun von w_1 auf w_2, d.h. der Wechselkurs nähert sich w_m wieder, so muß nun eine flache Gerade gelten, die aber mit der steilen Geraden $H_{0,s}$ für w_1 einen "Knot" B hat. Diese Gerade ist mit $H_{1,f}$ eingezeichnet. Der Wechselkurs steigt dann bis w_3. Die dann geltende Beziehung zwischen Wechselkurs und Leistungsbilanzsaldo ist mit der steilen Geraden $H_{2,s}$ gegeben, die mit der vorher gültigen $H_{1,f}$ durch den für w_2 geltenden Verknüpfungspunkt C verbunden ist. Ausgehend von w_3 (bzw. vom "Join Point" D), fällt der Wechselkurs sehr stark bis w_4. Damit gilt zuerst in der Phase der Annäherung an w_m die flache Gerade $H_{3,f}$. Der Wechselkurs sinkt hier allerdings über die mit dem "mittleren" Wechselkurs gegebene Schwelle hinaus. Für den Bereich mit Wechselkursen kleiner als w_m muß daher für den sinkenden Wechselkurs eine steile Gerade gelten, die für w_m selbst einen Verbindungspunkt mit der flachen Geraden $H_{3,f}$ aufweist. Diese Gerade ist mit $H_{3,s}$ eingezeichnet; der Verbindungspunkt ist E. Steigt der Wechselkurs nun ausgehend von w_4 (bzw. F) bis w_5, so nähert sich der Wechselkurs wieder w_m. Demnach liegt der hier geltenden Wechselkursbeziehung wieder eine flache Gerade, d.h. eine geringe Reagibilität der Leistungsbilanz auf die Wechselkursänderung, zugrunde. Die weitere Wechselkursentwicklung ist mit dem lokalen Maximum w_5 und dem darauffolgenden lokalen Minimum w_6 gegeben. Steigt der Wechselkurs nun wieder, so schließt sich im dargestellten Beispiel die linearisierte Hysteresis-Schleife. Es folgt die aus linearen Teilstücken aufgebaute "Schleife" ABCDEFGHA für die Wechselkursentwicklung $w_m \nearrow w_1 \searrow w_2 \nearrow w_3 \searrow w_4 \nearrow w_5 \searrow w_6 \nearrow w_m$ (soweit die lokalen Extremwerte und die Entwicklungsrichtung über die Ausrichtung der Pfeile angegeben werden). Im Beispiel schließt sich die Schleife für w_m wieder, was in der "Spiegelbildlichkeit" der Entwicklung über- und unterhalb von w_m begründet ist. Natürlich kann man sich auch eine nicht geschlossene Schleife vorstellen, so z.B. für den Fall, daß der Wechselkurs schon von w_4 aus wieder auf w_m steigt. In diesem Fall ergäbe sich für w_m ein positiver Leistungsbilanzsaldo, infolge der dann aus der vergangenen Wechselkursentwicklung (hier: $w_m \nearrow w_1 \searrow w_2 \nearrow w_3 \searrow w_4 \nearrow w_m$) resultierenden positiven Remanenz. Um die Analogie zur nicht-linearen Hysteresis-*Schleife* besser aufzuzeigen, wurde hier aber der Spezialfall einer geschlossenen Schleife dargestellt, für die sich im Anschluß an die schwankende Wechselkursentwicklung wieder die Ausgangssituation ergibt.

Erläutert wurde hier ein Beispiel mit zunächst steigendem Wechselkurs, für den sich im Verlauf der Wechselkursentwicklung eine Beziehung ergab, die zum großen Teil (d.h. bis zur "Rückkehr" zum Ausgangspunkt durch die nachfolgend stark gesunkenen Wechselkurse) "oberhalb" der zuerst geltenden Beziehung ($H_{0,s}$) lag. Damit ergab sich für einen bestimmten Wechselkurs (z.B. für

w_2 in Punkt C) ein höherer Leistungsbilanzsaldo als für die ursprüngliche Beziehung. Anders ausgedrückt: Es tritt eine positive Remanenz durch die zuerst positive Wechselkursentwicklung auf. Im Punkt E folgt daher für w_m ein positiver Leistungsbilanzsaldo, während in der Ausgangssituation eine ausgeglichene Leistungsbilanz angenommen wurde. Diese positive Remanenz wird nachfolgend durch den dann stark sinkenden Wechselkurs und die so folgende negative Remanenz abgebaut bzw. kompensiert.

Natürlich ist es auch möglich, die Schleife für eine zunächst fallende Entwicklung des Wechselkurses einzuzeichnen. In Abb. 5.1 ist dieses mit der im unteren Bereich gestrichelt eingezeichneten Schleife dargestellt worden, die sich für die Wechselkursentwicklung $w_m \searrow w_4 \nearrow w_5 \searrow w_6 \nearrow w_1 \searrow w_2 \nearrow w_3 \searrow w_m$ ergibt. Auch hier liegt eine Art "Spiegelbildlichkeit" der Entwicklung ober- und unterhalb von w_m vor; die Schleife ist daher auch für dieses Beispiel wieder geschlossen.

Auf einen Unterschied in der Erfassung der vergangenen lokalen Extremwerte sei hingewiesen: Während im hysteretischen Originalmodell später auftretende Extremwerte zu einer Löschung früherer Extremwerte aus der "Erinnerung" des Systems führen können, werden hier alle vergangenen Extremwerte erfaßt. Eine Löschung ergibt sich hier nur dadurch, daß durch die nachgelagerte Wechselkursentwicklung die remanenten Effekte der vorangegangenen Entwicklung kompensiert werden können und so eine "Löschung" des *Einflusses* der vorangegangenen Wechselkursentwicklung erreicht wird. Dies wäre im oben aufgeführten Beispiel der Fall.

Aus der bisher rein verbal-grafischen Darstellung soll nun eine mathematisch-formale Erfassung der über die linearen Teilstücke gegebenen vergangenheitsabhängigen Beziehung zwischen Leistungsbilanz und jeweils aktuellem Wechselkurs hergeleitet werden. Der Steigungsunterschied wurde schon formal über den Remanenzparameter r ausgedrückt. Aus der Grafik ist ersichtlich, daß mit größerem Steigungsunterschied r die Schleife "breiter" wird, bzw. die Remanenz der Wechselkursschwankungen stärker ausfällt. Von Interesse ist neben der jeweils für einen Teilbereich der Wechselkursentwicklung geltenden Steigung auch der für die dort jeweils geltende Gerade zugrundezulegende Ordinatenabschnitt. Die Betrachtung der Abb. 5.1 macht deutlich, daß die einzelnen Teilstücke sich über eine vertikale Verschiebung aus den in der Ausgangssituation geltenden Geraden $H_{0,s}$ und $H_{0,f}$ ergeben. Damit ist hier insbesondere die durch die Änderung des Ordinatenabschnittes ausgedrückte vertikale Verschiebung der linearen Teilstücke als Folge der vorangegangenen Wechselkursentwicklung zu bestimmen.

Ermittlung der jeweils gültigen Steigung

Der Steigungsunterschied kann formal über eine Binärvariable, eine sog. Dummy-Variable, erfaßt werden. Die Definition dieses Steigungs-Dummys soll hier näher erläutert werden.

Die Gerade soll für eine von w_m wegführende Wechselkursentwicklung die Steigung (a+r) aufweisen, für eine zu w_m hingerichtete Wechselkursentwicklung allerdings nur die Steigung a. Folglich ergibt sich für einen im Bereich $w>w_m$ steigenden Wechselkurs und für einen im Bereich $w<w_m$ fallenden Wechselkurs eine steile Steigung; andernfalls gilt die flache Steigung. Die Extremwerte in der vergangenen Wechselkursentwicklung sollen im weiteren, unabhängig davon, ob es sich um lokale Minima oder Maxima handelt, mit einem mit der *zeitlichen Abfolge* steigenden Index i versehen werden.[4] Bei der Indexierung soll aber nicht nur die Folge der Extremwerte berücksichtigt werden, vielmehr soll hier auch der "mittlere" Wechselkurs w_m, soweit dieser bei der Wechselkursentwicklung überschritten wird, auf die gleiche Art wie ein lokaler Extremwert erfaßt werden. Die Indizierung gibt somit Aufschluß über die Zahl der Wechsel bzw. Übergänge ("Switches") zwischen den beiden Steigungsvarianten. Die oben aufgeführte Wechselkursentwicklung $w_m \nearrow w_1 \searrow w_2 \nearrow w_3 \searrow w_4 \nearrow w_5 \searrow w_6 \nearrow w_m$, oder besser $w_m \nearrow w_1 \searrow w_2 \nearrow w_3 \searrow w_m \searrow w_4 \nearrow w_5 \searrow w_6 \nearrow w_m$, würde demnach zu einer Reihe von indexierten "Switching"-Wechselkursen $w_m=w_{i=0}$, $w_1=w_{i=1}$, $w_2=w_{i=2}$, $w_3=w_{i=3}$, $w_m=w_{i=4}$, $w_4=w_{i=5}$, $w_5=w_{i=6}$, $w_6=w_{i=7}$ und $w_m=w_{i=8}$ führen. Bei steigendem Wechselkurs ist der aktuelle Wechselkurs w größer als der letzte "Switch"-Wechselkurs (hier entweder ein lokales Minimum oder w_m), bei fallendem Wechselkurs ist w kleiner als der letzte Switch-Wechselkurs. Die steile Steigung gilt für einen Wechselkurs w, der zeitlich dem zuletzt aufgetretenen Switch-Wechselkurs w_i folgt, soweit gleichzeitig gilt:

(5.2) $w > w_m$ und $w > w_i$ bzw. $w < w_m$ und $w < w_i$ d.h. soweit

$$(w - w_m) \cdot (w - w_i) > 0$$

---

4 Diese Indizierung stimmt nicht mit der Indizierung der Extremwerte im Original-Modell überein: Dort wurde die Indizierung getrennt für die (ungelöschten) lokalen Maxima und Minima durchgeführt. Hier wird auf diese Unterscheidung aus Vereinfachungsgründen verzichtet. Der Index im Original-Modell wurde außerdem nicht streng zeitlich, sondern der Größe nach geordnet gesetzt: für die Maxima eine absteigende und die Minima eine aufsteigende Ordnung. Die zeitliche Ordnung erfolgt dort höchstens indirekt dadurch, daß "extrem" liegende Extremwerte, d.h. Extremwerte mit einem niedrigen Ordnungsindex, die zeitlich vorgelagerten weniger "extrem" liegenden Werte aus der Systemerinnerung gelöscht haben. Die Extremwerte mit einem höheren Ordnungsindex müssen dort daher den Werten mit einem niedrigen Ordnungsindex auch zeitlich nachgelagert sein, sonst wären sie gelöscht worden.

Der Steigungs-Dummy sei nun auf folgende Weise definiert:[5]

(5.3) $$D^s = \begin{cases} 0 \text{ für } (w - w_m)\cdot(w - w_i) \leq 0 \\ 1 \text{ für } (w - w_m)\cdot(w - w_i) > 0 \end{cases}$$

$$\Rightarrow \quad D^s = \begin{cases} 0 \text{ für die Steigung a} \\ 1 \text{ für die Steigung (a+r)} \end{cases}$$

Die Steigung für ein zeitlich auf w_i folgendes lineares Teilstück ist daher:

(5.4) $$\frac{dH}{dw} = a + D^s \cdot r \qquad \text{mit: } a, r \geq 0$$

Da von einer positiven Reaktion der Handelsbilanz auf eine Abwertung der Währung des betrachteten Landes (Wechselkurserhöhung) ebenso wie von positiven Remanenzen in der Handelsbilanz bei temporären Abwertungen ausgegangen wird, werden für die entsprechenden Parameter (a, r) positive Werte vorausgesetzt.

Ermittlung der vertikalen Verschiebung

Nachdem die jeweils gültige Steigung ermittelt wurde, müssen für eine mathematisch exakte Erfassung der linearen Teilstücke auch die jeweils gültigen Ordinatenabschnitte angegeben werden. Die Ermittlung der jeweiligen Ordinatenabschnitte soll über eine Fortschreibung der mit den Extremwerten auftretenden Verschiebung der gültigen Geraden erfolgen.

Als Bezugspunkt für die Verschiebung sollen die Geraden dienen, die für den "mittleren" Wechselkurs in der Ausgangssituation gelten, d.h. die durch den Punkt A verlaufenden Geraden $H_{0,f}$ (flach) und $H_{0,s}$ (steil). Wie aus der Abb. 5.1 ersichtlich ist, werden die flachen Geraden verschoben, soweit die Wechselkursentwicklung entlang eines steilen Teilstücks verläuft. Die Bewegung von w_m nach w_1 auf $H_{0,s}$ führt zu einer Verschiebung der flachen Geraden von $H_{0,f}$ auf $H_{1,f}$. Da der Steigungsunterschied r beträgt, ist das Ausmaß der Verschiebung der flachen Geraden $r\cdot(w_1 - w_m)$. Die steilen Geraden werden analog verschoben, wenn zeitweise eine flache Beziehung zugrundegelegt wird. So wird die steile Ausgangsgerade $H_{0,s}$ durch die Bewegung auf dem flachen Stück $H_{1,f}$ (von w_1 nach w_2) nach oben verschoben, und zwar um den Betrag $r\cdot(w_1 - w_2)$. Die Verschiebung für steile steigende und für flache fallende Sequenzen bedeutet damit hier, also im Bereich $w>w_m$, eine Verschiebung des jeweils folgenden anders-steigenden Teilstücks nach oben.

---

5 Eine solche Funktion, die den Wechsel eines "Regimes" anzeigt, wird auch als "Sprungfunktion" bezeichnet. Vgl. Hujer (1986), S. 231 f.

Sinkt, ausgehend von einem lokalen Extremwert im Bereich $w>w_m$, der Wechselkurs weiter als w_m, so erfolgt für w_m ein "Switch" in der Steigung (in der Grafik ist dies für die Entwicklung von w_3 nach w_4 der Fall). Festzuhalten ist, daß für die Phase zwischen dem Ausgehen von w_m bis zu dem nächsten Übergang über die mit w_m gegebene "Grenze", d.h. allgemein für die Phase zwischen zwei "w_m–Grenzübergängen", die Summe der auf die Abszisse abgetragenen Länge der flachen Teilsequenzen der Summe der ebenfalls auf die Abszisse abgetragenen steilen Teilsequenzen entspricht. Im Bereich $w>w_m$ gilt dies für die flachen fallenden Teile verglichen mit den steilen steigenden Teilen; im Bereich $w<w_m$ für die flach-steigenden Teile im Vergleich mit den steil-fallenden Teilstücken. Folglich sind beide Geraden, die in der Entwicklung von w_3 nach w_4 gültig sind (zuerst $H_{3,f}$, dann $H_{3,s}$), um den gleichen Betrag gegenüber der jeweiligen durch den Anfangspunkt A verlaufenden Ausgangsgeraden verschoben worden (bis zum Punkt E). Die Verschiebung erfolgte nach oben, da die Wechselkursentwicklung in der ersten zwischen zwei Übergängen liegenden Phase im Bereich $w>w_m$ lag.

Die Verschiebungen im Wechselkursbereich, der niedriger als w_m liegt, lassen sich völlig analog beschreiben. Hier werden die jeweils nachfolgenden anderssteigenden Teilgeraden allerdings nach unten verschoben, d.h. im Bereich $w<w_m$ folgt auf Wechselkursschwankungen eine negative Remanenz in den Außenhandelsgrößen, während im Bereich oberhalb von w_m positiv-remanente Effekte aufgebaut werden.

Die bisher nur verbal beschriebene Verschiebung der linearen Teilsequenzen soll jetzt noch mathematisch-formal erfaßt werden. Wird zunächst die Verschiebung der flachen Teilsequenzen durch die steilen Teilsequenzen betrachtet, und wird die Verschiebung des dem Switch-Punkt w_i folgenden Teilstücks gegenüber der Ausgangssituation mit V_i bezeichnet, so folgt die Verschiebung für die erste Phase als:

(5.5) $H_{1,f}$ ggü. $H_{0,f}$ um $V_{i=1} = r \cdot (-w_m + w_{i=1})$

$H_{3,f}$ ggü. $H_{1,f}$ um $r \cdot (w_3 - w_2) = r \cdot (w_{i=3} - w_{i=2})$

$\Rightarrow$ $H_{3,f}$ ggü. $H_{0,f}$ um $V_{i=3} = r \cdot (-w_m + w_{i=1} - w_{i=2} + w_{i=3})$

Wird die Verschiebung der steilen Teilgeraden durch die flachen Sequenzen betrachtet, so folgt:

(5.6) $H_{2,s}$ ggü. $H_{0,s}$ um $r \cdot (w_1 - w_2)$ $\Rightarrow$ $V_{i=2} = r \cdot (w_{i=1} - w_{i=2})$

$H_{3,s}$ ggü. $H_{2,s}$ um $r \cdot (w_3 - w_m) = r \cdot (w_{i=3} - w_{i=4})$

$\Rightarrow$ $H_{3,s}$ ggü. $H_{0,s}$ um $V_{i=4} = r \cdot (w_{i=1} - w_{i=2} + w_{i=3} - w_{i=4})$

Wird berücksichtigt, daß $w_m = w_{i=0}$ (Ausgangspunkt) und $w_m = w_{i=4}$ (Übergangspunkt) gilt, sieht man, daß sich nach dem Abschluß der ersten Phase, der durch den Übergang über die w_m-Grenze gekennzeichnet ist, die gleiche Verschiebung für die flache und die steile Teilgerade ($H_{3,f}$ und $H_{3,s}$) ergibt. Dies bestätigt die oben getroffene Aussage. Die Switch-Punkte können allerdings zur Berechnung der Verschiebung auch über ihre Differenz zum "mittleren" Wechselkurs w_m erfaßt werden.

(5.7) $V_{i=1} = r \cdot [(w_{i=1} - w_m)]$

$V_{i=2} = r \cdot (w_{i=1} - w_{i=2})$

$\Rightarrow \quad V_{i=2} = r \cdot [(w_{i=1} - w_m) - (w_{i=2} - w_m)]$

$V_{i=3} = r \cdot (- w_m + w_{i=1} - w_{i=2} + w_{i=3})$

$\Rightarrow \quad V_{i=3} = r \cdot [(w_{i=1} - w_m) - (w_{i=2} - w_m) + (w_{i=3} - w_m)]$

$V_{i=4} = r \cdot (w_{i=1} - w_{i=2} + w_{i=3} - w_{i=4})$

$\Rightarrow \quad V_{i=4} = r \cdot [(w_{i=1} - w_m) - (w_{i=2} - w_m) + (w_{i=3} - w_m) - (w_{i=4} - w_m)]$

Die formale Grundstruktur für die Verschiebung wird in der Aufstellung in Gleichung (5.7) offensichtlich. Unabhängig davon, ob es sich um ein flaches oder steiles Teilstück handelt, gilt im Anschluß an den Switch-Wechselkurs w_i die Verschiebung V_i:[6]

(5.8) $$V_i = r \cdot \left[\sum_{j=1}^{i} (-1)^{j+1} \cdot (w_j - w_m) \right]$$

Im Bereich oberhalb von w_m ist die Verschiebung der Kurven positiv, die Differenzen der Extremwerte zu w_m sind hier ebenfalls positiv. Im Bereich unterhalb von w_m sind die Differenzen der lokalen Extremwerte zu w_m negativ; entsprechend werden dort die Geraden nach unten verschoben. Daher ist leicht einzusehen, daß die oben direkt nur für eine von w_m ausgehende, zunächst steigende Wechselkursentwicklung hergeleitete Verschiebung ebenfalls für eine unterhalb von w_m verlaufende Wechselkursentwicklung gilt. Auf eine explizite, gesonderte Herleitung soll daher verzichtet werden.

Untersucht werden soll aber noch die Frage, ob und wie sich die oben aufgestellte Formel ändert, wenn nicht direkt vom "mittleren" Wechselkurs und von einem Leistungsbilanzausgleich in der Ausgangssituation ausgegangen wird.

---

6 Als Endindex soll wieder p gelten. Da hier der Index auf eine etwas andere Weise als im Originalmodell gesetzt wird, hat p hier daher eine andere Bedeutung; denn p bezeichnet hier nicht die Extremwerte, die am wenigsten "extrem" liegen, sondern den Index des letzten betrachteten Switch-Punktes. Der Index wird hier rein nach der zeitlichen Abfolge gesetzt. Demnach ist p hier der Index für den zuletzt aufgetretenen Strukturbruch. Vgl. auch die Fußnote vor der Gleichung (5.2).

Hierzu stelle man sich einfach vor, die Betrachtung hätte nicht wie bisher im Punkt A für den "mittleren" Wechselkurs als Ausgangswechselkurs begonnen, sondern im Punkt B. Zur Erläuterung dieses Falles soll die Abb. 5.1 etwas abgewandelt werden. In Abb. 5.2 ist auf $H_{0,s}$ für w_m die Leistungsbilanz nicht mehr ausgeglichen. Folglich würde hier, auch soweit von w_m ausgegangen würde, die Leistungsbilanz in der Ausgangssituation nicht ausgeglichen sein.

Abb. 5.2: Ausgangssituation mit unausgeglichener Leistungsbilanz

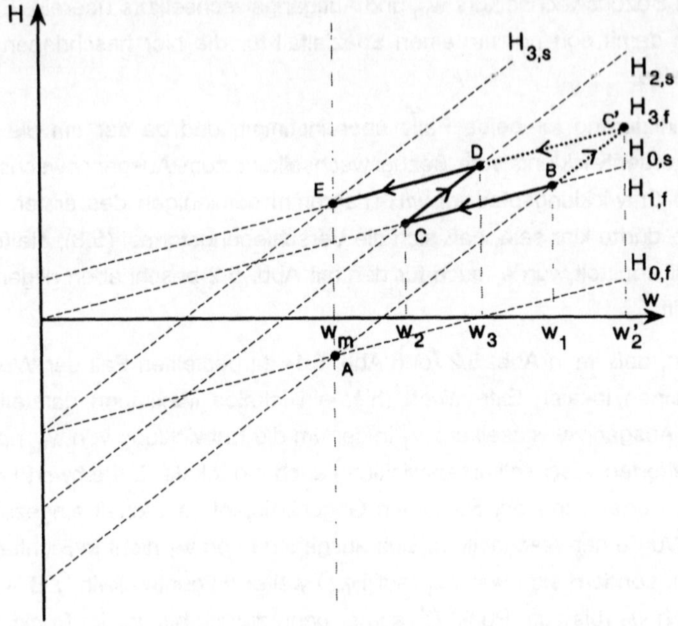

Wird hier mit dem Punkt B die Ausgangssituation beschrieben, so ist w_1 der Ausgangswechselkurs. Für w_1 ergibt sich in Abb. 5.2 ein Leistungsbilanzüberschuß.

Als erstes Problem wäre die Frage nach den hier für die Verschiebung geltenden Bezugsgeraden zu lösen. Für jeden beliebigen Ausgangspunkt B kann man sich eine fiktive vergangene Wechselkursentwicklung vorstellen, die direkt vom "mittleren" Wechselkurs zu dem für den Punkt B gegebenen Ausgangswechselkurs führt. Diese fiktive direkte Wechselkursentwicklung findet damit immer auf einer steilen Geraden statt, da die Bewegung immer von w_m wegführt. In der Abb. 5.2 ist die Gerade, auf der sich diese fiktive Bewegung abspielt, $H_{0,s}$. Es ergibt sich (der hier allerdings fiktive) Bezugspunkt A für den Wechselkurs w_m. Die durch den Punkt A verlaufende flache Gerade ist $H_{0,f}$. Die Bezugsgeraden, auf die bezogen die Verschiebung angegeben wird, sind damit die Geraden, die durch den Punkt A verlaufen, der sich für w_m ergeben hätte, soweit von einer direkten Wechselkursentwicklung von w_m zum Ausgangswechselkurs w_1 ausgegangen wird. Im Beispiel sind dies $H_{0,f}$ und $H_{0,s}$. Wird die Indizierung an dieser Stelle ebenfalls so durchgeführt, daß der Bezugswechselkurs w_m (der hier allerdings nicht den Ausgangswechselkurs darstellt) mit dem Index i=0 versehen wird, und der zuerst auftretende lokale Extremwert mit dem Index i=1 beschrieben wird, so ergibt sich eine zum Anfangsbeispiel völlig gleiche Indizierung. Im Anfangsbeispiel in Abb. 5.1 stimmten allerdings Bezugswechselkurs w_m und Ausgangswechselkurs überein. Es handelte sich damit dort nur um einen Spezialfall für die hier beschriebene Vorgehensweise.

Da die Indizierung für beide Fälle übereinstimmt, und da der um die fiktive Wechselkursentwicklung vom Bezugswechselkurs zum Ausgangswechselkurs erweiterte Entwicklungspfad im w/H-Diagramm demjenigen des ersten Falles entspricht, dürfte klar sein, daß sich die Verschiebungsformel (5.8), die für den Spezialfall ermittelt wurde, auch für den mit Abb. 5.2 beschrieben allgemeineren Fall gilt.

Wichtig ist, daß im in Abb. 5.2 (und Abb. 5.1) dargestellten Fall der Wechselkurs w_1 einen lokalen Extremwert (hier ein lokales Maximum) darstellt. Nur wenn der Ausgangswechselkurs w_1 in der um die Entwicklung von w_m nach w_1 fiktiv erweiterten Wechselkursentwicklung auch ein lokaler Extremwert ist, wird w_1 als $w_{i=1}$ erfaßt. In Abb. 5.2 ist ein Gegenbeispiel gestrichelt eingezeichnet worden: Würde der Wechselkurs sich ausgehend von w_1 nicht in Richtung w_m verändern, sondern sich von w_m (auf $H_{0,s}$) weiter wegentwickeln, z.B. von w_1 weiter nach w_2' (bis zum Punkt C'; später dann zurück bis w_m im Punkt E), so wäre hier der Anfangswert w_1 kein lokaler Extremwert. Der erste lokale Extremwert wäre in diesem Fall $w_{i=1}'=w_2'$. Die Verschiebungsformel würde aber unter der Berücksichtigung, daß in diesem Fall w_2' das erste lokale Maximum (mit i=1) ist, unverändert wie in Gleichung (5.8) lauten.

Zur Ermittlung des jeweiligen Ordinatenabschnitts der jeweils gültigen linearen Teilstücke blieben bisher noch die Ordinatenabschnitte der Bezugsgeraden unberücksichtigt. Der Ordinatenabschnitt dieser Geraden setzt sich aus zwei Komponenten zusammen: Dem vertikalen Abstand des Schnittpunktes A der beiden Bezugsgeraden zur Abszisse und einem durch die jeweilige Steigung gegebenen Teil. Wird der Ordinatenwert des Schnittpunkts A mit $\bar{a}$ bezeichnet, so folgt der Ordinatenabschnitt für die Bezugsgeraden als:

(5.9) für $H_{0,f}$: $\bar{a} - a \cdot w_m$

für $H_{0,s}$: $\bar{a} - (a + r) \cdot w_m$

Der Ordinatenabschnitt eines durch die vergangene Wechselkursentwicklung verschobenen linearen Teilstückes H_i, welches anschließend an den i-ten "Switch"-Kurs w_i gilt, folgt daher als:

(5.10) Ordinatenabschnitt von H_i: $\bar{a} - (a + D^{s} \cdot r) \cdot w_m + V_i$

Aufstellen der Gesamtfunktion

Nachdem nun alle zur exakten Bestimmung der aus linearen Teilstücken bestehenden linearisierten Hysteresis-Schleife nötigen Informationen in mathematischer Form direkt erhältlich sind, soll die entsprechende Gesamtfunktion aufgestellt werden.

Die linearisierte Hysteresis-Schleife ist als Abfolge von linearen Teilstücken gegeben. Der Wechsel (Switch) von einem Teilstück zum nächsten mit der jeweils anderen Steigung erfolgt entweder mit dem Auftreten eines lokalen Extremwertes in der Wechselkursentwicklung oder aber bei dem Überschreiten des "mittleren" Wechselkurses im Laufe der Entwicklung. Die linearisierte Hysteresis-Schleife ist somit über die Angabe der linearen Teilstücke zu definieren. Das durch die vergangene Wechselkursentwicklung verschobene, dem i-ten Switch-Kurs w_i folgende, lineare Teilstück H_i hat folgende Gleichung:

(5.11) $$H_i = \{ \bar{a} - (a + D^{s} \cdot r) \cdot w_m + V_i \} + \{ a + D^{s} \cdot r \} \cdot w$$

mit: $a, r \geq 0$

$$D^s = \begin{cases} 0 & \text{für } (w - w_m) \cdot (w - w_i) \leq 0 \\ 1 & \text{für } (w - w_m) \cdot (w - w_i) > 0 \end{cases}$$

$$V_i = r \cdot \left[\sum_{j=1}^{i} (-1)^{j+1} \cdot (w_j - w_m) \right]$$

Übertragung auf einzelne Außenhandelsgrößen

Wie schon im Rahmen der Betrachtung der Elastizitäten aufgezeigt, ergibt sich die Mengen-Leistungsbilanz-Schleife direkt aus den zwei Hysteresis-Schleifen für die Exportmengen und die Importmengen. Folglich läßt sich die soeben für die Handelsbilanz ermittelte linearisierte Hysteresis-Schleife in ihrer Funktionalform auch auf das Export- bzw. das Importvolumen übertragen.

Als lineares Teilstück X_i der linear-hysteretischen Exportfunktion, welches dem i-ten Switch-Kurs w_i folgend gültig ist, ergibt sich:

(5.12) $X_i = \{ \bar{a}_X - (a_X + D^{S} \cdot r_X) \cdot w_m + V_{i,X} \} + \{ a_X + D^{S} \cdot r_X \} \cdot w$

mit: $a_X, r_X \geq 0$

$$V_{i,X} = r_X \cdot \left[\sum_{j=1}^{i} (-1)^{j+1} \cdot (w_j - w_m) \right]$$

Da für die Exporte ebenso wie für die Handelsbilanz eine positive Reaktion auf Wechselkurserhöhungen und außerdem positiv-remanente Effekte erwartet werden, sind auch die entsprechenden Parameter (a_X, r_X) positiv.

Für das Importvolumen gilt entsprechend:

(5.13) $M_i = \{ \bar{a}_M - (a_M + D^{S} \cdot r_M) \cdot w_m + V_{i,M} \} + \{ a_M + D^{S} \cdot r_M \} \cdot w$

mit: $a_M, r_M \leq 0$

$$V_{i,M} = r_M \cdot \left[\sum_{j=1}^{i} (-1)^{j+1} \cdot (w_j - w_m) \right]$$

Anzumerken für den Fall der Importe ist allerdings, daß eine positive Wechselkursschwankung, d.h. eine zeitweise Abwertung der Inlandswährung, zu einer (remanenten) Verringerung der Importe führt. Daher ist hier a_M und auch der Remanenzparameter r_M negativ; somit ist auch die Verschiebung $V_{i,M}$ im Vorzeichen der Verschiebung der Exporte entgegengesetzt.

Die Beziehungen zwischen den drei nun aufgeführten linear-hysteretischen Gleichungen lassen sich unter Berücksichtigung, daß die (Mengen-) Handelsbilanz sich als Saldo aus Ex- und Importen errechnet, angeben mit:

(5.14) $H_i = X_i - M_i$

$a = a_X - a_M \geq 0$

$\bar{a} = \bar{a}_X - \bar{a}_M$

$r = r_X - r_M = r_X + |r_M| \geq 0$

$V_i = V_{i,X} - V_{i,M} = V_{i,X} + |V_{i,M}|$

Wird von einer Wertgrößen-Betrachtung ausgegangen, ist die Ermittlung der hysteretischen Handelsbilanz über die Saldierung von Exportwert (als Produkt aus bewertendem Wechselkurs und dem Exportvolumen gemäß Gleichung (5.12)) und den Importen (hier besteht für die Bewertung in Inlandswährung kein Zwang zur Unterscheidung von Importvolumen und Importwert) zu ermitteln. Die hysteretische Handelsbilanz errechnet sich dann, soweit von hysteretischen Export- und Importmengen ausgegangen wird, aus den Mengen-Schleifen für die Ex- und Importe mit:

$$(5.15)\quad H_i' = X_i' - M_i' = w \cdot X_i - M_i$$

$$a' = w \cdot a_X - a_M \geq 0$$

$$\overline{a}' = w \cdot \overline{a}_X - \overline{a}_M$$

$$r' = w \cdot r_X - r_M = w \cdot r_X + |r_M| \geq 0$$

$$V_i' = w \cdot V_{i,X} - V_{i,M} = w \cdot V_{i,X} + |V_{i,M}|$$

Hiermit ist das linear-hysteretische Modell zur Approximation der Original-Hysteresis-Schleife hergeleitet und für die einzelnen Außenhandelsgrößen präzisiert worden. In den zwei folgenden Kapiteln wird zum einen gezeigt, wie dieser linear-hysteretische Ansatz in bekannte ökonomische Modelle implementiert werden kann; zum anderen wird auf der Basis des linearisierten Modells ein ökonometrisches Regressionsmodell zur empirischen Erfassung des hysteretischen Verhaltens der Außenhandelsgrößen entwickelt.

6. Anwendungsbeispiele für die linear-hysteretischen Außenhandelsgleichungen

6.1 Zur Verwendung der linearisierten Form der Hysteresis-Schleife

Ein Grund für die Herleitung der im Vorkapitel aufgestellten linear-hysteretischen Gleichung war, daß über die Verwendung linearer Gleichungen ein möglichst dem hysteretischen Originalmodell entsprechendes Verhalten in bekannte ökonomische Modelle implementiert werden soll. Zur Veranschaulichung der Verwendbarkeit der hier aufgestellten linearen Form sollen hier zwei Beispiele angeführt werden. Zunächst soll die linear-hysteretische Beziehung in ein einfaches Zwei-Länder-Gütermarkt-Modell eingefügt werden. Dort soll noch davon ausgegangen werden, daß der Wechselkurs exogen gegeben ist. Die Wechselkursschwankungen, die dort zu remanenten Effekten auf alle endogenen Modellgrößen führen, sind demnach nicht modellendogen bestimmt. Im zweiten Beispiel hingegen wird auch der (Gleichgewichts-) Wechselkurs modellendogen bestimmt. Die Berücksichtigung des Kapitalverkehrs erlaubt dort die Erfassung einer temporären Änderung des Gleichgewichtswechselkurses. Diese Änderung hat nach Beenden der exogenen Störung aber wieder remanente Effekte, und zwar auf den Gleichgewichtswechselkurs selbst. Hier wird demnach als Folge einer nur temporären (z.B. durch den Kapitalmarkt bedingten) exogenen Störung eine Änderung des Gleichgewichtswechselkurses festgestellt werden.

Im übrigen haben die hier aufgeführten Beispiele, wie der Name schon sagt, Beispielcharakter. Nur die einfache Anwendbarkeit der hysteretischen Außenhandelsgleichung in Standard-Lehrbuch-Modellen offener Volkswirtschaften soll aufgezeigt werden; die Fülle der möglichen Anwendungen des linear-hysteretischen Ansatzes ist damit aber keineswegs auf die hier vorgestellten Modelle beschränkt. Im Gegenteil; die hier angeführten Beispiele sollen zur Berücksichtigung hysteretischer Außenhandelsbeziehungen auch in anderen Modelltypen anregen.

6.2 Ein Zwei-Länder-Gütermarkt-Modell

Bei dem hier betrachteten Modell handelt es sich um ein einfaches makroökonomisches Zwei-Länder-Modell des internationalen Gütermarktes zur Untersuchung von internationalen Einkommensinterdependenzen.[1] Die dem Modell zugrundeliegenden Annahmen sind:

— Es soll einen hysteretischen und einen nicht-hysteretischen Sektor geben, wobei es sich bei dem hysteretischen Sektor um einen reinen Außenhandelssektor handelt. Die Güter des nicht-hysteretischen Sektors werden hauptsächlich am nationalen Markt, aber auch international, gehandelt.
  - Der nicht-hysteretische Sektor sei zur Vereinfachung durch vollkommene Güterangebotselastizität gekennzeichnet, so daß für diesen Bereich ein Preisniveau von eins gelten soll (für das In- und Ausland).
  - Der hysteretische Außenhandelssektor wird durch eine hysteretische Beziehung zwischen aktuellem Wechselkurs und Leistungsbilanzsaldo beschrieben. Im hysteretischen Bereich sollen die vorne getroffenen Annahmen gelten: Das Angebot weist ein hysteretisches Verhalten auf; die Nachfrageelastizitäten sind in diesem Sektor unendlich hoch (z.B. wegen der Substitutionskonkurrenz mit der inländischen Produktion des nicht-hysteretischen Sektors). Das Preisniveau in diesem Bereich ist daher ebenfalls jeweils eins; es gilt $p^*_{X,t}=1$ (für die inländischen Exportgüter) bzw. $p_{M,t}=1$ (für die Exportgüter des Auslands, d.h. die inländischen Importgüter).
  - Der nicht-hysteretische Sektor soll angebotsseitig das jeweilige Inlandspreisniveau mit $p=p^*=1$ bestimmen. Dementsprechend ist auch für das gesamtwirtschaftliche Preisniveau im In- und im Ausland ein Wert von eins zugrundegelegt. Es gilt folglich $p^*=p^*_{X,t}=1$ bzw. $p=p_{M,t}=1$. Die Unterscheidung von realen und nominalen Größen ist hier damit nicht erforderlich.

— Trotz der Unterscheidung der beiden Sektoren soll die Nachfrage nach Gütern des Inlands und des Auslands vereinfachend jeweils undifferenziert in einer aggregierten Größe erfaßt werden.

— Die Geld- und Kapitalmärkte der beiden betrachteten Länder bleiben unberücksichtigt. Störungen der Güternachfrage durch Zinssatzänderungen werden nicht berücksichtigt (d.h. der Zinssatz soll sich entweder c.p. nicht ändern, oder aber die Güternachfrage ist völlig zinsunelastisch).

— Der Wechselkurs sei eine modellexogen gegebene Größe. Da die Finanzmärkte in ihren Auswirkungen im Modell unberücksichtigt bleiben, könnte der Wechselkurs damit in einem System flexibler Wechselkurse insbeson-

1 Das hier vorgestellte Gütermarktmodell orientiert sich in seinen nicht-hysteretischen Bereichen an ein einfaches Lehrbuch-Zwei-Länder-Gütermarkt-Modell zur Untersuchung internationaler Einkommensinterdependenzen wie es z.B. bei Dieckheuer (1991), S. 140 ff., Jarchow/Rühmann (1988), S. 107 ff., und Siebert (1991), S. 286 ff., zu finden ist.

dere durch den nicht im Modell berücksichtigten Kapitalmarkt bestimmt sein, oder aber es liegt ein System fester Wechselkurse vor. Vereinfachend soll daher von einem System fester Wechselkurse ausgegangen werden.[2]

Die inländische aggregierte Nachfrage Y setzt sich aus der heimischen Absorption A, die wiederum abhängig vom inländischen Realeinkommen Y ist (welches im Gütermarktgleichgewicht der Güternachfrage entspricht), und dem Wert-Außenbeitrag H' zusammen. Werden vereinfachend lineare Beziehungen zugrundegelegt, und ist c die marginale Absorptionsquote des Inlands und $\bar{A}$ die autonome Absorption, so gilt (bei Bewertung in Inlandswährung):

$$(6.1) \quad Y = A(Y) + H' = \bar{A} + c \cdot Y + H' \qquad \text{mit: } \frac{\delta A}{\delta Y} = c \text{ und } 0 < c \leq 1$$

Für das Ausland gilt entsprechend (in Auslandswährung):

$$(6.2) \quad Y^* = A^*(Y^*) + H^{*'} = \bar{A}^* + c^* \cdot Y^* - \frac{H'}{w} \qquad \text{mit: } \frac{\delta A^*}{\delta Y^*} = c^* \text{ und } 0 < c^* \leq 1$$

Der Außenbeitrag soll neben der hysteretischen Wechselkursabhängigkeit noch einkommensabhängig in der Form sein, daß eine Steigerung des Inlandseinkommens die Importe des Inlands unabhängig vom Wechselkurs steigen läßt, während eine Erhöhung des Auslandseinkommens c.p. die inländischen Exporte erhöht. Hier soll die Abhängigkeit einerseits vom Wechselkurs und andererseits von den beiden Einkommensgrößen zur Vereinfachung nur jeweils auf einen Sektor bezogen werden. Der hysteretische Sektor ist aufgrund der dort zugrundegelegten vollkommen elastischen Nachfrage in den gehandelten Mengen von der Höhe des (hysteretischen) Angebots abhängig. Der Wechselkurs bestimmt hier den Stückerlös, daher muß für diesen Sektor eine Wechselkursabhängigkeit der gehandelten Mengen festgehalten werden. Eine Änderung der Nachfrage bei Einkommensschwankungen ist, wegen der für diesen Sektor zugrundegelegten Nachfrageelastizitäten allerdings kaum zu berücksichtigen. Daher soll für den hysteretischen Sektor eine reine Wechselkursabhängigkeit angenommen werden. Die Elastizitätssituation des nicht-hysteretischen Sektors ist genau entgegengesetzt: Hier wird eine unendlich hohe Angebotselastizität angenommen, die gehandelten Mengen sind daher durch das Nachfrageverhalten bestimmt. Die Nachfrage- bzw. Einkommensabhängigkeit des Leistungsbilanzsaldos soll daher nur über diesen Sektor erfaßt werden. Eine indirekte Wechselkursabhängigkeit der Wertgrößen des nicht-hysteretischen Sektors ergibt sich allerdings noch infolge von Bewertungsänderungen bei Wechselkursänderungen.

---

2 Die Bezeichnung als Wechselkurs-"Systeme" orientiert sich eher am volkswirtschaftlichen Sprachgebrauch als an der systemtheoretischen "System"-Definition.

Zunächst soll auf die unterschiedliche Bewertung der Mengen bei Wechselkursänderungen für die beiden betrachteten Sektoren eingegangen werden.[3] Im hysteretischen Sektor mit einer vollkommen elastischen Auslandsnachfrage ist der Preis der Außenhandelsgüter auf dem jeweiligen Absatzmarkt konstant; die Exportanbieter müssen daher über die Änderung ihres in heimischer Währung notierten Stückerlöses die Effekte der Wechselkursänderungen in voller Höhe tragen. Es ergibt sich daher für den hysteretischen Sektor (gekennzeichnet durch das Subskript w) eine Wert-Handelsbilanz H_W' bei einer Bewertung der Mengen (X_W und M_W) mit:

$$(6.3)\qquad H_W' = X_W' + M_W' = w \cdot X_W - M_W$$

Anders verhält es sich im nicht-hysteretischen Sektor: Hier sind infolge der unendlich hohen Angebotselastizitäten die Preise bzw. der Stückerlös in der heimischen Währung des Anbieters konstant. Bei Wechselkursänderungen ändert sich in diesem Sektor die Bewertung der Exporte aus Sicht des exportierenden Landes nicht. Die Bewertung der inländischen Importe in Auslandswährung ändert sich daher ebenfalls nicht, da der Angebotspreis in der jeweiligen Auslandswährung konstant bleibt. Bei einer Bewertung in inländischer Währung ist aber zur Berechnung des Importwertes des nicht-hysteretischen Sektors der Importwert in Auslandswährung (welcher hier dem Importvolumen dieses Sektors entspricht) über den Wechselkurs in die Inlandswährung umzurechen. Die Wert-Handelsbilanz H_Y' des nicht-hysteretischen, einkommensabhängigen Sektors (gekennzeichnet durch das Subskript Y) errechnet sich aus den Außenhandelsmengen dieses Sektors (X_Y und M_Y) mit:

$$(6.4)\qquad H_Y' = X_Y' + M_Y' = X_Y - w \cdot M_Y$$

Die Wechselkursabhängigkeit des hysteretischen Sektors ist, anlehnend an die Darstellung in Abschnitt 4.6.4 und Gleichung (4.69), formal darstellbar über:[4]

$$(6.5)\qquad dX_W = \frac{\delta X_W}{\delta w} \cdot dw = \varepsilon_{X_W,w} \cdot \frac{X_W}{w} \cdot dw$$

$$dX_W' = w \cdot dX_W + X_W \cdot dw = (1 + \varepsilon_{X_W,w}) \cdot X_W \cdot dw$$

$$dM_W' = dM_W = \frac{\delta M_W}{\delta w} = \varepsilon_{M_W,w} \cdot \frac{M_W}{w} \cdot dw$$

$$\Rightarrow\qquad dH_W' = \left(X_W + w \cdot \frac{\delta X_W}{\delta w} - \frac{\delta M_W}{\delta w}\right) \cdot dw = \left[(1 + \varepsilon_{X_W,w}) - \varepsilon_{M_W,w} \cdot \frac{M_W}{w \cdot X_W}\right] \cdot X_W \cdot dw$$

3 Vgl. auch das entsprechende Kapitel 4.2, insbesondere die Fußnote zu Gleichung (4.5).

4 Zu den Wechselkurselastizitäten vgl. Gliederungspunkt 4.6.4. In Gleichung (6.5) werden die Elastizitäten aber nur auf den wechselkursabhängigen hysteretischen Sektor bezogen.

Für die Einkommensabhängigkeit des nicht-hysteretischen Sektors soll die Annahme getroffen werden, daß die Reaktion des (realen) Import*wertes* eines Landes in eigener Währung sich linear mit dem eigenen Realeinkommen verändern soll. Folglich gilt für den inländischen Importwert des nicht-hysteretischen Sektors in Inlandswährung sowie für den inländischen Exportwert in Auslandswährung (als Importwert des Auslands in eigener Währung):

$$(6.6)\quad M_Y' = m \cdot Y \;\Rightarrow\; M_Y = \frac{m}{w} \cdot Y \qquad \Rightarrow\; dM_Y' = m \cdot dY$$

$$\frac{X_Y'}{w} = m^* \cdot Y^* \;\Rightarrow\; X_Y' = X_Y = w \cdot m^* \cdot Y^* \;\Rightarrow\; dX_Y' = w \cdot m^* \cdot dY^* + m^* \cdot Y^* \cdot dw$$

$$\text{mit: } 0 < m \leq 1 \quad \text{und} \quad 0 < m^* \leq 1$$

Eine Erhöhung des Inlandseinkommens Y führt damit zu einer Importwertsteigerung mit der marginalen Quote m, während die Erhöhung des Auslandseinkommens Y* (in Auslandswährung) zu einer Steigerung des inländischen Exportvolumens bzw. Exportwertes (in Inlandswährung) mit einer marginalen Quote von $w \cdot m^*$ führt. Bleibt das jeweilige Inlandseinkommen konstant, so ist damit auch der sektorale Importwert (in der jeweiligen Inlandswährung) fixiert. Daher wird zugrundegelegt, daß die bei Wechselkursänderungen auftretenden Preiseffekte genau durch entgegengesetzte Mengenreaktionen ausgeglichen werden. Dies bedeutet aber, daß implizit für die Güter dieses Sektors von einer Preiselastizität der Importmengennachfrage von jeweils genau (–1) ausgegangen wurde. Außerdem wird, soweit auch bei Wechselkursänderungen ein konstantes inländisches gesamtwirtschaftliches Preisniveau (p=1 und p*=1) zugrundegelegt wird, der Effekt der Verteuerung der Importe des nicht-hysteretischen Sektors bei Abwertung der heimischen Währung auf den Gesamtpreisindex vereinfachend nicht berücksichtigt.

Die Reaktion des Handelsbilanzsaldos des nicht-hysteretischen Sektors auf Änderungen der Einkommen und des Wechselkurses ist:

$$(6.7)\quad dH_Y' = w \cdot m^* \cdot dY^* + m^* \cdot Y^* \cdot dw - m \cdot dY$$

Bei Aggregation der beiden sektorspezifischen Größen ergeben sich der gesamtwirtschaftliche Exportwert, der Importwert und der Gesamt-Handelsbilanzsaldo (und die hieraus folgenden Änderungsgrößen) mit:

$$(6.8)\quad X' = X_Y' + X_W' = w \cdot m^* \cdot Y^* + w \cdot X_W$$

$$M' = M_Y' + M_W' = m \cdot Y + M_W$$

$$H' = X' - M' = H_Y' + H_W' \quad \text{bzw.} \quad dH' = dH_Y' + dH_W'$$

$$\Rightarrow\quad dH' = w \cdot m^* \cdot dY^* - m \cdot dY + m^* \cdot Y^* \cdot dw + \left(X_W + w \cdot \frac{\delta X_W}{\delta w} - \frac{\delta M_W}{\delta w} \right) \cdot dw$$

Eine Wechselkurserhöhung (Abwertung der Inlandswährung) führt im hysteretischen Sektor über die Erhöhung der Exportmenge und über die Höherbewertung dieser Exporte zu einer Exportwertsteigerung und gleichzeitig zur Importreduktion (Menge und Wert) entsprechend der bekannten Wechselkurselastizitäten. Gleichzeitig ändert sich durch die Abwertung der Importwert des nicht-hysteretischen Sektors (soweit von induzierten Einkommenseffekten zunächst abgesehen wird) annahmegemäß nicht. Da der (inländische) Exportwert des einkommensabhängigen Sektors in Auslandswährung für ein bestimmtes Auslandseinkommen c.p. konstant bleibt, erhöht sich bei einer Abwertung der Inlandswährung hier die Exportmenge und damit der Exportwert in Inlandswährung. Im Modell wird daher eine normale Reaktion der Gesamtleistungsbilanz auf Wechselkursänderungen zugrundegelegt.

Die bisher aufgestellten Modellgleichungen lassen sich unter Verwendung der Veränderungsgrößen zu folgendem Gleichungssystem zusammenfassen (zusätzliche Annnahme: in der Ausgangssituation gilt $H' = 0$):

(6.9) $(1-c) \cdot dY - dH' = d\bar{A}$

(6.10) $(1-c^*) \cdot dY^* + \frac{1}{w} \cdot dH' = d\bar{A}^*$

(6.11) $m \cdot dY - w \cdot m^* \cdot dY^* + dH' = dH'_{dw}$

mit: $dH'_{dw} \equiv \frac{\delta H'}{\delta w} \cdot dw = m^* \cdot Y^* \cdot dw + dH'_w = m^* \cdot Y^* \cdot dw + \left(X_w + w \cdot \frac{\delta X_w}{\delta w} - \frac{\delta M_w}{\delta w} \right) \cdot dw$

$\Rightarrow \quad dH'_{dw} = \left(\frac{X'}{w} + w \cdot \frac{\delta X_w}{\delta w} - \frac{\delta M_w}{\delta w} \right) \cdot dw$ (da gilt: $\frac{X'}{w} = X_w + m^* \cdot Y^*$)

Bei Verwendung der Matrizen-Schreibweise $[A] \cdot [y] = [b]$ läßt sich das gesamte Gleichungssystem folgendermaßen zusammenfassen:

(6.12) $$\begin{bmatrix} (1-c) & 0 & -1 \\ 0 & (1-c^*) & \frac{1}{w} \\ m & -w \cdot m^* & 1 \end{bmatrix} \cdot \begin{bmatrix} dY \\ dY^* \\ dH' \end{bmatrix} = \begin{bmatrix} d\bar{A} \\ d\bar{A}^* \\ dH'_{dw} \end{bmatrix}$$

Hieraus folgt bei Anwendung der Cramerschen Regel (unter Verwendung der marginalen Sparquoten $[(s=1-c)$ bzw. $(s^*=1-c^*)]$:

(6.13) $\text{Det}\,[A] = (1-c) \cdot [(1-c^*) + m^*] + m \cdot (1-c^*) = ss^* + sm^* + ms^*$

$\text{Det}\,[A_{dY}] = (s^* + m^*) \cdot d\bar{A} + w \cdot m^* \cdot d\bar{A}^* + s^* \cdot dH'_{dw}$

$\text{Det}\,[A_{dY^*}] = \frac{m}{w} \cdot d\bar{A} + (s+m) \cdot d\bar{A}^* - \frac{s}{w} \cdot dH'_{dw}$

$\text{Det}\,[A_{dH'}] = -ms^* \cdot d\bar{A} + w \cdot sm^* \cdot d\bar{A}^* + ss^* \cdot dH'_{dw}$

Werden zusätzlich noch vereinfachende Annahmen in der Art getroffen, daß eine Konstanz der autonomen Absorption im In- und Ausland vorausgesetzt wird ($d\bar{A}=d\bar{A}^*=0$), so folgen für diesen Fall die in Gleichung (6.14) aufgeführten Reaktionen der endogenen Modellgrößen (Inlandseinkommen, Auslandseinkommen und Wert-Handelsbilanzsaldo) auf wechselkursinduzierte Änderungen der Gesamt-Handelsbilanz bei Bewertung in inländischer Währung, die über den Term dH'_{dw} erfaßt werden:

$$(6.14)\quad dY = \frac{s^*}{ss^* + sm^* + ms^*} \cdot dH'_{dw}$$

$$dY^* = \frac{-(s/w)}{ss^* + sm^* + ms^*} \cdot dH'_{dw}$$

$$dH' = \frac{ss^*}{ss^* + sm^* + ms^*} \cdot dH'_{dw}$$

Der Term dH'_{dw} beschreibt die Reaktion der Gesamt-Leistungsbilanz auf Wechselkursänderungen, wobei, wie Gleichung (6.11) zeigt, sich dH'_{dw} aus der Reaktion der Handelsbilanz des direkt-wechselkursabhängigen hysteretischen Sektors (dH'_w) und der Erhöhung der Exportmenge des nicht-hysteretischen Sektors bei Abwertung der Inlandswährung ($m^* \cdot Y^* \cdot dw$) zusammensetzt. Der Term dH'_w erfaßt hierbei für den hysteretischen Sektor die direkten Leistungsbilanzreaktionen (Mengen- und Bewertungseffekte) auf Änderungen des aktuellen Wechselkurses. Die Besonderheit dieses Modells liegt darin, daß diese Reaktion vergangenheitsabhängig ist. Es soll aber betont werden, daß bis hierher noch nicht auf die lineare Vereinfachung der Hysteresis-Schleife zurückgegriffen wurde. Gleichung (6.14) gilt daher allgemein für beide Varianten des hysteretischen Außenhandelsmodells. In diesem Modell ist der Wechselkurs außerdem noch exogen bestimmt, daher ist die kubische Berücksichtigung des Wechselkurses im original-hysteretischen Modell hier weniger problematisch. Da der Term dH'_w durch die Erfassung der hysteretischen Elastizitäten ebenfalls vergangenheitsabhängig ist, zeigt Gleichung (6.14) die Vergangenheitsabhängigkeit aller endogenen Modellgrößen dieses einfachen Gütermarktmodells in allgemeiner Form auf. Zur Vereinfachung der weiteren Analyse soll aber an dieser Stelle das linear-hysteretische Modell Anwendung finden. Hier wird die Leistungsbilanzreaktion auf Wechselkursänderungen, wie auch die anderen ökonomischen Beziehungen, in linearer Form erfaßt.

Linearisierter Ansatz

Werden die in den Gleichungen (5.12) und (5.13) aufgestellten linearen Beziehungen für den hysteretischen Sektor zugrundegelegt, so folgt:

$$(6.15)\quad X_w = \bar{x}_w + x_w \cdot w \quad \Rightarrow \quad X' = w{\cdot}m^* \cdot Y^* + w \cdot \bar{x}_w + x_w \cdot w^2$$

$$M_w = \bar{m}_w + m_w \cdot w \quad \Rightarrow \quad M' = m \cdot Y + \bar{m}_w + m_w \cdot w$$

$$H_w' = w \cdot (\bar{x}_w + x_w{\cdot}w) - (\bar{m}_w + m_w{\cdot}w)$$

$$\text{mit: } \bar{x}_w = \bar{a}_X - (a_X + D^S{\cdot}\, r_X) \cdot w_m + V_{i,X} \quad ; \quad x_w = a_X + D^S{\cdot}\, r_X \geq 0$$

$$\bar{m}_w = \bar{a}_M - (a_M + D^S{\cdot}\, r_M) \cdot w_m + V_{i,M} \quad ; \quad m_w = a_M + D^S{\cdot}\, r_M \leq 0$$

Für den Gesamt-Handelsbilanzsaldo folgt im linearisierten Ansatz entsprechend Gleichung (6.8) und (6.11):

$$(6.16)\quad H' = w{\cdot}m^* \cdot Y^* - m \cdot Y + w \cdot (\bar{x}_w + x_w{\cdot}w) - (\bar{m}_w + m_w{\cdot}w)$$

$$\Rightarrow \quad dH' = w{\cdot}m^* \cdot dY^* - m \cdot dY + dH_{dw}'$$

$$\text{mit: } dH_{dw}' = \left(\frac{X'}{w} + w \cdot x_w - m_w\right) \cdot dw = \left(\frac{X'}{w} + w \cdot (a_X + D^S{\cdot}\, r_X) - (a_M + D^S{\cdot}\, r_M)\right) \cdot dw$$

Zur Bestimmung der Reaktion der Gleichgewichtswerte der endogenen Größen des Gesamtmodells auf Änderungen des aktuellen Wechselkurses ist daher für die lineare Form nur der für die lineare Form präzisierte Ausdruck für dH_{dw}' in die Ergebnisgleichungen (6.14) einzusetzen. Hier sollen aber nicht die Gleichgewichtsänderungen an sich, sondern die Eigenschaft der Remanenz infolge einer nur temporären Wechselkursschwankung im Mittelpunkt des Interesses stehen. Die linear-hysteretische Formulierung ermöglicht eine sehr einfache Erfassung dieser, die Hysteresis charakterisierenden Eigenschaft.

Eine nur temporäre Wechselkursschwankung, d.h. eine primäre Änderung von w (d_1w), die durch eine nachfolgende Änderung genau gleicher Größe, aber mit umgekehrter Richtung ($d_2w=-d_1w$), kompensiert wird, wird wieder mit dem "$\tilde{\ }$"-Zeichen kenntlich gemacht. Die nur temporäre Wechselkursschwankung wird daher mit "$\tilde{d}w$" bezeichnet und habe das Vorzeichen (und den Betrag) der primären Wechselkursänderung. Folglich entspricht d_1w (im Festkursystem mit exogenem Wechselkurs) $\tilde{d}w$. Zur Vereinfachung soll hier zusätzlich eine Ausgangssituation mit dem "mittleren" Wechselkurs w_m als Anfangswechselkurs angenommen werden.

Da mit w_m als Ausgangswechselkurs jede Wechselkursänderung von w_m wegführt, erfolgt die Reaktion für die primäre Wechselkursänderung d_1w entlang eines "steilen" linearen Teilstückes (hier gilt D^S=1), während für die Rücknahme der Änderung d_2w auf jeden Fall "flache" Reaktionsbeziehungen (mit D^S=0) zugrunde liegen. Dieses gilt unabhängig davon, ob der Wechselkurs temporär steigt oder fällt. Die direkten Reaktionen (d.h. die Reaktionen ohne die Berücksichtigung von Multiplikatoreffekten) auf die primäre Wechselkursänderung sind damit:

$$(6.17)\quad d_1X' = \left(\frac{X'}{w_m} + w_m \cdot (a_X + D^{s} \cdot r_X)\right) \cdot d_1w = \left(\frac{X'}{w_m} + w_m \cdot (a_X + r_X)\right) \cdot d_1w$$

$$d_1M' = (a_M + D^{s} \cdot r_M) \cdot d_1w = (a_M + r_M) \cdot d_1w$$

$$d_1H' = d_1H'_{dw} = d_1X' - d_1M'$$

$$\Rightarrow \quad d_1H' = \left(\frac{X'}{w_m} + w_m \cdot (a_X + r_X) - (a_M + r_M)\right) \cdot d_1w$$

Die Rücknahme der Wechselkursänderung führt, unter Berücksichtigung von $d_2w = -d_1w$, zu folgenden direkten Effekten:

$$(6.18)\quad d_2X' = -\left(\frac{X'}{w_m} + w_m \cdot a_X\right) \cdot d_1w$$

$$d_2M' = -a_M \cdot d_1w$$

$$d_2H' = d_2H'_{dw} = -\left(\frac{X'}{w_m} + w_m \cdot a_X - a_M\right) \cdot d_1w$$

Die primäre Wechselkursänderung (weg von w_m) und die spätere Rücknahme (wieder hin zu w_m) führen damit letztendlich zu folgendem Gesamt-Direkteffekt, bzw. zu folgender Remanenz in den Außenhandelsgrößen:[5]

$$(6.19)\quad \tilde{\partial} X' = d_1X' + d_2X' = w_m \cdot r_X \cdot d_1w = w_m \cdot r_X \cdot \tilde{\partial} w$$

$$\tilde{\partial} M' = d_1M' + d_2M = r_M \cdot d_1w = r_M \cdot \tilde{\partial} w$$

$$\tilde{\partial} H' = d_1H' + d_2H' = \tilde{\partial} H'_{dw} = \tilde{\partial} H'_w = (w_m \cdot r_X - r_M) \cdot \tilde{\partial} w$$

Eine temporäre Abwertung der Inlandswährung ($d_1w>0$) hat daher auch hier positiv-remanente Effekte für die Exporte und negativ-remanente Effekte für die Importe. Die Remanenz einer temporären Abwertung für die Wert-Handelsbilanz ist daher positiv. Der mit einer Abwertung der Inlandswährung einhergehende Bewertungseffekt auf die Exporte, der zu einer Erhöhung des Exportwertes führt, wird durch die spätere Rücknahme der Wechselkursänderung voll kompensiert. Im Anschluß an die nur temporäre Wechselkursschwankung gilt wieder der Ausgangswechselkurs. Die remanenten Effekte in der Wert-Handelsbilanz sind somit nur auf Mengeneffekte im hysteretischen Sektor zurückzuführen; es gilt daher $\tilde{\partial} H'_{dw} = \tilde{\partial} H'_w$. Für eine temporäre Aufwertung der Inlandswährung ergeben sich analog negativ-remanente Effekte für die Exporte

5 Vereinfachend wird angenommen, daß $\frac{X'}{w_m}$ für die primäre Wechselkursänderung und für die Rücknahme der Änderung das gleiche (Ausgangs-) Niveau hat.

und die Handelsbilanz, während hier die Importe eine positive Remanenz aufweisen.

Verursacht durch die direkt-remanenten Effekte auf die Handelsbilanz, ergeben sich remanenz-bedingte Änderungen der Gleichgewichtswerte aller endogenen Modellgrößen (als Multiplikatoreffekte). Hierzu ist

$$\tilde{d}H'_{dw} = \tilde{d}H'_{w} = (w_m \cdot r_X - r_M) \cdot d_1 w = (w_m \cdot r_X - r_M) \cdot \tilde{d}w$$

in die Gleichgewichtslösungen gemäß (6.14) einzusetzen. Als remanente Änderungen der Gleichgewichtswerte infolge einer später vollständig zurückgenommenen Änderung des Wechselkurses ergeben sich daher:

$$(6.20) \quad \tilde{d}Y = \frac{s^*}{ss^* + sm^* + ms^*} \cdot \tilde{d}H'_{dw} = \frac{w_m \cdot r_X - r_M}{s + \frac{sm^*}{s^*} + m} \cdot \tilde{d}w$$

$$\tilde{d}Y^* = \frac{-(s/w)}{ss^* + sm^* + ms^*} \cdot \tilde{d}H'_{dw} = \frac{-r_X + \frac{r_M}{w_m}}{s^* + m^* + \frac{ms^*}{s}} \cdot \tilde{d}w$$

$$\tilde{d}H' = \frac{ss^*}{ss^* + sm^* + ms^*} \cdot \tilde{d}H'_{dw} = \frac{w_m \cdot r_X - r_M}{1 + \frac{m^*}{s^*} + \frac{m}{s}} \cdot \tilde{d}w$$

Für eine nur temporäre Abwertung ist $\tilde{d}w = d_1 w > 0$; daher ist für diesen Fall auch $\tilde{d}H'_w \geq 0$. Die inländische Handelsbilanz weist dann eine remanente Verbesserung auf. Daher folgt hier ein positiver remanenter Effekt für das Inlandseinkommen, während sich der Gleichgewichtswert des Auslandseinkommens permanent verschlechtert. Wird ein System fester Wechselkurse angenommen, könnte das Inland daher durch eine zeitlich begrenzte autonome Abwertung der eigenen Währung die eigene Handelsbilanz und damit die Beschäftigung im Inland permanent verbessern. Die Stärke der Remanenz in den endogenen Modellgrößen hängt von der Größe des Steigungsunterschieds im linear-hysteretischen Modell (r_X bzw. r_M) ab; daher auch der Name "Remanenzparameter".

Hingewiesen werden soll noch darauf, daß auch im linear-hysteretischen Modell Remanenz bei einer Wechselkursschwankung folgen kann, aber nicht folgen muß. Wird die Annahme, daß w_m der Ausgangswechselkurs sei, aufgegeben, so sind zwei weitere Fälle möglich: Der Ausgangswechselkurs liegt im Bereich unterhalb von w_m. Hier würde eine temporäre Abwertung, die nicht zu einem Überschreiten von w_m führt, remanente Effekte haben, die jeweils genau das entgegengesetzte Vorzeichen zu den oben aufgeführten Remanenzeffekten aufweisen. Wird der Wechselkurs w_m überschritten, so können sich die beiden entgegengesetzten Remanenzeffekte gegenseitig kompensieren, so daß saldiert keine Remanenz folgt. Hier wird deutlich, daß die Wahl der Lage des "mittleren" Wechselkurses das Verhalten des linear-hysteretischen Ansatzes mitbestimmt. Damit ist die Güte der Approximation des original-hysteretischen Modells durch die vereinfachte lineare Form auch von der Wahl eines geeigneten "mittleren" Wechselkurses abhängig. Die hier zusätzlich getroffene Annahme des "mittleren" Wechselkurses als Ausgangswechselkurs ist daher eine Vereinfachung, die es erlaubt, innerhalb der linearen Approximation die remanenten Effekte temporärer Wechselkursschwankungen in einfacher Form aufzuzeigen.

6.3 Berücksichtigung der Finanzmärkte

Im oben vorgestellten hysteretischen Zwei-Länder-Gütermarkt-Modell wurden die Finanzmärkte, d.h. der Geld- und der Kapitalmarkt, aus Vereinfachungsgründen nicht betrachtet. Einflüsse des Zinssatzes auf die Güternachfrage wurden vernachlässigt. Außerdem war im Gütermarkt-Modell der Wechselkurs noch modellexogen gegeben. Diese beiden einschränkenden Annahmen sollen nun aufgegeben werden. Es soll hier ein um eine (linear-) hysteretische Handelsbilanzgleichung erweitertes keynesianisch-makroökonomisches Totalmodell einer offenen Volkswirtschaft vom Mundell-Fleming-Typ vorgestellt werden. Die im einfachen Zwei-Länder-Modell noch berücksichtigten internationalen Rückwirkungen in Form der Einkommensverflechtungen zwischen den beiden betrachteten Länder werden hier allerdings nicht mehr analysiert. Folglich wird hier der sog. "Fall des kleinen Landes", welches keinen entscheidenden Einfluß auf die wirtschaftliche Entwicklung im Ausland hat, untersucht.[6]

Die strukturellen Gleichungen des Modells entsprechen den typischen Annahmen des keynesianischen Multiplikator-Modells einer offenen Volkswirtschaft. Die inländische Nachfrage folgt hier, unter Berücksichtigung der Zinsabhängigkeit der Güternachfrage mittels a_i als der marginalen Absorptionsquote in bezug auf den Zinssatz i, mit:

$$(6.21) \quad Y = A(Y,i) + H' = \bar{A} + c \cdot Y + a_i \cdot i + H' \qquad \text{mit: } \frac{\delta A}{\delta i} = a_i \leq 0$$

Der Geldmarkt befindet sich im Gleichgewicht, wenn das Geldangebot, bestehend aus der monetären Basis (die sich aus den Währungsreserven R und

---

6 Modelle dieser Art gehen auf R.A. Mundell und J.M. Fleming zurück; vgl. z.B. Mundell (1963) oder Fleming (1962). Die nicht-hysteretischen Bereiche des hier vorgestellten Modells lassen sich ausführlicher in jedem außenwirtschaftlich orientierten makroökonomischen Lehrbuch nachvollziehen; daher wird die Darstellung relativ knapp gehalten.

dem von der Zentralbank autonom bestimmten Teil der monetären Basis (B^a) zusammensetzt), multipliziert mit dem Geldschöpfungsmultiplikator g, der Liquiditätsnachfrage L entspricht. Die Liquiditätsnachfrage sei über die Transaktionskassennachfrage positiv vom Volkseinkommen Y und über die Spekulationskasse negativ vom Zinsniveau i abhängig.

(6.22) $g \cdot (B^a + R) = L(Y,i) = \bar{L} + l_Y \cdot Y + l_i \cdot i$ mit: $\frac{\delta L}{\delta Y} = l_Y \geq 0$ und $\frac{\delta L}{\delta i} = l_i \leq 0$

Der Saldo der Zahlungsbilanz (bzw. der Devisenbilanzsaldo) ergibt sich als Saldo aus Leistungsbilanzsaldo H' und Kapitalverkehrsbilanzsaldo K.

(6.23) $Z = H' + K$

Eine unausgeglichene Zahlungsbilanz bedeutet eine Veränderung der Währungsreserven der Zentralbank:[7]

(6.24) $dR = Z$ mit: $dZ \equiv Z - Z_{-1} \Rightarrow dZ = dR - Z_{-1}$

Der Saldo der Kapitalverkehrsbilanz (als Nettokapitalimport) ist bestimmt durch die internationale Zinsdifferenz ($i - i^*$). Die Reagibilität des Kapitalverkehrs auf Zinsdifferenzänderungen wird über den Kapitalverkehrskoeffizienten k_i erfaßt. Da aber internationale Rückwirkungen nicht berücksichtigt werden sollen, ist hier der ausländische Zinssatz i^* als konstant vorausgesetzt ($di^*=0$).

(6.25) $K = K(i - i^*) = \bar{K} + k_i \cdot i$ mit: $\frac{\delta K}{\delta(i - i^*)} = k_i \geq 0$

Die Modifikation, die dieses Modell nun aber als hysteretisches Modell auszeichnet, ist die Formulierung der Handelsbilanzgleichung, die analog zu (6.8) und (6.16) für ein konstantes Auslandseinkommen $\bar{Y}^*$ (d.h. $dY^*=0$) aufgestellt werden soll:

(6.26) $H' = w \cdot m^* \cdot \bar{Y}^* - m \cdot Y + w \cdot (\bar{x}_w + x_w \cdot w) - (\bar{m}_w + m_w \cdot w)$

Die Änderung des inländischen Handelsbilanzsaldos in Inlandswährung ergibt sich hier, da keine direkten Effekte des Auslandseinkommens zu berücksichtigen sind, nur über Änderungen des inländischen Einkommens oder mit den Mengen- und Bewertungseffekten einer Wechselkursänderung:

(6.27) $dH' = -m \cdot dY + dH'_{dw}$

Die wechselkursbedingte Handelsbilanzänderung ist unter Verwendung des linear-hysteretischen Ansatzes wieder entsprechend Gleichung (6.17):

7 Die Veränderung des Wertes schon vorhandener Währungsreserven im Zuge von Wechselkursänderungen wird hier nicht berücksichtigt.

(6.28) $dH'_{dw} = \left(\frac{X'}{w} + w \cdot x_w - m_w\right) \cdot dw$ bzw.

$$dH'_{dw} = \left(\frac{X'}{w} + w \cdot (a_X + D^s \cdot r_X) - (a_M + D^s \cdot r_M)\right) \cdot dw$$

Diese Beziehung soll abgekürzt geschrieben werden über:

(6.29) $dH'_{dw} = h_w \cdot dw$ mit: $h_w \equiv \frac{\delta H'}{\delta w}$

$$\Rightarrow \quad h_w = \left(\frac{X'}{w} + w \cdot x_w - m_w\right) = \left(\frac{X'}{w} + w \cdot (a_X + D^s \cdot r_X) - (a_M + D^s \cdot r_M)\right) \geq 0$$

Der Koeffizient h_w beschreibt die Reaktion der inländischen Handelsbilanz auf Wechselkursänderungen. Wird h_w als konstanter Parameter gesetzt, so erhält man das typische keynesianische Lehrbuch-Modell einer offenen Volkswirtschaft. Die Besonderheit des hier vorgestellten Modells ist, daß h_w ein hysteretisches Verhalten im Außenhandel widerspiegelt. Der Koeffizient h_w ist hysteretisch-vergangenheitsabhängig und daher auch nicht über längere Zeiträume konstant. Über Änderungen von h_w im Laufe der vergangenen Wechselkursentwicklung können im stark-hysteretischen Modell remanente Effekte im Außenhandel berücksichtigt werden. Auch ist es ohne weiteres möglich, über eine entsprechende Formulierung des Koeffizienten der Wechselkursreagibilität der Handelsbilanz h_w sowohl die original-hysteretische als auch die linearisierte Form der starken Hysteresis zu erfassen. Wegen der einfacheren formalen Struktur wird aber auch hier nur die linearisierte Form näher betrachtet.

Das gesamte Gleichungssystem läßt sich, bei einer Betrachtung der Änderungsgrößen, zu folgenden drei Gleichungen zusammenfassen:[8]

(6.30) $(1 - c + m) \cdot dY - a_i \cdot di - h_w \cdot dw = d\bar{A}$ (Gütermarkt)

(6.31) $l_Y \cdot dY + l_i \cdot di - g \cdot dR = g \cdot dB^a - d\bar{L}$ (Geldmarkt)

(6.32) $dZ = dR - Z_{-1} = -m \cdot dY + h_w \cdot dw + d\bar{K} + k_i \cdot di$

$\Rightarrow \quad m \cdot dY - k_i \cdot di - h_w \cdot dw + dR = d\bar{K} + Z_{-1}$ (Devisenmarkt)

---

8 Abgesehen davon, daß h_w hier kein konstanter Parameter ist, entspricht die äußere Form des hier vorgestellten Gleichungssystem genau der des Lehrbuch-Modells. Dies gilt daher im übrigen auch für die im folgenden Text aufgestellten Gleichungen in Matrizenschreibweise (für die beiden Fälle des Systems mit festem oder mit flexiblem Wechselkurs). Detallierte Darstellungen dieses Modells sind z.B. zu finden bei: Dieckheuer (1991), S. 171 ff., oder Jarchow/Rühmann (1988), S. 130 ff. Im übrigen sollte die äußere formale Gleichheit des aufgestellten Gleichungssystems ein Hinweis für die einfache Implementierung hysteretischer Ansätze in bekannte Modelle sein.

Kapitalverkehr und Festkurs-System

Wird noch von einem System fester Wechselkurse ausgegangen, so sind die endogenen Variablen des Modells das inländische Realeinkommen Y, das inländische Zinsniveau i und der Zahlungsbilanzsaldo bzw. die Änderung der Währungsreserven dR. Wird angenommen, daß die zahlungsbilanzbedingten Geldmengenänderungen über eine Neutralisierungspolitik der Zentralbank ausgeglichen werden, so folgt aus auftretenden Zahlungsbilanzungleichgewichten keine Änderung der inländischen Geldmenge. Das Gesamtsystem in Matrizen-Schreibweise lautet für den Fall eines Festkurs-Systems (bei erfolgreicher Neutralisierungspolitik der Zentralbank):[9]

$$(6.33)\quad \begin{bmatrix} (s+m) & -a_i & 0 \\ l_Y & l_i & 0 \\ m & -k_i & 1 \end{bmatrix} \cdot \begin{bmatrix} dY \\ di \\ dR \end{bmatrix} = \begin{bmatrix} d\bar{A} + h_w \cdot dw \\ g \cdot dB^a - d\bar{L} \\ d\bar{K} + Z_{-1} + h_w \cdot dw \end{bmatrix}$$

Wird weiterhin angenommen, daß sich alle autonomen Größen (bis auf den Wechselkurs) nicht ändern, d.h. $d\bar{A}=dB^a=d\bar{L}=d\bar{K}=0$, und wird von einer ausgeglichenen Zahlungsbilanz in der Vorperiode ausgegangen ($Z_{-1}=0$), so läßt sich die Reaktion des Gleichgewichtseinkommens und des Gleichgewichtszinssatzes bei einer (wechselkurspolitisch bedingten) Wechselkursänderung unter Anwendung der Cramerschen Regel errechnen mit:[10]

$$(6.34)\quad dY = \frac{l_i \cdot h_w}{(s+m) \cdot l_i + a_i \cdot l_Y} \cdot dw \quad ; \qquad di = \frac{-l_Y \cdot h_w}{(s+m) \cdot l_i + a_i \cdot l_Y} \cdot dw$$

Soweit der Koeffizient h_w nicht vergangenheitsabhängig ist, sind mit (6.34) die einfachen Reaktionen der Gleichgewichtswerte auf Wechselkursänderungen für ein nicht-hysteretisches Modell gegeben.

Wird wieder eine nur temporäre Wechselkursschwankung betrachtet, und ist w_m wieder der Ausgangswechselkurs, so erfolgt die Reaktion für die primäre Wechselkursänderung d_1w wieder entlang eines "steilen" linearen Teilstücks, während für die Rücknahme der Änderung d_2w wieder "flache" Reaktionsbeziehungen gelten, unabhängig davon, ob der Wechselkurs zuerst steigt oder fällt. Die primäre Wechselkursänderung (weg von w_m) und die folgende Rücknahme (wieder hin zu w_m) führen analog zu (6.19) zu folgender Remanenz in den Außenhandelsgrößen:

---

9 Die in dem letzten Vektor aufgeführte autonome Änderung der Geldbasis dB^a ist die Änderung, die über den Betrag, der zur Neutralisierung nötig ist, hinausgeht. Vgl. hierzu auch den analogen nicht-hysteretischen Fall in: Dieckheuer (1991), Anhang D.2, S. 598.

10 Der Lösungsweg ist ausführlich dargestellt bei Jarchow/Rühmann (1988), S. 320 ff.

$$(6.35)\quad \tilde{d}X' = w_m \cdot r_X \cdot d_1w = w_m \cdot r_X \cdot \tilde{d}w \quad ; \qquad \tilde{d}M' = r_M \cdot d_1w = r_M \cdot \tilde{d}w$$

$$\tilde{d}H' = \tilde{d}H'_{dw} = \tilde{d}H'_w = (w_m \cdot r_X - r_M) \cdot \tilde{d}w$$

Verursacht durch die direkt-remanenten Effekte auf die Handelsbilanz ergeben sich auch hier remanenz-bedingte Änderungen der Gleichgewichtswerte der endogenen Modellgrößen (Multiplikatoreffekte). Hierzu ist in die Gleichung (6.34) anstelle der direkten Wechselkursreaktion der Handelsbilanz in Höhe von $h_w \cdot dw$ die direkte Handelsbilanz-Remanenz $(w_m \cdot r_X - r_M) \cdot \tilde{d}w$ einzusetzen. Als remanente Änderung der Gleichgewichtswerte von Volkseinkommen und Zinssatz infolge einer nur temporären Wechselkursänderung ergibt sich daher:

$$(6.36)\quad \tilde{d}Y = \frac{l_i \cdot (w_m \cdot r_X - r_M)}{(s + m) \cdot l_i + a_i \cdot l_Y} \cdot \tilde{d}w$$

$$\tilde{d}i = \frac{-\, l_Y \cdot (w_m \cdot r_X - r_M)}{(s + m) \cdot l_i + a_i \cdot l_Y} \cdot \tilde{d}w$$

Auf eine nur temporäre Abwertung der Inlandswährung (dw>0) folgen daher positive Remanenzeffekte auf Volkseinkommen und Zinssatz. Da annahmegemäß eine Neutralisierungspolitik durchgeführt wurde, kann hier keine dauernde Änderung der Geldmenge, bewirkt durch eine (z.B. während der Dauer der Wechselkursschwankung) unausgeglichene Zahlungsbilanz, auftreten. Die persistierenden Effekte auf die Gleichgewichtswerte sind hier also nicht auf Bestandsänderungen, sondern vielmehr nur auf die Hysteresis bzw. Remanenz in der Handelsbilanz zurückzuführen.[11]

Kapitalverkehr und flexibler Wechselkurs

Wird nun die Annahme des Festkurs-Systems durch die Annahme eines Systems mit völlig flexiblen Wechselkursen ersetzt, so ist die Zahlungsbilanz definitionsgemäß ausgeglichen, da die Zentralbank in diesem Fall keine Devisenmarktinterventionen durchführt. Hier sind nicht mehr die Währungsreserven

---

11 Die Auswirkungen der nur temporären Wechselkurserhöhung ließen sich sehr einfach im bekannten IS-LM-Z-Diagramm darstellen. Die nur temporäre Abwertung bewirkt hier wegen der remanenten Handelsbilanzverbesserung letztlich eine nicht völlig zurückgenommene IS- und Z-Kurvenverschiebung nach rechts (soweit i auf der Ordinate und Y auf der Abszisse abgetragen werden). Die remanente Erhöhung von Volkseinkommen und Zinssatz läßt sich somit im IS-LM-Z-Diagramm genauso darstellen wie die Wirkung einer (geringen) Abwertung. Auf eine explizite Darstellung sei daher verzichtet; für eine entsprechende Grafik vgl. z.B. Dieckheuer (1991), S. 194. Die remanente Handelsbilanzverbesserung hat aber auch eine Zahlungsbilanzverbesserung zur Folge. Werden die folgenden expansiven Geldmengeneffekte nicht mehr (wie oben angenommen) neutralisiert, so wird auch die LM-Kurve nach rechts verschoben; das Einkommen würde in diesem Fall weiter steigen und der Zinssatz sinken. Vgl. hierzu ebenda, S. 194 f.

modellendogen zu bestimmen, sondern der gleichgewichtige Wechselkurs. Das System (6.33) ändert sich daher für den Fall völlig freier Wechselkurse in:[12]

$$(6.37)\quad \begin{bmatrix} (s+m) & -a_i & -h_w \\ l_Y & l_i & 0 \\ m & -k_i & -h_w \end{bmatrix} \cdot \begin{bmatrix} dY \\ di \\ dw \end{bmatrix} = \begin{bmatrix} d\bar{A} \\ g \cdot dB^a - d\bar{L} \\ d\bar{K} \end{bmatrix}$$

Wird angenommen, daß $d\bar{L}=0$ ist, so folgen die Änderungen der Gleichgewichtswerte der endogenen Variablen auf Änderungen der autonomen heimischen Absorption ($d\bar{A}$), des autonomen Teils der Geldbasis (dB^a) und des autonomen Kapitalbilanzsaldos ($d\bar{K}$) als:[13]

$$(6.38)\quad dY = \frac{(k_i - a_i) \cdot g \cdot dB^a + l_i \cdot (d\bar{K} - d\bar{A})}{(k_i - a_i) \cdot l_Y - s \cdot l_i}$$

$$di = \frac{-s \cdot g \cdot dB^a + l_Y \cdot (d\bar{A} - d\bar{K})}{(k_i - a_i) \cdot l_Y - s \cdot l_i}$$

$$dw = \frac{[(s+m) \cdot k_i - m \cdot a_i] \cdot g \cdot dB^a + [(s+m) \cdot l_i + l_Y \cdot a_i] \cdot d\bar{K} - (l_Y \cdot k_i + m \cdot l_i) \cdot d\bar{A}}{h_w \cdot [(k_i - a_i) \cdot l_Y - s \cdot l_i]}$$

Auch hier wird wieder eine Ausgangssituation mit dem "mittleren" Wechselkurs w_m angenommen. Es sollen hier ebenfalls die (remanenten) Auswirkungen einer "nur temporären" Änderung von exogenen Größen des Modells betrachtet werden. Nur ist der Wechselkurs als verursachende Variable innerhalb des hysteretischen "Subsystems Außenhandel" hier aus Sicht des Gesamtsystems modellendogen in seinem Gleichgewichtswert zu bestimmen. Die nur temporären Änderungen müssen daher andere exogene Größen betreffen, die indirekt zu einer Veränderung des Wechselkurses und somit zu Remanenz in den endogenen Modellvariablen führen.

Die Auswirkungen einer nur temporären Änderung exogener Größen sollen am Beispiel einer Schwankung des autonomen Kapitalverkehrs aufgezeigt werden. Eine Erhöhung des autonomen Saldos der Kapitalverkehrsbilanz (d.h. eine autonome Erhöhung des Nettokapitalimports) führt c.p. zu einer Erhöhung des Devisenangebots. Ein Gleichgewicht auf dem Devisenmarkt ergibt sich nun für einen niedrigeren "Preis" der Devisen; der Wechselkurs (in Preisnotierung) fällt; die Inlandswährung wird aufgewertet. Da von einer Ausgangssituation mit dem Wechselkurs w_m ausgegangen wird, ist die Reaktion des Gleichgewichtswechselkurses eine Änderung, die von w_m wegführt. Demnach liegen für die Anpassung der Gleichgewichtswerte des Systems auf die primäre Änderung

---

12 Zum entsprechenden nicht-hysteretischen Fall vgl. Dieckheuer (1991), S. 600.

13 Vgl. hierzu auch die Lösung in ebenda, S. 198 und S. 204.

von $\overline{K}$ um $d_1\overline{K}$ "steile" Reaktionen der Außenhandelsgrößen zugrunde. Die primäre Änderung des gleichgewichtigen Wechselkurses ist damit:

$$(6.39)\quad d_1w = \frac{(s+m)\cdot l_i + l_Y\cdot a_i}{\left(\frac{X'}{w} + w\cdot(a_X + r_X) - (a_M + r_M)\right)\cdot[(k_i - a_i)\cdot l_Y - s\cdot l_i]}\cdot d_1\overline{K}$$

Wird die Änderung nun zurückgenommen, d.h. fällt $\overline{K}$ wieder auf sein altes Niveau zurück, so ist der dann folgende Anpassungsprozeß in zwei Phasen aufzuteilen. Der erste Teil der Rücknahme erfolgt anhand einer Reaktion des Außenhandels gemäß der "flachen" Funktionen, bis der Ausgangswechselkurs w_m wieder erreicht wird. Da nun aber die Änderung des Wechselkurses auf sein Ausgangsniveau entlang der weniger wechselkursreagiblen "flachen" Funktionen verläuft, reicht die Wechselkursänderung auf das Ausgangsniveau nicht aus, um für den alten Wert des autonomen Kapitalverkehrs das System wieder in ein Gleichgewicht zu versetzen. Der Wechselkurs muß weiter sinken, und zwar anhand der "steilen" Reaktionsbeziehung, weil die Bewegung nun wieder von w_m wegführt. Die erste Phase der Rücknahme beschreibt daher die Zurückbewegung des Wechselkurses bis zum Ausgangswert, die zweite Phase das zur Erreichung des Gleichgewichts nötige "*Überschießen*" des Wechselkurses. Die Rücknahme der primären Änderung des autonomen Kapitalverkehrs teilt sich daher in:

$$(6.40)\quad -d_1\overline{K} = d_2\overline{K} = d_2^1\overline{K} + d_2^2\overline{K} \qquad \Rightarrow d_2^2\overline{K} = -d_1\overline{K} - d_2^1\overline{K}$$

Hierbei beschreibt $d_2^1\overline{K}$ den Rücknahmebetrag, der nötig ist, um den Wechselkurs entlang der "flachen" Funktion zurück bis w_m zu bringen; $d_2^2\overline{K}$ beschreibt die weitere Wechselkursanpassung entlang der "steilen" Funktion bis zum neuen Gleichgewichtswechselkurs, der sich für den alten Wert von $\overline{K}$ einstellt. Damit wird über $d_2^2\overline{K}$ der Betrag des "Überschießens" des gleichgewichtigen Wechselkurses über sein Ausgangsniveau erfaßt. Wird die rückläufige Wechselkursbewegung analog in zwei Phasen aufgeteilt, so wird der Rückgang bis auf den Ausgangswechselkurs mit $d_2^1w = -d_1w$ beschrieben. Das Überschießen des Wechselkurses ist entsprechend d_2^2w. Die für d_2^1w nötige Rücknahme von $\overline{K}$ (das ist $d_2^1\overline{K}$) läßt sich unter Verwendung der weniger reagiblen Außenhandelsfunktion bestimmen:

$$(6.41)\quad d_2^1w = \frac{[(s+m)\cdot l_i + l_Y\cdot a_i]\cdot d_2^1\overline{K}}{\left(\frac{X'}{w_m} + w_m\cdot a_X - a_M\right)\cdot[(k_i - a_i)\cdot l_Y - s\cdot l_i]} \qquad \text{mit } d_2^1w = -d_1w \text{ gilt:}$$

$$\frac{[(s+m)\cdot l_i + l_Y\cdot a_i]\cdot d_2^1\overline{K}}{\left(\frac{X'}{w_m} + w_m\cdot a_X - a_M\right)\cdot[(k_i - a_i)\cdot l_Y - s\cdot l_i]} = \frac{-[(s+m)\cdot l_i + l_Y\cdot a_i]\cdot d_1\overline{K}}{\left(\frac{X'}{w_m} + w_m\cdot(a_X + r_X) - (a_M + r_M)\right)\cdot[(k_i - a_i)\cdot l_Y - s\cdot l_i]}$$

$$\Rightarrow \quad d_2^1\overline{K} = \frac{\frac{X'}{w_m} + w_m \cdot a_X - a_M}{\frac{X'}{w_m} + w_m \cdot (a_X + r_X) - (a_M + r_M)} \cdot (-d_1\overline{K})$$

$$\text{mit } d_2^2\overline{K} = -d_1\overline{K} - d_2^1\overline{K} \text{ folgt: } d_2^2\overline{K} = \frac{-(w_m \cdot r_X - r_M)}{\frac{X'}{w_m} + w_m \cdot (a_X + r_X) - (a_M + r_M)} \cdot d_1\overline{K}$$

Das "Überschießen" des Gleichgewichtswechselkurses d_2^2w (bzw. die Remanenz des Gleichgewichtswechselkurses $\tilde{d}w$)[14] läßt sich unter Verwendung von $d_2^2\overline{K}$ und der Gleichgewichtslösung in (6.38) analog zu (6.39) bestimmen:

$$(6.42) \quad d_2^2 w = \tilde{d}w = \frac{(s+m)\cdot l_i + l_Y \cdot a_i}{\left(\frac{X'}{w_m} + w_m \cdot (a_X + r_X) - (a_M + r_M)\right) \cdot [(k_i - a_i)\cdot l_Y - s \cdot l_i]} \cdot d_2^2\overline{K}$$

$$\Rightarrow \quad d_2^2 w = \tilde{d}w = \frac{-(w_m \cdot r_X - r_M) \cdot [(s+m)\cdot l_i + l_Y \cdot a_i]}{\left(\frac{X'}{w_m} + w_m \cdot (a_X + r_X) - (a_M + r_M)\right)^2 \cdot [(k_i - a_i)\cdot l_Y - s \cdot l_i]} \cdot d_1\overline{K}$$

$$\Rightarrow \quad \tilde{d}w = \frac{-(w_m \cdot r_X - r_M)}{\frac{X'}{w_m} + w_m \cdot (a_X + r_X) - (a_M + r_M)} \cdot d_1 w$$

Die Besonderheit dieses hysteretischen Modells ist, daß es sich hier um ein *"dauerhaftes Überschießen"* handelt. Es handelt sich nicht um eine im Rahmen von Anpassungsprozessen auftretende, zeitweilige, sondern um eine *endgültige Abweichung des neuen Gleichgewichtswertes vom Ausgangswechselkurs*. Diese Abweichung ist dauerhaft, obwohl *nur durch eine temporäre Störung verursacht*. Die Richtung der letztlichen Änderung des Gleichgewichtswechselkurses (d_2^2w bzw. $\tilde{d}w$) infolge der temporären Störung ist (wegen der Annahme von w_m als Ausgangswechselkurs) der primären Änderung des Gleichgewichtswechselkurses (d_1w) entgegengesetzt. Auf die Aufwertung infolge der nur temporären Erhöhung des Kapitalimports folgt nach Beenden der zeitweisen Kapitalimporterhöhung damit eine dauerhafte Abwertung der Inlandswährung. Das Ausmaß des "dauerhaften Überschießens" ist umso größer, je größer die Remanenzparameter (r_X und r_M) sind.

Die Änderung des Gleichgewichtswechselkurses kann wieder als remanenter Effekt einer temporären exogenen Störung in einem hysteretischen System ver-

---

[14] Es sollte darauf hingewiesen werden, daß im System flexibler Wechselkurse der Wechselkurs eine endogene Modellgröße ist, und daher mit $\tilde{d}w$ nicht mehr (wie im Festkurssystem) die nur temporäre exogene Störung, sondern die remanente Reaktion auf eine andere temporäre exogene Störung beschrieben wird. Daher ist hier $\tilde{d}w$ nicht mit d_1w sondern mit d_2^2w gleichzusetzen.

standen werden. Nur ist im vorliegenden Fall nicht der Wechselkurs die exogene Variable, die die Störung verursacht. Der Wechselkurs ist endogen; er wird aber durch eine exogene Störung verändert, so daß sich hier indirekt über das endogen erfaßte "Subsystem Außenhandel" remanente Effekte ergeben.

Da der Kapitalverkehr hier durch die Rücknahme der primären Änderung wieder sein Ausgangsniveau erreicht, außerdem die Zahlungsbilanz für ein System flexibler Wechselkurse in der Ausgangssituation ebenso wie nach der Störung ausgeglichen sein muß, ist die Änderung des Gleichgewichtswechselkurses gerade so stark, daß das Ausgangsniveau des Außenbeitrags wieder erreicht wird. Damit ist hier infolge der temporären Störung kein remanenter Effekt auf das Inlandseinkommen und das Zinsniveau festzustellen, obwohl (oder besser gerade weil) der Gleichgewichtswechselkurs über sein Ausgangsniveau hinausgeschossen ist. Dieses ist eigentlich schon unmittelbar an den allgemeinen Gleichgewichtslösungen gemäß (6.38) für das Volkseinkommen (dY) und den Zins (di) zu erkennen. Im Gegensatz zur Bestimmungsgleichung für den Gleichgewichtswechselkurs tritt der Wechselkurskoeffizient h_w, der das hysteretische Verhalten des Außenhandels beinhaltet, nicht in den Lösungsgleichungen für das Einkommen und den Zinssatz in Erscheinung.

Mit Hilfe der allgemeinen Gleichgewichtslösung in (6.38) läßt sich das "Überschießen" des Wechselkurses auch für andere nur temporäre exogene Störungen angeben. Wird eine temporäre Erhöhung der Geldbasis (um d_1B^a) angenommen, so folgt zunächst über die hierdurch induzierte Zinssenkung eine Verringerung der Kapitalimporte und über die zinssenkungsbedingte Erhöhung des Einkommens eine Zunahme der Importe. Beides führt zu einem Devisenangebotsdefizit bzw. Devisennachfrageüberschuß. Ein Gleichgewicht auf dem Devisenmarkt ergibt sich daher nur für einen höheren Wechselkurs, die Inlandswährung wird abgewertet. Die spätere Rücknahme der primären Geldmengensteigerung führt aber wieder zu einer Aufwertung der Inlandswährung, die die primäre Abwertung mehr als kompensiert. Der zeitweisen Abwertung infolge der temporären Geldmengenexpansion folgt hier daher letztendlich eine dauerhafte Aufwertung der Inlandswährung. Das "Überschießen" des Gleichgewichtswertes des Wechselkurses hat folgende Höhe:

$$(6.43) \quad d_2^2 w = \tilde{d}w = \frac{-(w_m \cdot r_X - r_M) \cdot [(s+m) \cdot k_i - m \cdot a_i] \cdot g}{\left(\frac{X'}{w_m} + w_m \cdot (a_X + r_X) - (a_M + r_M)\right)^2 \cdot [(k_i - a_i) \cdot l_Y - s \cdot l_i]} \cdot d_1 B^a$$

Eine zeitweise Erhöhung der Staatsausgaben, die sich in einer Änderung der autonomen Absorption widerspiegelt ($d_1\bar{A}$), führt einkommensbedingt zu vermehrten Importen, induziert aber gleichzeitig über vermehrte Transaktionskassennachfrage eine Zinssteigerung und führt folglich zu einer Kapitalbilanzverbesserung. Der Nettoeffekt hängt (u.a.) von der Zinsreagibilität des Kapitalverkehrs ab. Wird von einer hohen Zinsreagibilität des Kapitalverkehrs ausgegangen, so überkompensiert die Kapitalbilanzverbesserung die Handelsbilanzverschlechterung: Die Inlandswährung wird für diesen Fall durch die primäre Staatsausgabenerhöhung temporär aufgewertet (w sinkt). Bei einer niedrigen Zinsreagibilität des Kapitalverkehrs folgt hingegen eine Abwertung. Wird später die Staatsausgabenerhöhung zurückgenommen, so folgt hieraus auch hier ein (der primären Wechselkursänderung entgegengesetztes) "Überschießen" des Gleichgewichtswertes des Wechselkurses in folgender Höhe:

$$\text{(6.44)} \quad d_2^2 w = \tilde{d}w = \frac{(w_m \cdot r_X - r_M) \cdot (l_Y \cdot k_i + m \cdot l_i)}{\left(\frac{X'}{w_m} + w_m \cdot (a_X + r_X) - (a_M + r_M)\right)^2 \cdot [(k_i - a_i) \cdot l_Y - s \cdot l_i]} \cdot d_1 \bar{A}$$

Auch für die beiden Fälle des nur temporären Einsatzes der Geld- bzw. der Fiskalpolitik ergibt sich nach späterer Rücknahme der primären Änderung keine Zinssatz- und Einkommensänderung gegenüber der Ausgangssituation. Die oben beschriebene Wechselkursanpassung sorgt hier ebenfalls dafür, daß der Außenbeitrag nach Abklingen der exogenen Störung wieder seinen Ausgangswert annimmt, allerdings für einen anderen Gleichgewichtswechselkurs.

Wirtschaftspolitische Implikationen des hysteretischen Außenhandels

Die hier aufgezeigten Hysteresis-Wirkungen haben natürlich auch wirtschaftspolitische Implikationen, die kurz aufgezeigt werden sollen. Es wurde gezeigt, daß nur temporäre Schwankungen ökonomischer Variablen zu einer Änderung im Verhalten des gesamten ökonomischen Systems bzw. der gesamten makroökonomischen Beziehungen und Gleichgewichtswerte führen können. Vor diesem Hintergrund rechtfertigen sich stabilisierende Eingriffe in den Konjunkturverlauf zur Verhinderung anhaltender unerwünschter Remanenzeffekte. Gleichzeitig verbieten sich aber solche Eingriffe in den Wirtschaftsablauf, die zu einem starken Schwanken ökonomischer Größen führen. Wird berücksichtigt, daß der aktive Einsatz des stabilitätspolitischen Instrumentariums mit erheblichen zeitlichen Verzögerungen (im Erkennen von Störungen, in der Durchführung und der Wirkung der Maßnahme etc.) verbunden ist, so kann allerdings auch der in der Höhe oder der zeitlichen Struktur "falsche" Einsatz stabilitätspolitischer Instrumente zu genau den unerwünschten Remanenzeffekten führen, die eigentlich verhindert werden sollten. Bei dem aktiven Einsatz wirtschaftspolitischer Instrumente sollte außerdem beachtet werden, daß sich infolge hysteretischer Effekte auch die ökonomischen Beziehungen mit dem Instrumenteneinsatz selbst ändern können; folglich das Verhalten des "Systems Wirtschaft" vor und nach dem Einsatz einer wirtschaftspolitischen Maßnahme ein anderes sein kann. Für die wirtschaftspolitische Praxis dürften die hier angedeuteten Zusammenhänge zweierlei bedeuten: Zum einen wird die Bedeutung der ökonomischen Stabilität betont und damit auch die Notwendigkeit einer staatlichen stabilitätsorientierten Wirtschaftspolitik aufgezeigt, zum anderen werden aber zusätzlich mögliche Schwierigkeiten bei der Durchführung einer (wie auch immer gearteten) Stabilitätspolitik angedeutet.

Neben der Vermeidung unerwünschter Remanenzeffekte kann eine andere wirtschaftspolitische Implikation auch in der absichtlichen Erzeugung positiver Hysteresis-Wirkungen bestehen. So könnte eine außenhandelspolitische Strategie darin bestehen, durch eine *nur zeitweilige* Abwertung der Inlandswährung, die zu einem später nicht vollständig zurückgenommenen Eintritt inländischer Anbieter in den Auslandsmarkt führt, den Außenbeitrag und damit die inländische Beschäftigung zu erhöhen (wie dies z.B. Gleichung (6.36) für den Fall des Festkurssystems aufzeigt). Dies geschieht allerdings auf Kosten der Beschäftigung im Ausland; daher besteht die Gefahr von Retorsionsmaßnahmen. Soweit das In- und das Ausland dann eine solche Politik betreiben, könnte es entweder zu einem Abwertungswettlauf (wenn beide Länder diese Politik gleichzeitig einsetzen) oder zu einem "Hin und Her" des realen Wechselkurses (wenn die temporären Abwertungen nacheinander durchgeführt werden) kommen. Dies würde die Unsicherheit für die Exporteure in beiden Ländern erhöhen und so den Außenhandel und damit auch die wirtschaftliche Entwicklung in beiden Ländern behindern.

Hiermit soll die Analyse der Remanenzeffekte in makroökonomischen Modellen bei Implementierung eines stark-hysteretischen Außenhandels abgeschlossen werden. Sicherlich ist es möglich, die hier vorgestellte Methodik auch auf weitere (wirklichkeitsnähere) Modelle zu übertragen. Insbesondere würde sich als nächster Schritt die Analyse eines hysteretischen keynesianischen Modells mit internationalen Rückwirkungen und gleichzeitiger Berücksichtigung des internationalen Kapitalverkehrs anbieten. Doch wurde mit den beiden explizit aufgeführten Beispielen der hier verfolgte Zweck, das Aufzeigen der Anwendbarkeit der stark-hysteretischen Außenhandelsbeziehung (insbesondere in der linearisierten Form) in volkswirtschaftlichen Standardmodellen, erreicht. Daher soll die Ausweitung der Anwendung der starken Hysteresis dem interessierten Leser oder der weiteren Forschung überlassen bleiben.

7. Ökonometrische Analyse des linearisierten stark-hysteretischen Außenhandelsmodells

In diesem Kapitel werden die theoretisch hergeleiteten Ergebnisse empirisch überprüft. Als Grundlage hierfür wird das linearisierte stark-hysteretische Modell herangezogen. Als Datenbasis dienen Quartalsdaten der Importe der USA aus Japan für den Zeitraum von 1980 bis 1991. Da das stark-hysteretische Verhalten insbesondere für aggregierte Makrogrößen hergeleitet wurde, werden auch hier nur die aggregierten Importe der USA aus Japan betrachtet; es erfolgt keine Aufspaltung in Produktgruppen. Zunächst wird hier ein ökonometrisches Modell aufgestellt, welches das linear-hysteretische Verhalten erfaßt. Danach wird ein Algorithmus vorgestellt, der für gegebene Wechselkursdaten eine Transformation dieser Daten in das ökonometrische Hysteresis-Modell durchführt. Die Funktionsfähigkeit des Algorithmus wird daraufhin anhand einer kleinen Simulation verdeutlicht. Der Algorithmus dient schließlich zur Schätzung des linear-hysteretischen Modells für die gegebene Datenbasis.

7.1 Das ökonometrische Modell

Es wird eine ökonometrische Modellgleichung aufgestellt, die eine Schätzung der linear-hysteretischen Handelsbilanzgleichung ermöglicht. Das linear-hysteretische Regressionsmodell beruht auf dem allgemeinen linearen Regressionsmodell, welches in Matrixnotation wie folgt lautet:[1]

(7.1) $[y]_{T\times 1} = [X]_{T\times K} \cdot [\beta]_{K\times 1} + [u]_{T\times 1}$

T ist die Zahl der Beobachtungspunkte, [y] der Vektor der Werte der abhängigen Variablen; [X] ist eine Matrix mit den Werten der (K-1) erklärenden Variablen. Die Werte der jeweiligen erklärenden Variablen bilden in der Matrix [X] die Spaltenvektoren; die erste der K Spalten beinhaltet zur Erfassung des Ordinatenabschnitts einen Vektor, dessen Elemente alle den Wert eins haben. [β] ist der Vektor der unbekannten "wahren" Parameter. Die Störvariablen u_t (t=1,...,T) der stochastischen Beziehung sind im Störvariablenvektor [u] erfaßt. Die Störvariablen seien identisch unabhängig normalverteilt mit dem Mittelwert von null und der konstanten Varianz σ^2; außerdem soll keine Korrelation zwischen der Störvariablen und den erklärenden Variablen bestehen. Die Kleinste-Quadrate-Schätzung der "wahren" Beziehung wird mit $[y] = [X]\cdot[b] + [e]$

---

1 Zum allgemeinen linearen Regressionsmodell vgl. z.B. Judge/Hill/Griffiths/Lütkepohl/Lee (1988), S. 178 ff., oder Johnston (1984), S 168 ff.

beschrieben, wobei [b] die KQ-Schätzwerte für [β] angibt; der KQ-Residuenvektor [e] ist daher vom Vektor der Störvariablen [u] zu unterscheiden.

Hysteretischer Ansatz mit einer verursachenden Variablen

Die linear-hysteretische Handelsbilanzgleichung für das i-te Teilstück, welches dem i-ten Switch-Wechselkurs w_i folgt, lautete:

$$\text{(5.11)} \quad H_i = \bar{a} - (a + D_i^s \cdot r) \cdot w_m + V_i + \{ a + D_i^s \cdot r \} \cdot w \qquad (i = 0,1,\ldots, p)$$

mit: $a, r \geq 0$

$$D_i^s = \begin{cases} 0 & \text{für } (w - w_m)\cdot(w - w_i) \leq 0 \\ 1 & \text{für } (w - w_m)\cdot(w - w_i) > 0 \end{cases}$$

$$V_i = r \cdot \left[\sum_{j=1}^{i} (-1)^{j+1} \cdot (w_j - w_m) \right]$$

Der zu erstellende Regressionsansatz hat einerseits die Verschiebung, die sich mit einem Übergang bzw. Switch von einer linearen Teillinie zu einer anderen ergibt, zu berücksichtigen; andererseits müssen die Restriktionen, die sich aus der Bedingung stetiger Übergänge ergeben, erfaßt werden. In der mit (5.11) aufgestellten linear-hysteretischen Gleichung sind diese Restriktionen implizit enthalten. Im ökonometrischen Modell sollen, da alle linearen Teilstücke der linear-hysteretischen Gleichung erfaßt werden sollen, diese Restriktionen ebenfalls implizit mitberücksichtigt werden. Die Erfassung der Verschiebung der linearen Teilstücke, der Steigungsunterschiede und der "Verknüpfungsrestriktionen" des linear-hysteretischen Modells soll durch Hinzufügen einer künstlich aus der Entwicklung des Wechselkurses ermittelten sog. "Hysteresis-Variablen" als zusätzliche erklärende Variable zum einfachen linearen Regressionsmodell erfolgen. Der Parameter dieser Variablen wird der "Remanenzparameter" r sein. Die Beobachtungswerte der abhängigen Variablen (H) und der hysteretisch-erklärenden Inputvariablen (w) werden für die (i=0,1,..., p) Teilstücke der linear-hysteretischen Beziehung einzeln angegeben; diese p+1 Teilvektoren werden dann für H und für w jeweils zu einem Spaltenvektor übereinandergestapelt. Der so gestapelte Spaltenvektor für H nimmt die Stelle von [y] ein; der gestapelte Spaltenvektor für w bildet (nach dem Einservektor) die zweite Spalte in der Regressorenmatrix [X]. Den Unterschied zum einfachen linearen Regressionsmodell bildet nun die zusätzliche Aufnahme der Werte der "Hysteresis-Variablen" als Spaltenvektor in der Matrix der erklärenden Variablen. Die T_i Werte der Hysteresis-Variablen für das i-te lineare Teilstück werden in dem i-ten Teil(-spalten-)vektor $[d_i]_{T_i \times 1}$ in der Spalte für die

Hysteresis-Variable erfaßt. Der Wert der Hysteresis-Variablen d_{it_i} für die t_i-te Beobachtung auf dem i-ten Teilstück wird wie folgt berechnet:

$$(7.2)\qquad d_{it_i} = \left[\sum_{j=1}^{i} (-1)^{j+1} \cdot (w_j - w_m) \right] - D_i^s \cdot w_m + D_i^s \cdot w_{it_i}$$

mit: $i = 0,1,\ldots, p$ und $t_i = 1,\ldots, T_i$

Der in Klammern stehende erste Summand entspricht (V_i / r) und berücksichtigt damit die Verschiebung der linearen Teilstücke durch die vorangegangene Wechselkursentwicklung. Um die Verschiebung über alle vorangehenden Switches zu erfaßen, erfolgt für das i-te Teilstück hier eine Summation der vorangegangenen Verschiebungen (über j=1 bis i). Der zweite Summand korrigiert die durch die Steigungsänderung verursachte Änderung des Ordinatenabschnitts. Der letzte Summand berücksichtigt schließlich den Steigungsunterschied zwischen den linearen Teilstücken.

Werden alle Beobachtungspunkte (und damit alle p linearen Teilstücke) in einer Matrizengleichung erfaßt, so lautetet das linear-hysteretische Regressionsmodell:

$$(7.3)\qquad \begin{bmatrix} [h_0] \\ [h_1] \\ \vdots \\ [h_i] \\ \vdots \\ [h_p] \end{bmatrix} = \begin{bmatrix} [j_0] & [w_0] & [d_0] \\ [j_1] & [w_1] & [d_1] \\ \vdots & \vdots & \vdots \\ [j_i] & [w_i] & [d_i] \\ \vdots & \vdots & \vdots \\ [j_p] & [w_p] & [d_p] \end{bmatrix} \cdot \begin{bmatrix} \bar{a} - a \cdot w_m \\ a \\ r \end{bmatrix} + [\,u\,]_{T \times 1}$$

Zur Erläuterung der Symbolik sollen die Teilvektoren, aus denen sich die Vektoren und Matrizen des gesamten Ansatzes in (7.3) zusammensetzen, jeweils für das i-te lineare Teilstück (welches dem i-ten Switch folgt) ausführlicher dargestellt werden (i = 0,1,..., p):

$$[h_i]_{T_i \times 1} = \begin{bmatrix} H_{i1} \\ H_{i2} \\ \vdots \\ H_{it_i} \\ \vdots \\ H_{iT_i} \end{bmatrix} \qquad [w_i]_{T_i \times 1} = \begin{bmatrix} w_{i1} \\ w_{i2} \\ \vdots \\ w_{it_i} \\ \vdots \\ w_{iT_i} \end{bmatrix} \qquad [j_i]_{T_i \times 1} = \begin{bmatrix} 1 \\ 1 \\ \vdots \\ 1 \end{bmatrix}$$

$$[d_i]_{T_i \times 1} = \begin{bmatrix} \left[\sum_{j=1}^{i} (-1)^{j+1} \cdot (w_j - w_m)\right] - D_i^s \cdot w_m + D_i^s \cdot w_{i1} \\ \left[\sum_{j=1}^{i} (-1)^{j+1} \cdot (w_j - w_m)\right] - D_i^s \cdot w_m + D_i^s \cdot w_{i2} \\ \vdots \\ \left[\sum_{j=1}^{i} (-1)^{j+1} \cdot (w_j - w_m)\right] - D_i^s \cdot w_m + D_i^s \cdot w_{it_i} \\ \vdots \\ \left[\sum_{j=1}^{i} (-1)^{j+1} \cdot (w_j - w_m)\right] - D_i^s \cdot w_m + D_i^s \cdot w_{iT_i} \end{bmatrix}$$

$[h_i]$: Vektor der abhängigen Variablen für das lineare Teilstück nach dem i-ten Switch

$[w_i]$: Vektor der hysteretisch-verursachenden Variablen nach dem i-ten Switch

$[j_i]$: Vektor, dessen Elemente den Wert eins haben

$[d_i]$: Vektor, der die Steigungsunterschiede und die Verschiebungen der linearen Teilstücke erfaßt (Vektor der "Hysteresis-Variablen")

$[u]$: Vektor der Störvariablen, allerdings über alle T Beobachtungen; die Störvariablen sollen über alle Beobachtungen identisch unabhängig normalverteilt sein (mit konstanter Varianz und dem Mittelwert von null)

i : Index für das dem i-ten Switch folgende lineare Teilstück ($i = 0,1,\ldots, p$)

T : Gesamtzahl der Beobachtungen über alle Teilstücke

T_i : Gesamtzahl der Beobachtungen für ein lineares Teilstück ($T = \sum_{i=0}^{p} T_i$)

t_i : Index für die Beobachtungen innerhalb eines Teilstücks ($t_i = 1,\ldots,T_i$)

D_i^s : Wert des Steigungsdummys D^s, der für das i-te Teilstück gilt

H_{it_i} : Wert der abhängigen Variablen für den t_i-ten Beobachtungspunkt des i-ten Teilstücks

w_{it_i} : Wert der verursachenden Variablen (des Wechselkurses) für den t_i-ten Beobachtungspunkt des i-ten Teilstücks

Normierung auf den "mittleren" Wechselkurs w_m und Berücksichtigung von weiteren erklärenden Variablen

Der so aufgestellte Ansatz soll nun zum einen vereinfacht werden, indem die Werte für die Wechselkurse normiert, d.h. als Differenz zu w_m erfaßt werden, zum anderen soll eine Erweiterung des Ansatzes erfolgen, so daß eine Berücksichtigung weiterer erklärender Variablen ohne direkt-hysteretischen Einfluß (z.B. von Quartalsdummys zur Saisonbereinigung) möglich ist. Die auf den Switch-Wechselkurs w_m normierten Wechselkurse sind über das hochgestellte "s" kenntlich gemacht worden. Die Ausgangsfunktion für den Handelsbilanzsaldo im t_i-ten Beobachtungspunkt, der dem i-ten Switch folgt, lautet bei Berücksichtigung von (K–3) zusätzlichen erklärenden Variablen Z_{4it_i} bis Z_{Kit_i}:

$$(7.4)\quad H_{it_i} = \bar{a} + \left[\sum_{j=1}^{i} (-1)^{j+1} \cdot (w_j - w_m) \right] \cdot r + (a + D_i^s \cdot r) \cdot (w_{it_i} - w_m) + a_4 \cdot Z_{4it_i} + a_5 \cdot Z_{5it_i} + \ldots + a_K \cdot Z_{Kit_i}$$

Unter Verwendung der auf w_m normierten Wechselkursgrößen ergibt sich:

$$(7.5)\quad H_{it_i} = \bar{a} + \left[\sum_{j=1}^{i} (-1)^{j+1} \cdot w_j^s \right] \cdot r + (a + D_i^s \cdot r) \cdot w_{it_i}^s + a_4 \cdot Z_{4it_i} + \ldots + a_K \cdot Z_{Kit_i}$$

$$= \bar{a} + r \cdot \left\{ \left[\sum_{j=1}^{i} (-1)^{j+1} \cdot w_j^s \right] + D_i^s \cdot w_{it_i}^s \right\} + a \cdot w_{it_i}^s + a_4 \cdot Z_{4it_i} + \ldots + a_K \cdot Z_{Kit_i}$$

$$= \bar{a} + a \cdot w_{it_i}^s + r \cdot d_{it_i} + a_4 \cdot Z_{4it_i} + \ldots + a_K \cdot Z_{Kit_i}$$

$$\text{mit:}\quad D_i^s = \begin{cases} 0 \text{ für } w_{it_i}^s \cdot (w_{it_i}^s - w_i^s) \le 0 \\ 1 \text{ für } w_{it_i}^s \cdot (w_{it_i}^s - w_i^s) > 0 \end{cases}$$

$$w_{it_i}^s = w_{it_i} - w_m \;;\; w_i^s = w_i - w_m \;;\; w_j^s = w_j - w_m$$

Werden alle Beobachtungspunkte gleichzeitig in dem ökonometrischen Modell (unter Hinzunahme der Störvariablen) erfaßt, so lautet die erweiterte Version:

$$(7.6)\quad \begin{bmatrix} [h_0] \\ [h_1] \\ \vdots \\ [h_i] \\ \vdots \\ [h_p] \end{bmatrix} = \begin{bmatrix} [j_0] & [w_0^s] & [d_0] & [Z_0] \\ [j_1] & [w_1^s] & [d_1] & [Z_1] \\ \vdots & \vdots & \vdots & \vdots \\ [j_i] & [w_i^s] & [d_i] & [Z_i] \\ \vdots & \vdots & \vdots & \vdots \\ [j_p] & [w_p^s] & [d_p] & [Z_p] \end{bmatrix} \cdot \begin{bmatrix} \bar{a} \\ a \\ r \\ [a] \end{bmatrix} + [\,u\,]_{T \times 1}$$

$$\text{mit:}\quad [Z_i]_{T_i \times K} = \begin{bmatrix} Z_{4i1} & Z_{5i1} & \cdots & Z_{Ki1} \\ Z_{4i2} & Z_{5i2} & \cdots & Z_{Ki2} \\ \vdots & \vdots & \ddots & \vdots \\ Z_{4it_i} & Z_{5it_i} & \cdots & Z_{Kit_i} \\ \vdots & \vdots & \ddots & \vdots \\ Z_{4iT_i} & Z_{5iT_i} & \cdots & Z_{KiT_i} \end{bmatrix} \qquad [a]_{(K-3) \times 1} = \begin{bmatrix} a_4 \\ a_5 \\ \vdots \\ a_K \end{bmatrix}$$

$$[w_i^s]_{T_i \times 1} = \begin{bmatrix} w_{i1}^s \\ w_{i2}^s \\ \vdots \\ w_{it_i}^s \\ \vdots \\ w_{iT_i}^s \end{bmatrix} \qquad [d_i]_{T_i \times 1} = \begin{bmatrix} \left[\sum_{j=1}^{i} (-1)^{j+1} \cdot w_j^s\right] + D_i^s \cdot w_{i1}^s \\ \left[\sum_{j=1}^{i} (-1)^{j+1} \cdot w_j^s\right] + D_i^s \cdot w_{i2}^s \\ \vdots \\ \left[\sum_{j=1}^{i} (-1)^{j+1} \cdot w_j^s\right] + D_i^s \cdot w_{it_i}^s \\ \vdots \\ \left[\sum_{j=1}^{i} (-1)^{j+1} \cdot w_j^s\right] + D_i^s \cdot w_{iT_i}^s \end{bmatrix}$$

Ökonometrische Eigenschaften des Modells

Um eine Beurteilung des später vorzustellenden Schätzalgorithmus zu ermöglichen, werden zunächst die ökonometrischen Eigenschaften des Modells systematisch aufgeführt. Das hier vorgestellte ökonometrische Modell läßt sich insbesondere durch folgende Merkmale charakterisieren:

- Das Modell basiert auf einer stückweise linearen Beziehung, deren zeitlich aufeinanderfolgenden linearen Teilstücke zum einen von der vergangenen Inputentwicklung abhängen und zum anderen über sog. "Join Points" oder auch "Knots" miteinander verbunden sind. Die Übergänge von einem zum nächsten linearen Teilstück werden hierbei durch den Wert der hysteretisch erklärenden Variablen selbst gesteuert (es liegt jeweils ein lokaler Wechselkurs-Extremwert oder ein w_m-Übergang vor). Da die einzelnen aufeinanderfolgenden Teilstücke miteinander verbunden sind, handelt es sich hier um einen Spezialfall der "Switching Regression": Dieses Modell ist einem Modell linearer "Splines"[2] ähnlich.[3]
- Soweit es sich bei den Verknüpfungspunkten um lokale Extremwerte handelt, ist die Lage der Verknüpfungspunkte bekannt. Die Lage des "mittleren Wechselkurses" w_m ist hingegen unbekannt und muß folglich geschätzt werden. Die Lage des unbekannten Schwellenwechselkurses w_m differenziert unterschiedliche Teilstücke, für die jeweils eine andere Steigung gilt, wobei nur zwei unterschiedliche Steigungen auftreten. Wird nur von der Steigung

---

2 Zur Definition linearer "Spline"-Funktionen vgl. z.B. Poirier (1976), S. 9, oder Johnston (1984), S. 392 ff.

3 Lineare "Spline"-Regressionsmodelle können als Spezialfall der linearen "Switching Regression"-Ansätze gesehen werden. Dies wird bei Poirier (1976), S. 117, näher ausgeführt.

bzw. vom Schwellenwechselkurs ausgegangen, liegen nur zwei unterschiedliche Steigungs-Bereiche bzw. Steigungs-"Regimes" vor, zwischen denen zum einen (unproblematisch) über die bekannten lokalen Wechselkursextremwerte und zum anderen (problematischer) über den zu schätzenden Schwellenwechselkurs differenziert wird.

- Die Lage des linearen Teilstückes zwischen zwei "knots" ist eindeutig bestimmt; damit sind die linearen Teilstücke identifizierbar (soweit die Gesamtzahl der Beobachtungspunkte T die Zahl der zu schätzenden Parameter übersteigt).[4] Aufeinanderfolgende Teilstücke haben aufgrund des Aufbaus der linear-hysteretischen Beziehung unterschiedliche Parameter und sind daher voneinander zu unterscheiden (sie haben für $r \neq 0$, d.h. beim Auftreten von Hysteresis, eine unterschiedliche Steigung; für $r = 0$ erübrigt sich die Anwendung des hysteretischen Ansatzes).
- Die Zahl der zu schätzenden Parameter zur Beschreibung der komplexen Dynamik ist gering. So sind zur Erfassung des hysteretischen Verhaltens bezüglich einer Inputvariablen nur die Grundsteigung a, der Remanenzparameter r und der Schwellenwechselkurs w_m zu bestimmen.

Die für die Schätzeigenschaften wichtigen Annahmen zu den stochastischen Eigenschaften der Störvariablen und der Regressoren seien explizit genannt: Die Störvariablen für das ökonometrische Modell zum linear-hysteretischen Ansatz sollen über alle Teilstücke unabhängig identisch normalverteilt sein mit konstanter endlicher Varianz und einem Mittelwert von null. Für die erklärenden Variablen sei Meßfehlerfreiheit angenommen (für Wechselkursdaten sicherlich gegeben), außerdem soll die Fehlervariable nicht mit den erklärenden Variablen korreliert sein.

Die oben genannten Modelleigenschaften und -annahmen haben Auswirkungen auf das zu wählende Schätzverfahren und die Eigenschaften der ermittelten Schätzwerte, die hier daher aufgeführt werden sollen:

- Da der Wert für w_m a priori nicht bekannt ist, ist der Ansatz, soweit von einer direkten Schätzung aller Unbekannten (der "eigentlichen" Koeffizienten des Koeffizientenvektors und zusätzlich w_m) ausgegangen wird, nichtlinear in den Parametern.[5]

---

4 Zum Konzept der Identifizierbarkeit einzelner Teilstücke einer Funktion, die sich aus mehreren miteinander verknüpften Teilstücken zusammensetzt, vgl. Poirier (1976), S. 121 ff., sowie Feder (1975).

5 Die Linearität in den Variablen ist von der Linearität in den Parametern zu unterscheiden. Vgl. hierzu z.B. Johnston (1984), S. 60 ff.

- Die Annahmen zu den Störvariablen entsprechen den Annahmen des einfachen (linearen) Regressionsmodells. Diese stellen sicher, daß dort die Kleinste-Quadrate-(KQ-) Schätzer der Modellparameter zum einen "Best Linear Unbiased Estimators" sind (BLUE-Eigenschaft). Die Normalverteilungsannahme bewirkt zum anderen, daß die KQ-Schätzer als Maximum-Likelihood-(ML-)Schätzer anzusehen sind.[6] Wäre hier die Lage aller Übergangsstellen bekannt, und würden auch die sonstigen Annahmen des ökonometrischen Hysteresis-Modells dem Prozeß der Datengenerierung zugrunde liegen, so würde für den vorliegenden Ansatz die einfache KQ-Schätzung analoge Optimaleigenschaften besitzen.[7] Dies wäre der Fall, wenn aus einer ökonomischen Überlegung heraus der Schwellenwechselkurs w_m von vornherein *richtig* festgesetzt und damit als bekannt vorausgesetzt wird (z.B. in Höhe des Kaufkraftparitätenkurses).
- Bei allgemeinen Switching-Regression-Ansätzen wird nicht die Stetigkeits- bzw. Verknüpfungsannahme für aufeinanderfolgende Teilstücke getroffen. Sind in einer solchen Situation die Übergangsstellen nicht bekannt, führt dies zu Unstetigkeiten und lokalen Maxima in der Likelihoodfunktion, der ML-Schätzer läßt sich daher nicht mehr ohne weiteres ermitteln.[8] Hier gilt aber der Spezialfall verknüpfter Teilstücke, für die die Likelihoodfunktion zumindest günstigere asymptotische Eigenschaften aufweist. Der KQ- (als ML-) Schätzer führt dann immerhin zu konsistenten (d.h. asymptotisch unverzerrten Schätzern bei degenerierter Stichprobenverteilung der Schätzwerte) und asymptotisch normalverteilten Schätzern. Die Kleine-Stichproben-Eigenschaften des Schätzansatzes bleiben aber problematisch.[9]

Vor diesem Hintergrund wird als Schätzprinzip zur Ermittlung der Unbekannten des ökonometrischen hysteretischen Ansatzes die Minimierung der Abweichungsquadratsumme, d.h. das KQ-Schätzprinzip, angewandt; allerdings unter Einschränkungen. Die (bedingte) Minimierung der Abweichungsquadratsumme soll hier nur in der Weise erfolgen, daß für den Switch-Wechselkurs w_m jeweils nur die Werte aus der zugrundeliegenden Wechselkursentwicklung vorgegeben werden. Der Ansatz wird dann für alle jeweils gegebenen w_m-Werte mittels des KQ-Verfahrens geschätzt. Schließlich wird der Wert für w_m gewählt, der

---

6 Vgl. hierzu z.B. Judge/Hill/Griffiths/Lütkepohl/Lee (1988), S. 202 ff. sowie S. 223 f., oder Johnston (1984), S. 25 ff. sowie S. 274 ff.

7 Vgl. z.B. Judge/Griffiths/Hill/Lütkepohl/Lee (1985), S. 799 sowie S. 802 f.

8 Vgl. Hujer (1986), S. 231 ff., sowie Poirier (1976), S. 108 ff.

9 Einen Überblick über die Eigenschaften des ML- (bzw. KQ-) Schätzers für eine Situation mit einem unbekannten aber stetigen Switch-Punkt liefert Poirier (1976), S. 117 ff. Vgl. auch Hudson (1966) und Hinkley (1969).

unter dieser beschränkten Auswahl die Abweichungsquadratsumme minimiert. Dieses Vorgehen läßt sich folgendermaßen legitimieren: Zum einen liegt der so ermittelte w_m-Schätzwert, soweit die gegebenen Wechselkurswerte hinreichend nah beieinanderliegen, relativ nah an dem Schätzwert, der sich bei einer analytisch exakten Ermittlung des absoluten Minimums der Abweichungsquadratsumme ergeben hätte. Außerdem würde die Ermittlung, Programmierung und Anwendung eines Algorithmus zur exakten Ermittlung des Schwellenwechselkurses den Rahmen dieser eher volkswirtschaftlich als statistisch angelegten Arbeit sprengen. Dies insbesondere vor dem Hintergrund, daß die Abweichungsquadratsumme für variierende Übergangsstellen lokale Minima aufweisen kann, die in der Praxis nicht einfach vom globalen Minimum zu unterscheiden sind, wodurch die Algorithmuserstellung erschwert wird.[10] Der Schätzfehler, der durch dieses vereinfachte Verfahren möglicherweise auftritt, ist auch vor dem Hintergrund vernachlässigbar, daß in kleinen Stichproben auch der über das absolute Minimum der Abweichungsquadratsumme ermittelte Schätzer für w_m verzerrt ist, eine hohe Varianz aufweist und (im Gegensatz zu den Schätzern für die "eigentlichen" Parameter des Koeffizientenvektors) auch approximativ kaum normalverteilt ist.[11] Aus diesen Gründen dürfte der bei exakter Minimumermittlung errechnete Schätzer für w_m statistisch kaum von dem w_m-Schätzer abzugrenzen sein, der über das hier angewandte Verfahren ermittelt wird. Der Zweck der hier durchgeführten empirischen Analyse ist der, daß die prinzipielle Eignung des oben entwickelten linear-hysteretischen Modells zur Beschreibung des wechselkursabhängigen Verhaltens von Außenhandelsgrößen aufgezeigt werden soll, insbesondere im Gegensatz zum üblichen einfachen linearen Regressionsansatz. Gerade dies läßt sich aber ohne weiteres auch mit der hier ermittelten Näherungslösung für den w_m-Schätzer aufzeigen. Im anschließenden Abschnitt wird außerdem anhand einer simulierten Datenreihe noch aufgezeigt werden, welche Auswirkungen ein (um einen geringen Betrag) falsch gesetzter w_m-Kurs auf die Erklärungsgenauigkeit sowie die Höhe der Schätzwerte der anderen Modellparameter hat. Probleme könnten für den Fall auftreten, daß der eigentliche Schwellenwechselkurs außerhalb des Bereiches liegt, der von den Werten der vorliegenden Wechselkursentwicklung abgedeckt wird. Liegt der "wahre" Schwellenwert außerhalb dieses Bereiches würde sich die gesamte Entwicklung im betrachteten Beob-

---

10 Zu den Schwierigkeit bei der Aufstellung und Anwendung eines solchen Algorithmus vgl. Poirier (1976), S. 118, sowie Hudson (1966).

11 Zu den Eigenschaften der Schätzer für den Übergangspunkt bei kleinen Stichprobengrößen sowie für die anderen Parameter in einem Modell mit unbekanntem aber stetigem Übergang vgl. Poirier (1976), S. 129, sowie Hinkley (1969) und Hinkley (1971).

achtungszeitraum entweder im Bereich ober- oder unterhalb von w_m abspielen. Der Plot der geschätzten hysteretischen Beziehung wäre in einer solchen Situation dann aber völlig identisch für die beiden Fälle des Zugrundelegens des "wahren" Schwellenkurses oder aber der Vorgabe des (absoluten) Extremwertes in der tatsächlichen Wechselkursentwicklung, der dem "wahren" w_m-Wert am nächsten liegt, da sich für beide Fälle die gleiche Regimezuordnung für die vorliegenden Beobachtungspunkte ergeben würde. Die Qualität der Schätzung aller anderen Parameter (außer w_m) wäre damit in einer solchen Situation nicht beeinträchtigt. Liegt der ermittelte w_m-Schätzwert auf dem Minimal- bzw. Maximalwert der tatsächlichen Inputentwicklung, sollte aber die hier aufgezeigte Möglichkeit beachtet werden.

7.2 Ein Algorithmus zur Schätzung des linear-hysteretischen Modells

Der ökonometrische Ansatz wurde bisher nur in allgemeiner theoretischer Form aufgestellt. Es wurde aber noch nicht gezeigt, wie man bei einer gegebenen Wechselkurs-Zeitreihe die vorliegenden Daten so transformiert bzw. anordnet, daß sich der oben beschriebene Aufbau des ökonometrischen Hysteresis-Modells ergibt. Hierbei ist insbesondere die Herleitung des Vektors der "Steigungs- und Verschiebungs-Variablen" (oder auch Hysteresis-Variablen) $[d_i]$ aus der Wechselkurs-Zeitreihe im konkreten Fall darzustellen. Da die Schätzung des Modells mit Hilfe eines Regressions-Programms auf dem Computer erfolgt, ist der hier dargestellte Algorithmus dergestalt ausgelegt, daß er eine automatisierte Durchführung am PC erlaubt.

Da jeder einzelne Wechselkurswert sukzessive als w_m-Wert gesetzt wird, um danach die Abweichungsquadratsumme bzw. den Anteil der erklärten Abweichungsquadratsumme (das ist das Bestimmtheitsmaß r^2) ebenso wie die zugehörigen Schätzwerte der anderen Modellparameter zu ermitteln, kann für die jeweilige KQ-Schätzung bzw. bei der hierzu notwendigen Datentransformation von einem bekannten "mittleren" Wechselkurs w_m ausgegangen werden. Der Algorithmus muß für einen gegebenen Wert von w_m die linearen Teilstücke des linear-hysteretischen Ansatzes "erkennen". Dies geschieht, indem zum einen anhand der ersten Differenzen der Wechselkurszeitreihe die Entwicklungsrichtung des Wechselkurses festgestellt wird. Zum anderen wird geprüft, ob der Wechselkurs ober- bzw. unterhalb von w_m liegt und ob der Wechselkurs zwischenzeitlich die w_m-Schwelle überschreitet. Die Verwendung der ersten Differenzen kann dazu führen, daß der hier vorgestellte Algorithmus versagt, soweit der Wechselkurs als Inputvariable über mehrere Perioden unverändert bleibt. In einem System flexibler Wechselkurse ist hiervon aber kaum auszugehen.

Neben der Identifikation der Übergänge zwischen den einzelnen linearen Teilstücken muß der Algorithmus noch die Berechnung der Lage des Steigungsdummys sowie der Verschiebung ermöglichen, um die Lage der linearen Teilstücke im Rahmen des ökonometrischen Schätzansatzes zu berechnen.

Der Algorithmus besteht aus folgenden Schritten:[12]

(1.) Zunächst muß die Wechselkurs-Originalreihe w um zwei fiktive Beobachtungspunkte erweitert werden: Der Wert für w_m muß als Beobachtungspunkt vor dem ersten eigentlichen Wert ergänzt werden. Außerdem soll w_m als fiktiver Wert an das Ende der Originalreihe angefügt werden.[13]

(2.) Die auf w_m normierten Wechselkurse w^s werden berechnet durch:

$$w^s = w - w_m$$

(3.) Die Berechnung der 1. Differenzen Δw erfolgt über:

$$\Delta w = w - w_{-1} \qquad \text{(oder genauer: } \Delta w_t = w_t - w_{t-1}\text{)}$$

(4.) Die Identifikation der lokalen Extremwerte $w_{i,e}$ (hier keine Erfassung des Schwellenwechselkurses, daher das zusätzliche Subskript "$_{,e}$") in der Inputentwicklung erfolgt mittels der ersten Differenzen. Liegt ein Extremwert vor, so nimmt $w_{i,e}$ den Wert von w an, andernfalls den Wert null:

$$w_{i,e} = \begin{cases} w & \text{für } \Delta w \cdot \Delta w_{+1} < 0 \\ 0 & \text{sonst} \end{cases}$$

(5.) Die Bestimmung einer Reihe von normierten lokalen Extremwerten (mit Hilfe der ersten Differenzen). Soweit ein lokaler Extremwert vorliegt, enthält $w^s_{i,e}$ den normierten Wert für den Wechselkurs, sonst den Wert null:

$$w^s_{i,e} = \begin{cases} w^s & \text{für } \Delta w \cdot \Delta w_{+1} < 0 \\ 0 & \text{sonst} \end{cases}$$

(6.) Bestimmung einer Dummyvariablen zur Kennzeichnung des Vorliegens eines Extremwertes: Liegt ein Extremwert vor, so nimmt D^{ext} den Wert eins an, andernfalls den Wert null:

$$D^{ext} = \begin{cases} 1 & \text{für } w_{i,e} \neq 0 \vee w^s_{i,e} \neq 0 \\ 0 & \text{sonst} \end{cases}$$

---

[12] Die Umsetzung des Algorithmus in eine Form, die eine direkte Implementierung in EDV-Programme erlaubt, findet sich im Anhang, S. A-1 ff. Dort werden zwei alternative Formen der technischen Umsetzung beschrieben.

[13] Der Zweck dieser Erweiterungen ist rein technischer Natur: Die spätere Errechnung der Hysteresis-Variablen erfolgt mit Hilfe der ersten Differenzen (und über die Differenzen zu w_m); hierzu bedarf es sinnvoller Ausgangs- und Endwerte. Im übrigen werden die Anfangswerte aller verwendeten Variablen, soweit nicht anders aufgeführt, für die ergänzte fiktive Vorperiode gleich null gesetzt.

(7.) Ermittlung einer Kennzeichnung für einen w_m-Übergang zwischen dem vorangegangenen und dem jetzigen Beobachtungspunkt. Die Dummyvariable $V^{w_m üb}$ kennzeichnet somit einen "*vorangegangenen* w_m-Übergang"; liegt ein solcher vor, nimmt $V^{w_m üb}$ den Wert eins an (sonst den Wert null).

$$V^{w_m üb} = \begin{cases} 1 \text{ für } (w^s \cdot w^s_{-1} < 0) \vee [(w^s_{-1} = 0) \wedge (\Delta w \cdot \Delta w_{-1} > 0)] \\ 0 \text{ sonst} \end{cases}$$

(8.) Der Index i zur Beschreibung der Zahl der *vorangegangenen* "Switches" wird aus dem Index der Vorperiode und der Dummyvariablen zur Kennzeichnung der Extremwerte (aus der Vorperiode) sowie derjenigen zur Kennzeichnung des vorangegangenen w_m-Übergangs bestimmt:

$$i = i_{-1} + D^{ext}_{-1} + V^{w_m üb}$$

(9.) Die Veränderung der "Verschiebungsvariablen" für den *folgenden* Zeitraum durch den hier auftretenden Extremwert ist:

$$\Delta(V_i / r) = (-1)^i \cdot w^s_{i,e}$$

(10.) Der Wert der "Verschiebungsvariablen" selbst ergibt sich aus der zeitlichen Aggregation der Veränderungen:

$$(V_i / r) = (V_i / r)_{-1} + \Delta(V_i / r)_{-1}$$

(11.) Der Steigungsdummy D^s_i folgt als:

$$D^s_i = \begin{cases} 1 \text{ für } w^s \cdot \Delta w > 0 \\ 0 \text{ sonst} \end{cases}$$

(12.) Als Hysteresis-Variable d_i folgt schließlich:

$$d_i = (V_i / r) + D^s_i \cdot w^s$$

(13.) Die der jeweiligen Schätzung zugrundeliegende Gleichung ergibt sich nun analog zu Gleichung (7.5) mit:

$$H_i = \bar{a} + a \cdot w^s + r \cdot d_i$$

Die über die oben beschriebene Vorgehensweise erzeugte Handelsbilanzgleichung zeigt deutlich den Vorteil des hier gewählten Ansatzes auf: Die Hysteresis-Variable (d_i) ist nur als zusätzliche erklärende Variable in den Schätzansatz aufzunehmen. Der zu schätzende zugehörige Parameter entspricht dem Remanenzparameter r. Da das hysteretische Verhalten durch das Anfügen einer "künstlich erzeugten" Variable erfaßt wird, ist die Erweiterung des Ansatzes zur Erfassung der Hysteresis über eine zusätzliche erklärende Variable rein technisch ebenso unproblematisch wie das Hinzufügen einer weiteren erklärenden Variablen in einer linearen Mehrfach-Regression.

Eine Simulation des linear-hysteretischen Modells

Mit Hilfe des Algorithmus wurde für eine fiktive Wechselkursentwicklung sowie für fiktiv vorgegebene Parameterwerte die zugehörige linear-hysteretische Handelsbilanzgleichung simuliert.[14] Anhand des simulierten Beispiels soll zweierlei gezeigt werden: Zum einen die Funktionsfähigkeit des Algorithmus zur Simulation des linear-hysteretischen Modells. Es wird aufgezeigt, daß mit Hilfe der oben beschriebenen Vorgehensweise die Lage der linearen Teilstücke des linearisierten Modells richtig bestimmt wird. Der zweite Grund für die Simulation einer fiktiven linear-hysteretischen Handelsbilanzgleichung besteht darin, daß anhand dieses Beispiels die Folgen einer Fehlspezifikation des Schätzansatzes für den Fall eines hysteretischen Datengenerierungsprozesses aufgezeigt werden können. In der Tab. 7.1 sind die Simulationsergebnisse (für die Parameterkonstellation $\bar{a}=10$; $a=2$; $r=3$ und $w_m=5$) wiedergegeben, aufgetrennt nach den einzelnen Schritten des Algorithmus.

Tab. 7.1: Simulation des linear-hysteretischen Ansatzes (zugrundegelegte Parameter: $\bar{a}=10$; $a=2$; $r=3$; $w_m=5$)

Schritt		(2.)	(3.)	(4.)	(5.)	(6.)	(7.)	(8.)	(9.)	(10.)	(11.)	(12.)	(13.)
t	w	w^s	Δw	$w_{i,e}$	$w^s_{i,e}$	D^{ext}	$V^{w_m üb}$	i	$\Delta(V_i/r)$	V_i/r	D^s	d_i	H_i
vor	5	0	0	0	0	0	0	0	0	0	0	0	10
1	4	-1	-1	0	0	0	0	0	0	0	1	-1	5
2	3	-2	-1	0	0	0	0	0	0	0	1	-2	0
3	2	-3	-1	2	-3	1	0	0	-3	0	1	-3	-5
4	4	-1	2	0	0	0	0	1	0	-3	0	-3	-1
5	5	0	1	5	0	1	0	1	0	-3	0	-3	1
6	2	-3	-3	2	-3	1	0	2	-3	-3	1	-6	-14
7	4	-1	2	0	0	0	0	3	0	-6	0	-6	-10
8	6	1	2	0	0	0	1	4	0	-6	1	-5	-3
9	9	4	3	9	4	1	0	4	4	-6	1	-2	12
10	8	3	-1	0	0	0	0	5	0	-2	0	-2	10
11	7	2	-1	7	2	1	0	5	-2	-2	0	-2	8
12	8	3	1	0	0	0	0	6	0	-4	1	-1	13
13	9	4	1	9	4	1	0	6	4	-4	1	0	18
14	7	2	-2	0	0	0	0	7	0	0	0	0	14
15	6	1	-1	0	0	0	0	7	0	0	0	0	12
16	5	0	-1	5	0	1	0	7	0	0	0	0	10
nach	5	0	1										

14 Die programmtechnisch orientierte Umsetzung des Algorithmus erfolgt in zwei alternativen Versionen (vgl. hierzu die Darstellung im Anhang, S. A-1 ff.). Die Simulation erfolgt über die Version (a), die ohne die "</>"- bzw. "und/oder"-Operatoren auskommt. Die spätere Schätzung erfolgt mit Hilfe eines Batch-Programms, welches auf der Version (b) basiert. Folglich wurde die Möglichkeit der gegenseitigen Kontrolle der beiden Versionen genutzt.

Das zu der fiktiven Wechselkursentwicklung aufgebaute linear-hysteretische Handelsbilanzverhalten wird in Abb. 7.1 grafisch dargestellt. Die grafische Veranschaulichung der Simulationsergebnisse zeigt (wie zu erwarten war) deutlich einen rautenförmigen linear-hysteretischen Verlauf: Die w_m-Übergänge wurden ebenso wie die Extremwerte richtig "erkannt", die Verschiebung der linearen Teilstücke wurde richtig errechnet; folglich wurde auch die Handelsbilanzgleichung für die vorgegebenen Parameter bei der gegebenen Wechselkursentwicklung richtig aufgebaut.

Abb. 7.1: Simulierte linear-hysteretische Handelsbilanz

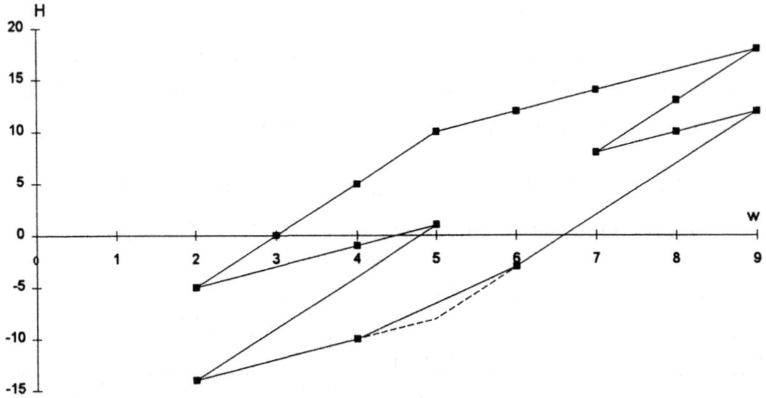

Die so simulierten Handelsbilanzdaten dienen als Grundlage für den Test eines MicroTSP-Batch-Programms[15], welches auf dem Algorithmus basierend entwickelt wurde. Zunächst wird aber noch die Vorgehensweise innerhalb des Schätzprogramms näher vorgestellt.

Wie schon im Rahmen der theoretischen Darstellung des Schätzansatzes angesprochen, wird bei der jeweiligen Schätzung von einem bekannten Schwellenwechselkurs w_m ausgegangen. Um aber die Güte des linearen Ansatzes als Approximation des hysteretischen Verhaltens zu optimieren, wird innerhalb des Schätzverfahrens so vorgegangen, daß sukzessive jeder auftretende Wechselkurswert als Schwellenwechselkurs w_m gesetzt wird. Daraufhin wird die Hysteresis-Variable berechnet und die Schätzung durchgeführt. Folglich wird der Ansatz entsprechend der Zahl der Beobachtungspunkte mehrfach berechnet: Für jeden aktuellen Wert des Wechselkurses (als jeweils vorgegebener Schwellen-

15 Das Programm "MicroTSP (Version 7.0)" wurde in der Koprozessorversion zur Schätzung verwendet. "MicroTSP" ist ein DOS-Programm und wird angeboten von: Quantitative Micro Software, 4521 Campus Drive, Suite 336, Irvine, California 92715.

wechselkurs) wird mittels des KQ-Verfahrens der Anteil der durch den Ansatz erklärten Quadratsumme an der gesamten zu erklärenden Quadratsumme der abhängigen Variablen bestimmt, d.h. das Bestimmtheitsmaß r^2 wird jeweils errechnet. Dann wird im zweiten Teil des Programms derjenige Wechselkurs als "mittlerer Wechselkurs" w_m gewählt, der (allerdings unter der durch die gegebene Wechselkursentwicklung beschränkten Auswahl an w_m-Werten) die Abweichungsquadratsumme minimiert, bzw. das Bestimmtheitsmaß maximiert. Die endgültigen Schätzwerte der Koeffizienten sind dann die Schätzwerte, die sich unter Zugrundelegen dieses w_m-Wertes ergeben.

Eine für die Schätzung auf der Grundlage der simulierten Daten leicht modifizierte Fassung des MicroTSP-Batch-Programms ist im Anhang in Tab. A.1 aufgeführt. Die entsprechenden Schätzergebnisse für die simulierten Daten sind in Tab. 7.2 angegeben. Da der richtige w_m-Wechselkurs auch als aktueller Wechselkurs in der fiktiven Wechselkursentwicklung auftritt, und weil die Handelsbilanzdaten ohne Störkomponente über den linear-hysteretischen Ansatz deterministisch simuliert wurden, werden nicht nur die vorgegeben Parameter richtig errechnet, auch das Bestimmtheitsmaß erreicht daher für diesen fiktiven Datensatz den Wert 1.

Tab. 7.2: Schätzung für die simulierte linear-hysteretische Handelsbilanz (w_m = 5)

LS // Dependent Variable is H
Number of observations: 16

VARIABLE	COEFFICIENT	STD. ERROR	T-STAT.	2-TAIL SIG.
C	10.000000	0.0000000	0.0000000	1.0000
DV	3.0000000	0.0000000	0.0000000	1.0000
WS	2.0000000	0.0000000	0.0000000	1.0000

R-squared	1.000000	Mean of dependent var	4.375000
Adjusted R-squared	1.000000	S.D. of dependent var	9.279907
S.E. of regression	0.000000	Sum of squared resid	0.000000

Anhand des simulierten fiktiven Datensatzes können auch die Folgen einer Fehlspezifikation des Schätzansatzes beispielhaft aufgezeigt werden. Eine mögliche Fehlspezifikation kann darin bestehen, daß, obwohl ein hysteretischer Prozeß der Datengenerierung vorliegt, ein nicht-hysteretischer Ansatz der Schätzung zugrundegelegt wird. So werden in der Tab. 7.3 die Schätzergebnisse für eine einfache lineare Regression, die die hysteretische Eigenschaft nicht berücksichtigt, aufgeführt. Ein großer Teil der auftretenden Variation der abhängigen Variablen wird durch diesen Ansatz nicht erklärt (r^2=68,3%). Obwohl die Daten deterministisch, d.h. ohne Überlagerung durch eine Fehlervariable, erzeugt wurden, weist der Schätzansatz infolge der Fehlspezifikation Residuen aus.

Tab. 7.3: Schätzung für die simulierte linear-hysteretische Handelsbilanz bei fehlender Berücksichtigung der Hysteresis

```
LS // Dependent Variable is H
Number of observations: 16

VARIABLE       COEFFICIENT    STD. ERROR       T-STAT.    2-TAIL SIG.
   C           -14.108679     3.6245213     -3.8925633      0.0016
   W             3.3229085     0.6046120      5.4959359      0.0001

R-squared               0.683296    Mean of dependent var   4.375000
Adjusted R-squared      0.660674    S.D. of dependent var   9.279907
S.E. of regression      5.405701    Sum of squared resid    409.1024
Log likelihood         -48.63403    F-statistic             30.20531
Durbin-Watson stat      0.224283    Prob(F-statistic)       0.000079
```

Eine zweite Form der Fehlspezifikation kann darin bestehen, daß bei einem hysteretischen Verhalten der untersuchten Beziehung zwar richtigerweise der linear-hysteretische Ansatz der Schätzung zugrundegelegt wird, aber der Wert des Schwellenkurses w_m nicht "richtig" gesetzt wird. Innerhalb des Algorithmus dienen nur die in der aktuellen Wechselkursentwicklung auftretenden Werte als mögliche w_m-Werte. Liegt der "richtige" w_m-Wert nicht exakt auf der Höhe eines in der Inputreihe auftretenden Wechselkurses, so liegt er folglich zwischen zwei im Rahmen des Algorithmus zugrundegelegten und bezüglich ihrer Eignung als w_m-Schätzer evaluierten Werten. Anhand der simulierten Reihe soll daher geprüft werden, wie sich die so resultierenden kleinen Abweichungen des innerhalb des Schätzansatzes vorgegebenen Schwellenwechselkurses vom "richtigen" w_m-Wert auf die Schätzergebnisse auswirken. Hierfür wurde bei Schätzungen auf der Grundlage der hypothetischen Daten statt des richtigen Wertes von w_m=5 einmal ein etwas geringerer (w_m=4,9) und einmal ein etwas höherer Wert (w_m=5,1) vorgegeben und die entsprechenden Schätzergebnisse für die Ordinaten- und Steigungsparameter errechnet. Die Ergebnisse sind in der Tab. 7.4 wiedergegeben.

Tab. 7.4: Schätzung für die simulierte linear-hysteretische Handelsbilanz bei falscher Vorgabe des Schwellenwechselkurses w_m

(a) $w_m = 4,9$

LS // Dependent Variable is H
Number of observations: 16

VARIABLE	COEFFICIENT	STD. ERROR	T-STAT.	2-TAIL SIG.
C	9.0588132	0.1184812	76.457814	0.0000
DV	3.0327167	0.0414481	73.169050	0.0000
WS	1.8565818	0.0368134	50.432206	0.0000

R-squared	0.999233	Mean of dependent var	4.375000
Adjusted R-squared	0.999115	S.D. of dependent var	9.279907
S.E. of regression	0.276097	Sum of squared resid	0.990985
Log likelihood	-0.449863	F-statistic	8466.253
Durbin-Watson stat	0.928454	Prob(F-statistic)	0.000000

(b) $w_m = 5,1$

VARIABLE	COEFFICIENT	STD. ERROR	T-STAT.	2-TAIL SIG.
C	10.729912	0.0653256	164.25288	0.0000
DV	3.0258283	0.0209610	144.35548	0.0000
WS	2.0430233	0.0180014	113.49273	0.0000

R-squared	0.999803	Mean of dependent var	4.375000
Adjusted R-squared	0.999772	S.D. of dependent var	9.279907
S.E. of regression	0.140071	Sum of squared resid	0.255057
Log likelihood	10.40783	F-statistic	32913.04
Durbin-Watson stat	1.135904	Prob(F-statistic)	0.000000

Es zeigt sich zweierlei: Zum einen sind die Schätzergebnisse der Parameter recht robust gegenüber den falsch vorgegebenen Schwellenwechselkursen; zum anderen wird auch bei leicht falsch vorgegebenen w_m-Werten fast die gesamte Variation der abhängigen Variablen erklärt (für $w_m = 4,9$ folgt $r^2 = 99,92\%$ und für $w_m = 5,1$ als $r^2 = 99,98\%$). Würde aber der hysteretische Datengenerierungsprozeß, anders als im hypothetischen Datensatz, zusätzlich durch eine Störvariable überlagert, so dürfte infolge der fast gleichhohen Erklärungsgüte für unterschiedliche, nahe beieinanderliegende w_m-Schätzwerte eine statistische Abgrenzung des "richtigen" w_m-Schätzers kaum möglich sein. Dies gilt selbst bei Anwendung eines Schätzalgorithmus, der eine direkte Schätzung von w_m erlauben würde.[16] Nahe beieinanderliegende w_m-Werte sind folglich zwar in ihrer Schätzgüte schlecht voneinander zu unterscheiden, scheinen andererseits auf die geschätzten Parameter (insbesondere auf die

16 Dies deckt sich mit den Aussagen des vorherigen Abschnitts über die Legitimation der Anwendung des hier verwendeten einfachen Schätzalgorithmus.

wichtigen Steigungskoeffizienten a=2 und r=3) ebenso wie auf die Qualität des Gesamtansatzes aber auch nur geringe Effekte zu haben. Vor dem Hintergrund dieser Simulationsergebnisse scheint das hier gewählte Vorgehen, das nur eine Approximation an den "optimalen" bzw. den die Abweichungsquadratsumme absolut minimierenden w_m-Schätzwert erlaubt, durchaus gerechtfertigt; zumal hier trotzdem die entscheidenden Vorteile des linear-hysteretischen Ansatzes gegenüber dem einfachen linearen Regressionsmodell durchschlagen.

7.3 Schätzung des linear-hysteretischen Modells für die Importe der USA aus Japan

In diesem Abschnitt soll das soeben aufgestellte linear-hysteretische ökonometrische Modell praktische Anwendung finden, indem es zur Analyse der Wechselkursabhängigkeit der US-amerikanischen Importe aus Japan herangezogen wird. Da der US-Dollar in den achtziger Jahren starken Wechselkursschwankungen gegenüber dem japanischen Yen unterworfen war, sollte anhand dieser Daten die Hysteresis im Außenhandel idealtypisch aufgezeigt werden können.[17] Die folgende ökonometrische Untersuchung hat daher das Ziel, die Eignung des linear-hysteretischen Ansatzes zur Beschreibung des Außenhandels an diesem Beispiel zu überprüfen. Eine umfassende Analyse des amerikanischen Außenhandels vor dem Hintergrund des hysteretischen Modells kann und soll hier allerdings nicht das Untersuchungsziel sein. Da im theoretischen Teil der Arbeit gezeigt wurde, daß insbesondere für aggregierte gesamtwirtschaftliche Außenhandelsgrößen die sog. "starke" Hysteresis abgeleitet werden kann, werden die aggregierten Importe der USA aus Japan auf ihr hysteretisches Verhalten hin untersucht; eine Betrachtung disaggregierter Importe einzelner Wirtschaftszweige oder Produktgruppen erfolgt hier nicht.[18]

Die ökonometrische Analyse basiert auf nicht saisonbereinigten Quartalsdaten für den Zeitraum vom ersten Quartal 1980 bis zum vierten Quartal 1991.[19] Die

---

17 Gerade an den Importen der USA aus Japan hat sich Mitte der achtziger Jahre die Diskussion über die Außenhandels-Hysteresis entfacht. Vgl. hierzu die Einleitung zu Kapitel 3.

18 Eine Untersuchung des amerikanischen Außenhandels auf disaggregierter Ebene vor dem Hintergrund der "schwachen" Hysteresis bzw. der "Mikro-Hysteresis" ist bei Ducos/Lecointe (1990) zu finden. Blecker (1992) untersucht die aggregierten US-Importe mit einem Ansatz, der Hysteresis- und Trendeffekte sowie Kombinationen aus beiden Effekten berücksichtigt. Dort werden mögliche (hysteretisch bedingte) Strukturbrüche mittels der Verwendung von Dummyvariablen erfaßt, folglich wird dort ebenfalls eine schwach-hysteretische Spezifikation zugrundegelegt.

19 Teilweise reichen die Daten aber aufgrund mangelnder Verfügbarkeit zeitlich nicht ganz bis zum Ende des Analysezeitraums, daher wird für jede einzelne Schätzung der zugrundeliegende Schätzzeitraum jeweils angegeben.

untersuchte Außenhandelsgröße ist der Importwert der USA aus Japan in US-Dollar (f.o.b.). Der Importwert wird quartalsweise als Monatsdurchschnitt in Millionen US-Dollar wiedergegeben (der Wert für das jeweilige gesamte Quartal ergibt sich über die Multiplikation mit 3). Der Variablenname dieser Zeitreihe ist "MWSUJ". Die Daten entstammen der OECD-Außenhandelsstatistik.[20]

Der Wechselkurs des Yen gegenüber dem US-Dollar wurde folgendermaßen ermittelt: Der Wechselkurs in "Yen pro Dollar" wurde der OECD-Außenhandelsstatistik als Monatsdurchschnittswert entnommen,[21] hieraus wurde dann der Quartalsdurchschnittswert als arithmetisches Mittel errechnet. Darauf basierend wurde der nominelle Wechselkurs in "Dollar pro 100 Yen" ermittelt. Der nominelle Wechselkurs wurde aber noch um Preiseffekte bereinigt, da in die Analyse der "reale Wechselkurs" als erklärende Variable eingehen soll. Dies wurde über die Multiplikation mit dem Bruttosozialproduktsdeflator Japans und die gleichzeitige Division durch den Bruttosozialproduktsdeflator für die USA, die beide jeweils auf der Basis 1985 erfaßt wurden, erreicht. Die Sozialproduktsdeflatoren wurden aus der OECD-Statistik "Main Economic Indicators"[22] entnommen und teilweise über eigene Berechnungen auf das Basisjahr 1985 umbasiert. Der "reale" Wechselkurs "w" der Schätzansätze errechnet sich folglich als:[23]

$$(7.7) \qquad w = \frac{\text{Dollar}}{\text{100 Yen}} \cdot \frac{\text{BSP-Preisniveau Japans auf der Basis 1985}}{\text{BSP-Preisniveau der USA auf der Basis 1985}}$$

In der Abb. 7.2 sind die Werte für den hier zugrundegelegten "realen" Wechselkurs für den gesamten Beobachtungszeitraum abgetragen worden.

---

20 Quelle: OECD (Organisation for Economic Co-Operation and Development) - Department of Economics and Statistics, "monthly statistics of foreign trade", Part 4: Foreign trade of OECD-Member countries by partner countries, United States: *Imports (f.o.b.)*, Million U.S. dollar, monthly average; verschiedene Monatshefte.

21 Quelle: OECD, "monthly statistics of foreign trade", *Conversion rates* - national units per U.S. dollar, Japan/Yen; verschiedene Monatshefte.

22 Quelle: OECD, "Main Economic Indicators", United States: Gross national product/*implicit price level* (verschiedene Basisjahre), sowie Japan: Gross national product/*implicit price level* (verschiedene Basisjahre); verschiedene Monatshefte.

23 Vgl. auch Gleichung (4.1). Sicherlich wäre die Überprüfung der Eignung anderer Deflatoren sinnvoll. Hier sind insbesondere auch kostenorientierte Preisindizes, wie z.B. der "Producer Price Level", oder auch auf den Außenhandel bezogene Preisindikatoren (z.B. die Exportpreisniveaus) zu nennen. Für die einfache Überprüfung der Qualität des hysteretischen Modells an dem vorliegenden Beispiel soll die hier durchgeführte Bereinigung genügen.

Abb. 7.2: Verlauf des "realen" Wechselkurses "Dollar pro 100 Yen"
(inflationsbereinigt auf der Basis 1985; Zeitraum: 1. Quartal 1980 bis 4. Quartal 1991)

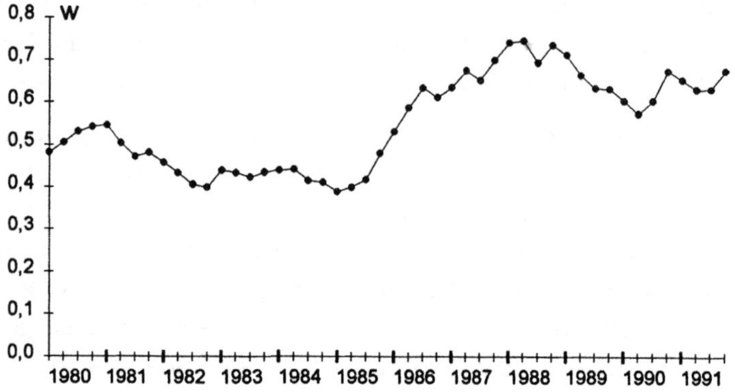

Es zeigen sich zwei auffällige Entwicklungen: Zu Beginn der achtziger Jahre sinkt der Wert von 100 Yen von ca. 0,5 Dollar auf ca. 0,4 Dollar, um zwischen 1985 und 1986 stark auf ca. 0,75 Dollar/100Yen zu steigen; gegen Ende der achtziger und zu Beginn der neunziger Jahre sinkt das Niveau auf ca. 0,6. Grob unterscheiden lassen sich daher zwei Phasen: Der Anfang der achtziger Jahre ist durch eine hohe Bewertung des Dollars gekennzeichnet; die zweite Phase ist hiervon durch ein starkes Steigen des Wechselkurses im Jahr 1986 getrennt; in dieser Zeit liegt somit eine hohe Bewertung des Yen vor.

Eine einfache Untersuchung des japanischen Preissetzungsverhaltens

Bevor der hysteretische Ansatz für den Importwert durchgerechnet wird, soll zunächst in einfacher Form untersucht werden, ob und inwieweit die japanischen Exporteure Wechselkursschwankungen über die Dollarpreise ihrer Exportprodukte auf dem amerikanischen Markt weitergegeben haben, oder ob sie die mit den Wechselkursänderungen auftretenden Erlösschwankungen abgefangen haben, um die Preise auf dem amerikanischen Absatzmarkt relativ konstant zu halten. Es soll also geprüft werden, ob die japanischen Exporteure eine "Pricing to Market"-Strategie durchgeführt haben oder nicht.[24] Hierzu dient ein sehr einfacher Schätzansatz (eine loglineare Einfachregression), mit dem

---

24 Es soll folglich untersucht werden, inwieweit eine Wechselkursänderung auf die Preise der Exportgüter im Absatzland durchschlägt; d.h. der "Exchange Rate Pass-Through" wird analysiert. Zum "Pass-Through" vgl. z.B. Magee (1973), S. 315 ff., sowie Vesala (1992), S. 9 ff. Zur Beziehung zwischen Hysteresis und "Pass-Through" vgl. (Dixit 1989a), S. 224 ff., sowie Vesala (1992), S. 24 ff. Eine ökonometrische Analyse des (hysteretischen) japanischen Preissetzungsverhaltens auf dem amerikanischen Absatzmarkt auf disaggregierter Mikroebene zur Untersuchung eines hysteretischen Verhaltens haben Ducos/Lecointe (1990) durchgeführt.

die Wechselkurselastizität der japanischen Dollar-Exportpreise geschätzt wird. Der natürliche Logarithmus des Index der japanischen Exportpreise in Dollar (Basis 1985) aus der Statistik des Internationalen Währungsfonds ist hier die zu erklärende Variable ("LPXJI");[25] als erklärende Variable dient der natürliche Logarithmus des nominellen Wechselkurses, angegeben in Dollar pro 100 Yen ("LWKSY"). Eine Schätzung dieses Ansatzes mittels des einfachen KQ-Verfahrens führt zu dem in Tab. 7.5 dargestellten Ergebnis.[26]

Tab. 7.5: Test auf "Pricing to Market" über die Wechselkurselastizität des japanischen Exportpreises in Dollar

```
LS // Dependent Variable is LPXJI
SMPL range: 1980.1 - 1990.3
Number of observations: 43

VARIABLE       COEFFICIENT    STD. ERROR      T-STAT.    2-TAIL SIG.
   C            5.1142368     0.0131642      388.49578      0.0000
 LWKSY          0.5543329     0.0191428      28.957800      0.0000

R-squared             0.953385    Mean of dependent var   4.759918
Adjusted R-squared    0.952249    S.D. of dependent var   0.145731
S.E. of regression    0.031845    Sum of squared resid    0.041579
Log likelihood        88.22477    F-statistic             838.5542
Durbin-Watson stat    0.156984    Prob(F-statistic)       0.000000
```

Der Koeffizient für den logarithmierten nominellen Wechselkurs (LWKSY) ist ca. 0,554. Das heißt, daß eine Erhöhung des Kurses (Dollar pro 100 Yen) um ein Prozent nur zu einer unterproportionalen Erhöhung der japanischen Exportpreise in Dollar um 0,554% geführt hat. Dies deutet auf ein "Pricing to Market"-Verhalten der japanischen Exporteure hin, da diese mithin (1 – 0,554 =) 44,6% der wechselkursbedingten Verteuerung der Dollar-Exportpreise selbst abgefangen haben. Gerade ein solches absatzmarktorientiertes Verhalten würde auch im Fall eines hysteretischen Verhaltens der Exporteure vorliegen. Hier soll dies zunächst als Hinweis auf das absatzmarktorientierte Verhalten der japanischen Exporteure genügen. Die einfache loglineare Regression sollte aber nicht überinterpretiert werden: Zum einen könnten weitere (kollinear zum

25 Quelle: International Monetary Fund (IMF; bzw. Internationaler Währungsfonds, IWF), "International Financial Statistics (IFS) - Databank of the International Monetary Fund (IMF)", *Export Prices Japan* (U.S. dollar), Index number: 1985 Z161 (1985=100), Zeitreihenkennung: 15874 D. Entnommen von der CD-ROM des DSI Data Service & Information, Rheinberg: "International Statistical Yearbook", Issue 1991, 2. ed.

26 Schätzungen des Zusammenhangs unter Verwendung von zeitlich verzögerten Werten des logarithmierten Wechselkurses ergaben keine besseren Regressionsergebnisse; daher wird hier das Ergebnis für die Regression ohne Lags wiedergegeben.

Wechselkurs verlaufende) Bestimmungsgründe des Dollar-Exportpreises die Höhe des Koeffizienten in einem erweiterten Ansatz verändern. Zum anderen handelt es sich hier um den Preisindex für alle japanischen Exporte und nicht nur um einen Preis nur für Exporte in die USA.[27] Hinzu kommt, daß der Schätzansatz mit dem sehr niedrigen Wert der Durbin-Watson-Testgröße[28] aus statistischer Sicht kritisch zu beurteilen ist: DW = 0,156984 ; dies zeigt eine positive Autokorrelation der Residuen auf, die z.B. als Folge einer Fehlspezifikation des Ansatzes auftritt. Eine Fehlspezifikation könnte z.B. darin bestehen, daß auch für die Untersuchung des Preissetzungsverhaltens ein Ansatz, der Hysteresis-Effekte berücksichtigt, zugrundegelegt werden müßte. Diesem Einwand soll hier allerdings nicht weiter nachgegangen werden.[29]

Schätzung eines einfachen linearen Regressionsansatzes und Untersuchung der linearen Beziehung auf strukturelle Änderungen

Die Analyse der Entwicklung der japanischen Exportpreise lieferte schon Hinweise auf ein absatzmarktorientiertes Preissetzungsverhalten der japanischen Exporteure. Dies deutet auf ein wenigstens teilweise hysteretisches Exportverhalten hin. Es wird zunächst aber geprüft, ob ein einfacher linearer Regressionsansatz unter Verwendung des realen Wechselkurses, eines linearen Zeittrends (Variable "TREND"; das erste Quartal 1980 ist als 2 und das vierte Quartal 1991 ist als 49 definiert, zwischen den Quartalen steigt TREND immer um 1) sowie einer Saisonbereinigung über Quartalsdummys ("Q1" für das erste Quartal eines Jahres bis "Q3" für das dritte Quartal) die Entwicklung der Importe der USA aus Japan in den achtziger Jahren adäquat erfaßt. Wegen hoher Multikollinearität zu den anderen erklärenden Variablen (und insbesondere zum Zeittrend) wurde auf die Einbeziehung der Sozialprodukte der einzelnen Länder verzichtet. Um Reaktionsverzögerungen im Außenhandel auf Änderungen des Wechselkurses zu erfassen (J-Kurven-Effekt), wurde der Wechselkurs zeitverzögert mit einem Lag von drei Quartalen als erklärende Variable erfaßt (da sich für diese Länge der Verzögerung das günstigste Schätzergeb-

---

27 Die Verwendung des Preisindex für die Gesamtexporte Japans setzt implizit Strukturgleichheit von japanischen Gesamtexporten und japanischen Exporten in die USA voraus. Die Verwendung eines speziellen Preisindex für die japanischen Exporte in die USA wäre adäquater gewesen, eine entsprechende Zeitreihe lag aber nicht vor.

28 Der Wert der Durbin-Watson-Testgröße zeigt die Autokorrelation erster Ordnung der Störvariablen an und hat für den Fall, daß keine Autokorrelation vorliegt, idealerweise den Wert DW = 2. Ein niedriger DW-Wert (nahe null) weist auf eine positive Autokorrelation hin. Zu ausführlichen Informationen vgl. z.B. Judge/Hill/Griffiths/Lütkepohl/Lee (1988), S. 394 ff.

29 Baldwin (1990a) findet Hinweise auf Strukturbrüche in Pass-Through-Gleichungen für die aggregierten amerikanischen Importpreise (auf der Grundlage von Daten des Zeitraums von 1970 bis 1986), für die er als mögliche Ursache die Hysteresis nennt.

nis ergab). Die Ergebnisse der Schätzung für diesen nicht-hysteretischen Ansatz mittels des einfachen KQ-Verfahrens (für den Zeitraum vom vierten Quartal 1980 bis zum vierten Quartal 1991) sind in der Tab. 7.6 wiedergegeben.

Tab. 7.6: Schätzergebnisse für den nicht-hysteretischen Ansatz

LS // Dependent Variable is MWSUJ
SMPL range: 1980.4 - 1991.4
Number of observations: 45

VARIABLE	COEFFICIENT	STD. ERROR	T-STAT.	2-TAIL SIG.
C	1820.6006	585.92195	3.1072408	0.0035
W(-3)	973.46085	1298.6418	0.7495992	0.4580
Q1	-142.61845	288.33206	-0.4946327	0.6236
Q2	-138.81082	289.10880	-0.4801335	0.6338
Q3	-78.457938	288.32118	-0.2721199	0.7870
TREND	130.52906	11.125497	11.732425	0.0000

R-squared	0.884113	Mean of dependent var	5789.042
Adjusted R-squared	0.869256	S.D. of dependent var	1909.233
S.E. of regression	690.3514	Sum of squared resid	18586816
Log likelihood	-354.8065	F-statistic	59.50697
Durbin-Watson stat	0.433516	Prob(F-statistic)	0.000000

Die Analyse der statistischen Kennzahlen der KQ-Schätzung zeigt schon die Mängel des einfachen linearen Ansatzes auf: Das lineare Bestimmtheitsmaß ist mit $r^2 = 88{,}4\%$ vergleichsweise niedrig; die Erklärungsgüte des Ansatzes ist folglich eingeschränkt. Außerdem weist die Durbin-Watson-Testgröße stark auf eine positive Autokorrelation der Residuen hin (DW=0,4335). Weiterhin ist der Einfluß des Wechselkurses innerhalb dieses Ansatzes nicht signifikant: Der Wert der t-Statistik des entsprechenden Koeffizientenschätzers beträgt nur t=0,7496. Ein Vergleich der Eigenschaften dieses Schätzansatzes mit den Ergebnissen, die sich für die hysteretisch simulierten Daten bei Schätzung über einen linearen Ansatz ergeben hatten (vgl. Tab. 7.3), zeigt eindeutige Parallelen auf. Ein Grund für das sehr dürftige Ergebnis könnte daher in der Nichtberücksichtigung der Hysteresis zu finden sein. Diese Fehlspezifikation bewirkt, daß im einfachen linearen Ansatz die in den achtziger Jahren aufgetretenen (wahrscheinlich) hysteretisch bedingten Strukturverschiebungen im US-japanischen Außenhandel nicht berücksichtigt werden. Um diese Aussage zu rechtfertigen, muß aber noch das Vorliegen einer Strukturverschiebung aufgezeigt werden; hierzu soll insbesondere eine "rekursive Kleinste-Quadrate-Analyse" des einfachen linearen Ansatzes dienen.

Bei der rekursiven KQ-Analyse wird die Modellgleichung wiederholt geschätzt, wobei der der Schätzung zugrundeliegende Stichprobenzeitraum jeweils um eine Beobachtung erweitert wird.[30] Bei K zu schätzenden Koeffizienten werden zunächst die ersten K Beobachtungen zur Schätzung des Koeffizientenvektors verwendet. Danach wird der Beobachtungszeitraum um eine Beobachtung auf K+1 erweitert; die hierauf beruhende Schätzung des Koeffizientenvektors ergibt den zweiten Schätzer für die sog. "rekursiven Koeffizienten". Dieser Prozeß wird wiederholt, bis schließlich alle T Beobachtungen der Schätzung zugrunde liegen und so schließlich T–K Schätzer des Koeffizientenvektors vorliegen. Für jeden Schritt kann der geschätzte Koeffizientenvektor zur Schätzung des Wertes der abhängigen Variablen der nächsten Periode dienen. Die Differenz zwischen geschätztem und beobachtetem Wert der abhängigen Variablen in der Folgeperiode ergibt den "Ein-Schritt-Vorhersagefehler", der, angemessen bereinigt, zur Ermittlung der sog. "rekursiven Residuen" dient.

Die Ermittlung der rekursiven Residuen soll kurz formal für das allgemeine lineare Regressionsmodell (vgl. Gleichung (7.1)) dargestellt werden. $[X_{t-1}]$ sei die [(t–1)xK]-Regressorenmatrix der Werte der erklärenden Variablen der Perioden 1 bis (t–1) und $[y_{t-1}]$ der entsprechende Vektor der Werte der abhängigen Variablen. Die hierauf beruhende KQ-Schätzung liefert den Vektor der geschätzten Koeffizienten $[b_{t-1}]$. Mit dem Vektor $[x_t]$ der Werte der Regressoren für die Periode t errechnet sich die hierauf basierende Prognose für die abhängige Variable (y_t) als $[x_t]'[b_{t-1}]$; der Vorhersagefehler ist $y_t-[x_t]'[b_{t-1}]$. Die Varianz des Vorhersagefehlers ist $\sigma^2\cdot(1+[x_t]'([X_{t-1}]'[X_{t-1}])^{-1}[x_t])$. Das rekursive Residuum für die Periode t ist dann wie folgt definiert:[31]

$$(7.8) \quad \tilde{e}_t = \frac{y_t - [x_t]'[b_{t-1}]}{\sqrt{1+[x_t]'([X_{t-1}]'[X_{t-1}])^{-1}[x_t]}}$$

Die rekursiven Residuen können für die Perioden $t = K+1,...,T$ errechnet werden. Die Bedeutung der rekursiven Residuen für den Test auf Strukturbrüche innerhalb des Schätzzeitraums liegt darin, daß, wenn das einfache lineare Regressionsmodell gilt, d.h., wenn der Vektor der "wahren" Koeffizienten [β] über den gesamten Zeitraum konstant bleibt, die rekursiven Residuen (ebenso wie die Störvariable des gesamten Ansatzes) unabhängig identisch normalverteilt sind mit einem Mittelwert von 0 und der konstanten Varianz σ^2.[32] Sollten hingegen die (wahren) Koeffizienten nur bis zum Zeitpunkt $t = \tau$ konstant sein und

---

30 Eine anwendungsorientierte (und daher sehr verständliche) Darstellung der hier durchgeführten Testverfahren auf der Grundlage der rekursiven KQ-Analyse ist in Hall/Johnston/Lilien (1990), S. 15-20 ff., zu finden. Die folgende kurze Darstellung der verwendeten Verfahren orientiert sich daher an der dortigen Darstellung. Für eine theoretisch umfassendere Behandlung vgl. Krämer/Sonnberger (1986), S. 49 ff., oder Brown/Durbin/Evans (1975).

31 Vgl. Hall/Johnston/Lilien (1990), S. 15-21, oder Brown/Durbin/Evans (1975), S. 151.

32 Vgl. Krämer/Sonnberger (1986), S. 50, sowie Brown/Durbin/Evans (1975), S. 151 ff.

danach von den vorherigen konstanten Werten abweichen, werden die rekursiven Residuen nach $t = \tau$ nicht mehr einen Mittelwert von 0 aufweisen, sondern in eine bestimmte Richtung tendieren.[33] An dieser Stelle setzt der sog. CUSUM-Test an. Die CUSUM-Quantität für die Periode t errechnet sich aus der kumulierten Summe der rekursiven Residuen wie folgt:[34]

$$\tilde{E}_t = \frac{1}{s} \cdot \sum_{K+1}^{t} \tilde{e}_t \qquad \text{mit: } s = \sqrt{\frac{[e]'[e]}{T-K}} \qquad \text{und} \qquad t = K+1,\ldots,T \tag{7.9}$$

Hierbei ist der Skalierungsfaktor s der KQ-Schätzer für die Standardabweichung der Störvariablen. Zum Test der Parameterkonstanz wird nun die CUSUM-Quantität in einem Plot gegen die Zeit dargestellt; für den einfachen linearen Regressionsansatz zeigt dies Abb. 7.3. Eine starke Abweichung der CUSUM-Quantität von null zeigt Parameterinstabilität auf.

Abb. 7.3: CUSUM-Test für den nicht-hysteretischen Ansatz

(gestrichelt: $1 - \alpha = 95\%$ Signifikanz für einen Strukturbruch)

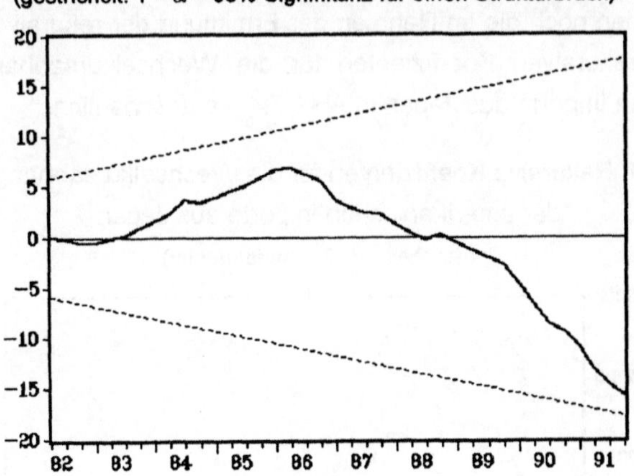

Als Anhaltspunkt dient hier die gestrichelte (α=) "5 percent critical line"[35], deren Überschreiten ein Indikator für einen Strukturbruch in dem davor liegenden Zeitraum ist, wobei als Zeitpunkt des Strukturbruchs der Beginn der Entwicklung der CUSUM-Quantität weg von null in eine bestimmte Richtung angese-

33 Dies muß in multiplen Regressionen nicht unbedingt der Fall sein, hier könnten sich Änderungen mehrerer Parameter gegenseitig in ihrer Wirkung kompensieren; vgl. hierzu Krämer/Sonnberger (1986), S. 51. Im übrigen folgt hieraus eine Einschränkung der Macht des CUSUM-Tests.

34 Vgl. Krämer/Sonnberger (1986), S. 49 f.

35 Die 5% beziehen sich auf den α-Fehler, der bei Gültigkeit der Nullhypothese der Strukturkonstanz die Wahrscheinlichkeit der irrtümlichen Ablehnung der Nullhypothese angibt.

hen werden kann.[36] Der CUSUM-Plot in Abb. 7.3 erreicht nicht die kritischen $(1-\alpha=)$95%-Signifikanzlinien. Der Grund hierfür ist sicherlich, daß der infolge des Sinkens des Wechselkurses zu Beginn der achtziger Jahre auftretende Strukturbruch zunächst zu einem Ansteigen der CUSUM-Quantität führt, der dann mit dem starken Anstieg des Wechselkurses auftretende Strukturwandel dann aber zu einer gegensätzlichen Entwicklungsrichtung der CUSUM-Quantität führt. Diese Entwicklung erreicht aber nicht mehr die negative Signifikanzlinie, da sie von einem zu hohen Niveau startet. Der CUSUM-Plot führt so zwar nicht direkt zu einem formal eindeutigen Ergebnis, aber die zur Wechselkursentwicklung analoge Entwicklungsrichtung der CUSUM-Quantität deutet trotzdem auf Strukturänderungen bei Wechselkursschwankungen im Beobachtungszeitraum hin.

Zur Beantwortung der Frage, inwieweit für den linearen Ansatz Strukturänderungen vorliegen, die auf hysteretischen Effekten beruhen könnten, sollen weitere auf den rekursiven Residuen beruhende Tests durchgeführt werden. Zunächst werden noch die im Rahmen der Ermittlung der rekursiven Residuen berechneten rekursiven Koeffizienten für die Wechselkursabhängigkeit der amerikanischen Importe aus Japan in Abb. 7.4. veranschaulicht.

Abb. 7.4: Rekursive Koeffizienten für die Wechselkursabhängigkeit der amerikanischen Importe aus Japan

(gestrichelt: +/– 2 Standardfehler)

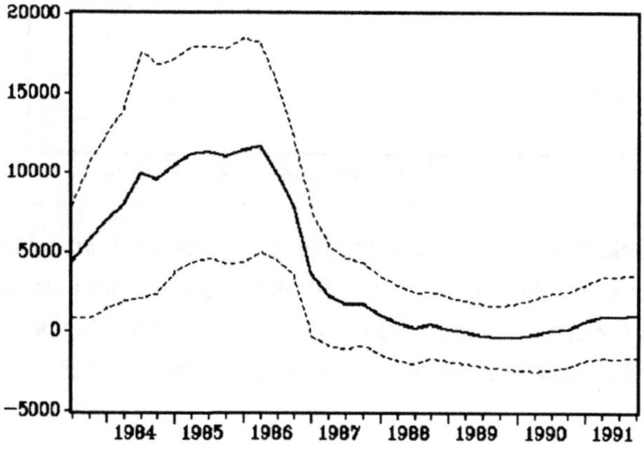

36 Der CUSUM-Test ist kein formaler Test, der eine exakte Verteilung besitzt. Die Grenzlinien für α werden unter bestimmten einschränkenden Annahmen approximativ ermittelt und sind daher nur als Hilfslinien zu betrachten. Zur approximativen Ermittlung der Signifikanzlinien vgl. Krämer/Sonnberger (1986), S. 51 ff.

Hier zeigt sich die im Rahmen der Analyse der CUSUM-Quantität angesprochene gegensätzliche Entwicklung: Dient nur der erste Teil der achtziger Jahre als Schätzzeitraum, so steigt mit einer Verlängerung des Beobachtungszeitraums der Wert des geschätzten Koeffizienten zunächst an. Diese strukturelle Änderung wird bei einer Verlängerung des Schätzzeitraums durch die in der zweiten Hälfte der achtziger Jahre auftretenden Strukturänderungen kompensiert, so daß sich bei Zugrundelegen des Gesamtzeitraums, infolge der sich gegenseitig kompensierenden Effekte der strukturellen Änderungen auf den Schätzwert der Koeffizienten, für den einfachen linearen Regressionsansatz (vermeintlich) kein Wechselkurseinfluß mehr ergibt. Der Koeffizient nähert sich null und ist daher auch statistisch nicht gesichert. Dieses Verhalten des Koeffizientenschätzers kann in der Nichtberücksichtigung der mit der Wechselkursentwicklung auftretenden hysteretisch-strukturändernden Effekte im einfachen linearen Ansatz begründet sein.

Vor dem Hintergrund der bisherigen Analyseergebnisse wird mit dem "CUSUM of squares"-Test ein weiterer Test auf der Grundlage der rekursiven Residuen durchgeführt. Die Testgröße wird nicht über die kumulierte Summe der rekursiven Residuen ermittelt; der Test basiert vielmehr auf der sukzessiven Ermittlung der Quadratsumme für die rekursiven Residuen. Der CUSUM of squares-Test ist für diejenigen Fälle besser als der einfache CUSUM-Test geeignet, in denen der Strukturbruch nicht systematisch erfolgt und wo positive und negative zu erwartende Werte sich in der CUSUM-Quantität gegenseitig kompensieren.[37] Daher erscheint dieser Test im vorliegenden Fall besser zur Aufdeckung struktureller Änderungen geeignet zu sein, da hier der Strukturwandel zuerst in die eine und dann in die andere Richtung zeigt. Die Formel für die Test-Statistik lautet:[38]

$$(7.10) \quad \tilde{E}_t^2 = \sum_{K+1}^{t} \tilde{e}_t^2 \Big/ \sum_{K+1}^{T} \tilde{e}_t^2 \qquad \text{mit: } t = K+1,\ldots,T$$

Bei Gültigkeit der Nullhypothese der Parameterstabilität, d.h. für den Fall, daß keine Strukturänderung auftritt, hat die Testgröße folgenden Erwartungswert:

$$(7.11) \quad E(\tilde{E}_t^2) = \frac{t-K}{T-K} \qquad (\text{ d.h. } E(\tilde{E}_{t=K}^2) = 0 \text{ und } E(\tilde{E}_{t=T}^2) = 1\ )$$

Die Nullhypothese (Strukturkonstanz) ist bei einer zu starken Abweichung der Testgröße von der Linie, die sich bei Gelten der Nullhypothese als Linie der Erwartungswerte ergibt, abzulehnen. Die Linie der Erwartungswerte der Teststa-

37 Vgl. Brown/Durbin/Evans (1975), S. 154, sowie Krämer/Sonnberger (1986), S. 54.

38 Zu Gleichung (7.10) und (7.11) vgl. z.B. Hall/Johnston/Lilien (1990), S. 15-24.

tistik verläuft linear von null für t=K bis eins für t=T. Analog zum CUSUM-Test lassen sich die kritischen Linien (approximativ) ermitteln, deren Überschreiten die Ablehnung der Nullhypothese anzeigt.[39] Für die einfache lineare Regression wurde die Entwicklung der CUSUM of squares-Testgröße und die kritischen Linien, die mit 95-prozentiger Wahrscheinlichkeit ein Ablehnung der Nullhypothese der Strukturkonstanz bedeuten, in Abb. 7.5 dargestellt.

Abb. 7.5: CUSUM of squares-Test für den nicht-hysteretischen Ansatz

(gestrichelt: 95% Signifikanz für einen Strukturbruch)

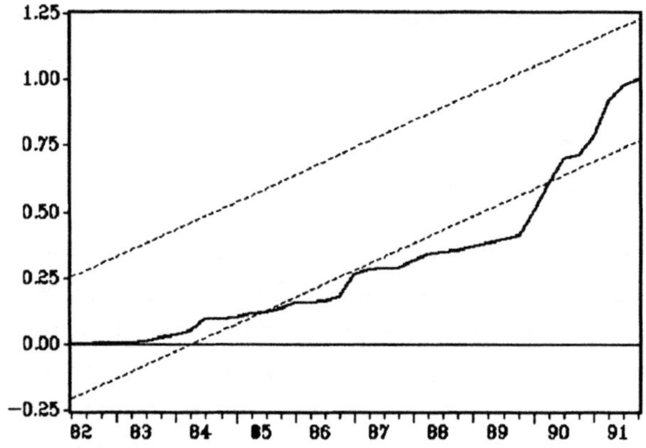

Wie für die vorliegende Schätzung zu erwarten war, weist der Verlauf der Testgröße mit dem Überschreiten der unteren kritischen Linie eindeutig auf strukturelle Änderungen der Beziehung zwischen Wechselkurs und Importwert hin, die z.B. auf Hysteresis im Außenhandel zurückzuführen sein könnten.

Schätzung des linearisierten hysteretischen Ansatzes

Die Analyse des einfachen linearen Regressionsansatzes macht zweierlei deutlich: Es wurde zum einen die Verschiebung der Beziehung zwischen Wechselkurs und Importwert aufgezeigt und damit zum anderen nachgewiesen, daß der einfache lineare Ansatz als Fehlspezifikation zu gelten hat. Hier soll nun aber weitergehend gezeigt werden, daß die oben aufgezeigten Mängel des einfachen linearen Ansatzes durch die Einführung des linearisierten hysteretischen Modells behoben werden können. Hierfür wurde das in Tab. A.2. (im Anhang) dokumentierte MicroTSP-Batch-Programm verwendet. Zur Erfassung von J-Kurven-Effekten wurde auch hier der Wechselkurs mit einem Lag von drei Perioden als erklärende Variable einbezogen; die auf der Basis des Wech-

39 Zur approximativen Herleitung der Signifikanzlinie vgl. Krämer/Sonnberger (1986), S. 54.

selkurses ermittelte Hysteresis-Variable wurde daher ebenfalls mit einer Zeitverzögerung von drei Perioden in die Regression einbezogen.[40] Die Ergebnisse der KQ-Schätzung des linear-hysteretischen Ansatzes sind in der Tab. 7.7 wiedergegeben. Im Teil (a) der Tabelle sind die Ergebnisse dokumentiert, die sich ergeben, soweit die Residuen des einfachen linearen Ansatzes (als HAD bezeichnet) einer Analyse mit Hilfe des linear-hysteretischen Ansatzes als zu erklärende Variablen zugrunde liegen. Folglich wird mit dem Bestimmtheitsmaß dieser Regression das partielle Bestimmtheitsmaß, welches sich durch das Hinzufügen der Hysteresis-Variablen als zusätzliche erklärende Variable ergibt, angegeben.[41] Für den vorliegenden Fall heißt das, daß die Erweiterung des einfachen linearen Ansatzes zum linear-hysteretischen Modell die zusätzliche Erklärung von 79,64% der durch den einfachen linearen Ansatz bisher noch nicht erklärten Abweichungsquadratsumme zur Folge hat. Die entsprechenden Ergebnisse für den original-linear-hysteretischen Ansatz sind im Teil (b) der Tab. 7.7 wiedergegeben worden.

Die Ergebnisse des linear-hysteretischen Ansatzes zeigen die Güte der Erklärung der Beziehung zwischen Wechselkurs und Importwert eindeutig an: Das Bestimmtheitsmaß des Gesamtansatzes steigt auf 97,64%. Wichtiger jedoch sind zwei andere Folgen der Erfassung der hysteretischen Effekte, die aufzeigen, daß der Ansatz in der linear-hysteretischen Form als eine adäquate Spezifikation angesehen werden kann: Der Wert der Durbin-Watson-Testgröße liegt (mit DW=2,078) nahe am Idealwert (von DW=2); außerdem ist der Einfluß des Wechselkurses im erweiterten Ansatz im Gegensatz zum einfachen linearen Modell gesichert. Der Koeffizient a für den auf w_m normierten Wechselkurs WS(−3) ist mit C(3)=9041,9 geschätzt worden und weist einen sehr hohen Wert der t-Statistik auf (t=10,17). Der Remanenzparameter r als der Koeffizient für die Variable, die die hysteretischen Effekte erfaßt (DV(−3)), hat den Schätzwert C(2)=−11059,1 und ist ebenfalls statistisch gesichert (t=−12,19). Die beiden Steigungen des linear-hysteretischen Modells lassen sich folglich errechnen mit a=9041,9 (als Steigung für die Entwicklung hin zu w_m) und als (a+r)=9041,9−11059,1=−2017,2 (für die Entwicklung weg von w_m).

40 Zur Erfassung der J-Kurven-Effekte wurden auch andere Zeitspannen für die Wirkungsverzögerung bei der Schätzung des linearisierten hysteretischen Ansatzes zugrundegelegt. Für eine Wirkungsverzögerung von drei Perioden ergaben sich jedoch die besten Schätzergebnisse.

41 Zur besseren Differenzierung der Erklärungsgüte des linear-hysteretischen Ansatzes für unterschiedliche vorgegebene Werte des Schwellenwechselkurs w_m wurde innerhalb des Schätzalgorithmus über die Maximierung des *partiellen* Bestimmtheitsmaßes die Abweichungsquadratsumme minimiert.

Tab. 7.7: Schätzergebnisse für den linearisierten hysteretischen Ansatz (w_m = 0,435097)

(a) Um nicht-hysteretische Effekte bereinigter Ansatz

LS // Dependent Variable is HAD
SMPL range: 1980.4 - 1991.4
Number of observations: 45

VARIABLE	COEFFICIENT	STD. ERROR	T-STAT.	2-TAIL SIG.
C	-451.10951	141.25129	-3.1936664	0.0028
DV(-3)	-11059.106	907.16095	-12.190897	0.0000
WS(-3)	8068.4447	889.08845	9.0749630	0.0000
Q1	-34.266085	131.84001	-0.2599066	0.7963
Q2	-2.6006230	132.16530	-0.0196770	0.9844
Q3	-20.007897	131.81528	-0.1517874	0.8802
TREND	73.782797	7.9055294	9.3330621	0.0000

R-squared	0.796375	Mean of dependent var	-3.81E-06
Adjusted R-squared	0.764224	S.D. of dependent var	649.9443
S.E. of regression	315.5918	Sum of squared resid	3784732.
Log likelihood	-318.9983	F-statistic	4.76966
Durbin-Watson stat	2.078024	Prob(F-statistic)	0.000000

(b) Hysteretischer Gesamtansatz

LS // Dependent Variable is MWSUJ
SMPL range: 1980.4 - 1991.4
Number of observations: 45

VARIABLE	COEFFICIENT	STD. ERROR	T-STAT.	2-TAIL SIG.
C	1793.0410	141.25130	12.693979	0.0000
DV(-3)	-11059.106	907.16096	-12.190897	0.0000
WS(-3)	9041.9056	889.08845	10.169861	0.0000
Q1	-176.88454	131.84001	-1.3416606	0.1877
Q2	-141.41144	132.16530	-1.0699590	0.2914
Q3	-98.465840	131.81529	-0.7469986	0.4597
TREND	204.31186	7.9055294	25.844171	0.0000

R-squared	0.976403	Mean of dependent var	5789.042
Adjusted R-squared	0.972677	S.D. of dependent var	1909.233
S.E. of regression	315.5918	Sum of squared resid	3784732.
Log likelihood	-318.9983	F-statistic	262.0575
Durbin-Watson stat	2.078024	Prob(F-statistic)	0.000000

Die Wahl des Schwellenwechselkurses in Höhe von w_m=0,4351 erfolgte, wie oben schon näher beschrieben, über die Wahl der Werte aus der vorgegebenen Wechselkursentwicklung als mögliche w_m-Werte. Die Abweichungsquadratsumme wurde dann dadurch minimiert, daß für die jeweils gegeben w_m-Werte der linear-hysteretische Ansatz aufgestellt und geschätzt wurde, und dann der Ansatz mit dem unter dieser Auswahl maximalen (partiellen) Bestimmtheitsmaß gewählt wurde. Die unterschiedlichen partiellen Bestimmtheitsmaße für die unterschiedlichen Vorgabewerte des Schwellenwechselkurses sind in der Abb. 7.6 wiedergegeben worden. Hier zeigt sich, daß für die Vorgabe von $w_m = 0{,}4351$ der maximale Wert erreicht wird, für Werte in der Nähe dieses Wechselkurses aber eine fast gleichhohe Erklärungsgüte festgestellt werden kann. Die Ergebnisse zeigen daher in die gleiche Richtung wie die Simulation für nahe beieinanderliegende w_m-Vorgaben, wie sie weiter vorne durchgeführt wurde. Kritisch ist allerdings anzumerken, daß in dem Plot des jeweiligen partiellen Bestimmtheitsmaßes eine Sprungstelle für einen Wechselkurs von ca. 0,72 auftritt und danach für noch höhere Wechselkurse (die dementsprechend weit vom hier geschätzten w_m-Wert entfernt sind) wieder eine hohe Erklärungsgüte erreicht wird.[42] Dieses Verhalten deckt sich aber mit den theoretischen Aussagen über das unstetige Verhalten der Likelihoodfunktion. Für die vorliegende Schätzung stellt sich damit insbesondere die Frage nach der Abgrenzung des ermittelten Schätzwertes für w_m (als $w_m = 0{,}4351$) gegenüber dem absoluten Maximum in der Wechselkurszeitreihe in Höhe von ca. 0,76 , für das sich wieder eine hohe Erklärungsgüte ergibt. Die Wahl des Schätzwertes $w_m = 0{,}4351$ kann mit folgenden Argumenten begründet werden: Zunächst ergibt sich für $w_m = 0{,}4351$ die absolut höchste Erklärungsgüte, was auch zur Wahl dieses Wertes durch den Schätzalgorithmus führte. Außerdem befindet sich der gewählte w_m-Schätzer in einem stetigen Bereich des Bestimmtheitsmaß-Plots, während sich $w = 0{,}76$ direkt neben einer Sprungstelle befindet. Wird von der ökonomischen Interpretation von w_m als "mittlerer" Wechselkurs ausgegangen, so dürfte sich auch aus diesem Grund die Wahl des sehr hohen absoluten Maximums verbieten. Wie später noch gezeigt wird, liegen die Schätzer der Koeffizienten für den gewählten Schätzer $w_m = 0{,}4351$ außerdem in einem ökonomisch sinnvollen Bereich. Für die vorliegende Schätzung ist daher die Wahl des Schwellenwertes in eindeutiger Weise möglich. Trotzdem werden hier Probleme angedeutet, die im Rahmen der weitergehenden Anwendung des hier vorgestellten hysteretischen Regressionsmodells auftreten können, und die insbesondere in den problematischen Kleine-Stichproben-Eigenschaften des Ansatzes begründet sind. Im übrigen deuten sich hier auch die Schwierigkeiten an, die der Aufstellung eines Algorithmus zur exakten Ermittlung des Schätzwertes des Schwellenwechselkurses entgegenstehen.

---

42 Wie schon besprochen, wird die Suche nach dem w_m-Vorgabewert, der die Abweichungsquadratsumme minimiert, nicht weiter als bis zu den absoluten Extremwerten der tatsächlichen Wechselkursentwicklung durchgeführt, da für Werte, die "extremer" als diese Extrema liegen, für die vorliegenden Daten keine andere "Regime"-Einteilung folgt. Daher ergeben sich für w_m-Vorgaben, die nicht in dem durch die Abb. 7.6 erfaßten Wechselkursbereich liegen, keine besseren Schätzergebnisse als bei Vorgabe der Extrema als w_m-Wert.

Abb. 7.6: Partielles Bestimmtheitsmaß der "Hysteresis-Variablen" für unterschiedliche Vorgabewerte für w_m

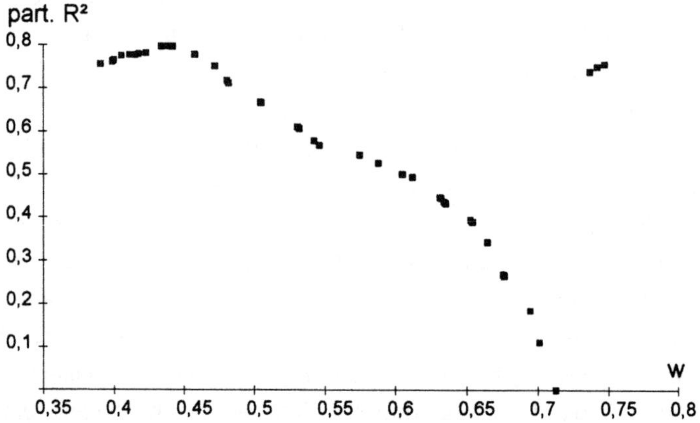

Die statistische Qualität des Hysteresis-Modells sowie die Güte der Erfassung des amerikanischen Importverhaltens durch den linear-hysteretischen Ansatz kann über den Vergleich der tatsächlichen Importwerte mit den über das Modell geschätzten Werten verdeutlicht werden. Hierzu dient Abb. 7.7.

Abb. 7.7: Monatsdurchschnitte des Wertes der Importe der USA aus Japan in Millionen US-Dollar

(durchgezogen: tatsächliche Werte; gestrichelt: Schätzwerte des Hysteresis-Modells; gepunktet: Residuen des Hysteresis-Modells)

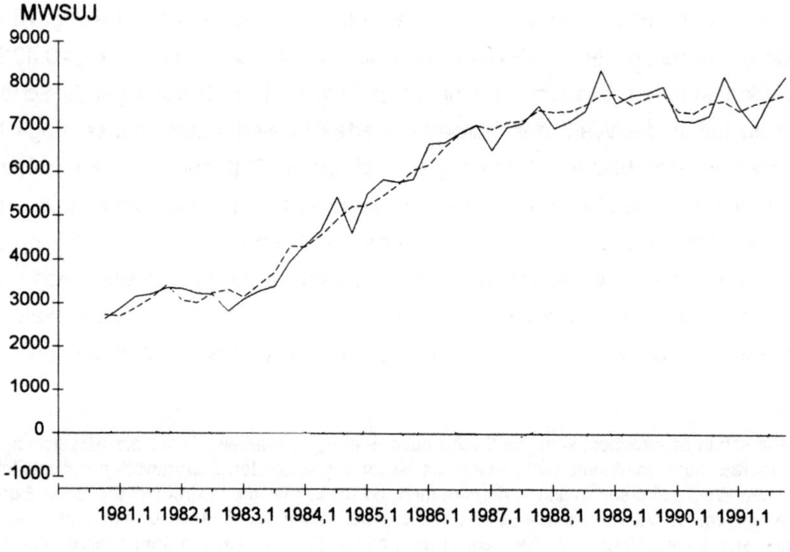

Auf weitere Tests der linear-hysteretischen Regression, z.B. eine genauere Analyse der Residuen auf Heteroskedastizität, Autokorrelation unterschiedlicher Ordnung oder Normalverteilung, oder aber auf eine explizite Untersuchung auf die Strukturkonstanz der einzelnen Parameter des hysteretischen Ansatzes soll hier verzichtet werden. Denn mit der Veranschaulichung der weitgehenden Übereinstimmung von tatsächlichem und geschätztem Verlauf des Importwertes wird die gute Erfassung der hysteretischen Dynamik durch den linear-hysteretischen Ansatz deutlich. Zum anderen weist der Residuenplot einen Verlauf auf, der weder auf Heteroskedastizität noch auf Autokorrelation oder Nicht-Normalität der Störvariablen (und somit auf eine mögliche Fehlspezifikation) hinweist. Der Wert des Durbin-Watson-Tests weist ebenfalls in diese Richtung. Außerdem ist das eigentliche Ziel der hier durchgeführten Regressionsanalyse, nämlich die beispielhafte Veranschaulichung der Anwendbarkeit des linear-hysteretischen Modells im Rahmen eines ökonometrischen Ansatzes, aufgezeigt worden. Eine weitergehende Analyse der statistisch-ökonometrischen Eigenschaften des linear-hysteretischen Regressionsmodells soll daher späteren Arbeiten überlassen bleiben.

Mit Hilfe der Koeffizientenschätzer läßt sich zur Veranschaulichung des Hysteresis-Effektes der hysteretisch-wechselkursabhängige Teil des gesamten linear-hysteretischen Modells veranschaulichen. Unter Vernachlässigung der Bereinigung um Trend- und Saisoneffekte sowie der Residuen und des Ordinatenparameters ergibt sich als Regressionslinie nur für den hysteretisch-wechselkursbestimmten Teil des Importwertes:

$$\text{(7.12)}\quad HYS_i = r \cdot \left\{ \left[\sum_{j=1}^{i} (-1)^{j+1} \cdot w_j^s \right] + D_i^s \cdot w_{it_i}^s \right\} + a \cdot w_{it_i}^s = r \cdot d_{it_i} + a \cdot w_{it_i}^s$$

Die so errechnete Reihe wurde in Abb. 7.8 veranschaulicht. Hier wurde die Variable HYS gegen den Wechselkurs, der um drei Perioden verzögert erfaßt wurde, abgetragen. Die Entwicklung beginnt im oberen Bereich (im Punkt A mit einem Wechselkurs von etwa W(–3) = 0,48). Die Entwicklung erfolgt dann mit einer Wechselkurssteigerung zunächst von w_m weg. Für die weitere Entwicklung ist dann nur der "Zickzack-Linie" zu folgen (bis zum Endpunkt Z). Der Verlauf dieser Linie macht demnach deutlich, daß der direkt wechselkursbestimmte Teil des Importwertes im Laufe der Entwicklung sinkt.

Abb. 7.8: Darstellung des hysteretisch-wechselkursabhängigen Teils des gesamten linear-hysteretischen Ansatzes

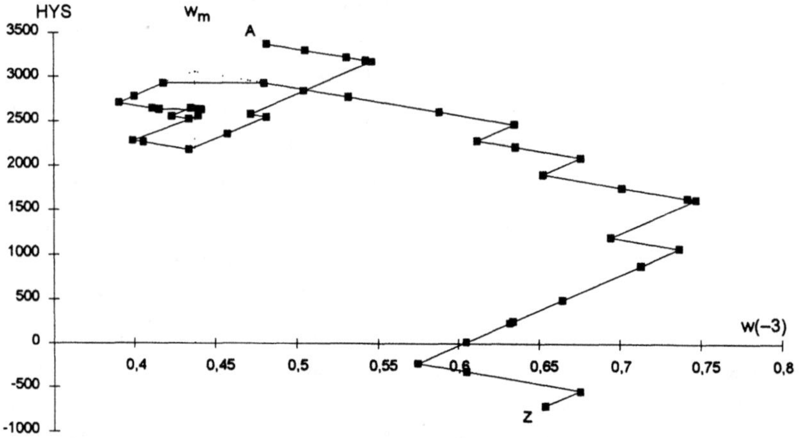

Bis hierher wurden weitgehend nur die statistischen Eigenschaften des linear-hysteretischen Schätzansatzes erörtert. Da die Analyse einen real-ökonomischen Hintergrund hat, sollen die Schätzergebnisse noch auf ihre ökonomische Plausibilität hin untersucht werden.

Eine Abwertung der Währung des importierenden Landes bewirkt (in Abhängigkeit von den zugrundeliegenden Elastizitäten) zum einen eine Verteuerung der einzelnen Importmengeneinheit in der Währung des importierenden Landes und zum anderen eine infolge der Verteuerung auftretende Reduktion der Importmenge.[43] Daher kann eine Abwertung entweder eine Steigerung oder eine Senkung des Importwertes in der Währung des importierenden Landes zur Folge haben. Im vorliegenden Beispiel ist die USA das importierende Land und eine Abwertung bedeutet die Steigerung des Wechselkurses (Dollar pro 100 Yen). Würde nur die Importmenge betrachtet, oder würden die im Rahmen der theoretischen Analyse getroffenen restriktiven Elastizitätsannahmen tatsächlich zutreffen, so müßten sich, wie in Gleichung (5.13) angegeben, jeweils

43 Zur genaueren Darstellung sei auf das vierte Kapitel verwiesen.

negative Werte für die beiden betrachteten Parameter (a und r) ergeben.[44] Leider wird hier zum einen der Import*wert* in Dollar betrachtet und zum anderen zeigt schon die einfache Analyse der japanischen Exportpreise, daß auch die restriktiven Elastizitätsannahmen die Wirklichkeit nur unvollkommen widerspiegeln.

Die hier geschätzten Werte für die relevanten Koeffizienten sind: a = 9041,9 , r = –11059,1 und (a+r) = 9041,9–11059,1 = –2017,2. Dementsprechend ist hier der Koeffizient a für den direkten Wechselkurseffekt positiv; der Remanenzparameter r ist allerdings negativ und so groß, daß auch die Summe beider Parameter (a+r) negativ ist. Die beiden Steigungen des linear-hysteretischen Ansatzes sind folglich a = 9041,9 (als Steigung für die Entwicklung hin zu w_m) und (a+r) = –2017,2 (für die Entwicklung weg von w_m). Für den größeren Teil der hier empirisch gegebenen Wechselkursentwicklung bewegt sich der Wechselkurs allerdings im Bereich oberhalb von w_m = 0,4351, daher soll anhand dieses Bereiches argumentiert werden. Bei Verwendung der Parameterschätzer liegt einer Wechselkurserhöhung (Abwertung des Dollars) in diesem Bereich demnach der Parameter (a+r) = –2017,2 zugrunde, während eine Wechselkurssenkung zu einer Importwertänderung mit dem Parameter a = 9041,9 führt. Die Abwertung führt hier also zu einer (leichten) Senkung des Importwertes. Dies bedeutet, daß die negativen Mengenreaktionen stärker als die positiven Bewertungseffekte wirkten. Die nach der Abwertung folgende Aufwertung (Wechselkurssenkung) hat ebenfalls eine Senkung des Importwertes in Dollar zur Folge, denn mit der Bewegung auf den Schwellenkurs hin gilt hier der Parameter a. Hier scheint die Bewertungsverringerung die Mengenausweitung überzukompensieren. Die Schätzergebnisse weisen daher auf eine sehr gegensätzliche Reagibilität des Importwertes auf Wechselkursänderungen für steigende und für fallende Wechselkurse hin. Für die nähere Analyse der Reaktionen des Importwertes auf Wechselkursänderungen wäre eine Aufspaltung in Mengen- und Preisreaktionen wünschenswert; dies ist hier aber nicht möglich. Die starke Gegensätzlichkeit der Reaktionen für unterschiedliche Wechselkurs-Entwicklungsrichtungen wird verursacht durch den sehr hohen Absolutwert des Remanenzparameters r. Entscheidend für das hysteretische Verhalten in der ge-

---

44 Einer Abwertung der Währung des importierenden Landes folgt hier immer eine negative Reaktion der Importmenge, wird diese Abwertung später zurückgenommen, sind die ausländischen Exporteure aus dem Inlandsmarkt ausgetreten und treten zum Teil nicht wieder in den Inlandsmarkt ein, so daß sich die inländischen Importe hysteretisch-andauernd verringert haben; es tritt eine negative Remanenz in der Importmenge auf. Folglich sollte bei einer Betrachtung des Import*volumens* der Parameter (a+r) für die stärkere Wechselkursreaktion auf die anfängliche Abwertung ebenso wie der Parameter a negativ sein. Da die Rücknahmereaktion absolut geringer als die Anfangsreaktion ausfällt, sollte als Bedingung für das Auftreten von negativer Remanenz auch der Parameter r negativ sein.

schätzten Beziehung ist jedoch der negative Wert des Remanenzparameters, der auch im Schätzansatz dazu führt, daß im Laufe der Abwertung des Dollars in der zweiten Hälfte der achtziger Jahre starke negativ remanente Effekte in dem Importwert aufgebaut wurden bzw. aus der Phase des hoch bewerteten Dollars zu Beginn des Analysezeitraums resultierende positiv-remanente Effekte abgebaut wurden. Dies zeigt sich insbesondere im Sinken der Werte für den hysteretisch-wechselkursbedingten Teil des Importwertes (HYS). Damit wird der Kern des Hysteresis-Modells bestätigt: Negative Remanenz in den Importen als Folge einer temporären Abwertung der Inlandswährung.

Die Betrachtung der geschätzten Parameter für die Wechselkursabhängigkeit zeigt daher in der starken Unterschiedlichkeit der Reaktion auf steigende und fallende Wechselkurse die Hysteresis in der untersuchten Außenhandelsbeziehung auf. Dies gilt unabhängig davon, daß der Schätzwert des Parameters a (hier für die Wertgröße) ein positives Vorzeichen aufweist; während unter restriktiven Annahmen in der theoretischen Analyse (dort insbesondere für das Volumen) ein negatives Vorzeichen von a zugrundegelegt wurde. Entscheidend ist das Auftreten der negativen Remanenz als Folge einer nur temporären Abwertung. Die Betrachtung des Verhaltens des gesamten Wertes der US-Importe aus Japan zeigt jedoch, daß trotz dieses dämpfend wirkenden Effektes der Importwert gestiegen ist (die tatsächlichen Werte ebenso wie die geschätzten Werte). Dies ist rein technisch auf die positive Wirkung der (als Indikatorvariable zu interpretierenden) Trendvariablen (TREND) zurückzuführen, die mit ihrer positiven Wirkung den Hysteresis-Effekt überkompensiert. Wird aber der Verlauf des Importwertes mit einem linearen zeitlichen Verlauf verglichen, wie ihn die Trendvariable implizieren würde, so zeigt sich in der Abweichung von dieser geraden hypothetischen Linie der hysteretisch erfaßte Einfluß des Wechselkurses auf den Importwert. Ökonomisch verbergen sich hinter dem Einfluß der pseudoerklärenden Trendvariablen insbesondere die Einflüsse, die sich aus dem Sozialprodukt der beiden Länder auf den Importwert ergeben.[45] Eine explizite Bereinigung um die sozialproduktsbedingten Effekte (hier sind insbesondere die nachfragesteigernden Effekte einer Erhöhung des amerikanischen Sozialproduktes zu nennen) wurde nicht durchgeführt und zwar aus zwei Gründen: (1.) Bei der Berücksichtigung des amerikanischen Sozialprodukts in dem hier aufgezeigten Schätzansatz ergab sich eine extrem hohe Multikollinearität mit den bereits im Ansatz befindlichen Regressoren, die sich in wenig gesicherten Schätzern für die einzelnen Koeffizienten niedergeschlagen hätte.

---

45 Der theoretische Hintergrund für eine Einbeziehung von Sozialproduktsdaten zur Berücksichtigung von Nachfrageeffekten findet sich in Kapitel 6.2.

(2.) Eine statistisch fast gleichwertige Lösung wäre der Verzicht auf die Trendvariable gewesen, um statt dessen die Sozialproduktsdaten als Regressoren zu verwenden. Dieser Ansatz wurde aber deshalb nicht gewählt, weil hier insbesondere aufgezeigt werden sollte, daß die resultierenden negativen Remanenzeffekte nicht auf einem negativen Zeittrend beruhen. Die Multikollinearität der hier berücksichtigten Regressoren, insbesondere zum amerikanischen Bruttosozialprodukt, hat aber trotzdem Einfluß auf die Beurteilung der Koeffizienten des hier gewählten Ansatzes. Da es sich um eine gemeinsame multivariate Kollinearität der hier verwendeten Regressoren zu den Sozialproduktsdaten handelt, und nicht allein um eine direkt zuzuordnende Kollinearität zwischen nur einem Regressor (wie z.B. der Trendvariablen) und den Sozialproduktsdaten handelt, werden Effekte, die letztendlich ökonomisch durch eine Veränderung des Sozialprodukts verursacht werden, über die hier geschätzten Koeffizienten der sich kollinear ändernden Regressoren mitberücksichtigt. Daher sollte man sich auch vor einer zu engen Interpretation der geschätzten Koeffizienten als Parameter für die direkte und alleinige Wirkung der jeweiligen "erklärenden" Variablen hüten.

Abschließende Würdigung der Ergebnisse der ökonometrischen Analyse

Die Ergebnisse der ökonometrischen Analyse des Dollarwertes der US-amerikanischen Importe aus Japan lassen sich mit folgenden Aussagen zusammenfassen:

- Der einfache lineare Ansatz zur Erfassung des Einflusses des Wechselkurses auf den Importwert ist als fehlspezifiziert zu bezeichnen, da er die im Laufe der Wechselkursentwicklung auftretenden strukturellen Veränderungen nicht berücksichtigt. Diese Fehlspezifikation schlägt sich in den statistischen Kenngrößen nieder: geringes Bestimmtheitsmaß, der Wert der Durbin-Watson-Testgröße weist auf Autokorrelation erster Ordnung der Residuen hin; der CUSUM of squares-Test zeigt signifikant die Ablehnung der Nullhypothese der Strukturkonstanz auf.
- Eine Spezifikation in der hier vorgeschlagenen linear-hysteretischen Art erfaßt die festgestellten Strukturverschiebungen sehr gut. Die statistischen Eigenschaften des resultierenden Regressionsansatzes sind folglich ebenfalls sehr gut: hohes Bestimmtheitsmaß, Signifikanz des Wechselkurseinflußes und Nicht-Signifikanz der Autokorrelation der Residuen. Es deuteten sich allerdings auch mögliche Probleme bei der Schätzung des Schwellenwechselkurses an: unzureichende Kleine-Stichproben-Eigenschaften des Schätzansatzes sowie Unstetigkeiten und lokale Maxima in der Likelihoodfunktion.

- Der Einfluß der zur Erfassung der hysteretischen Effekte erzeugten Variablen, der sich in dem statistisch gesicherten Schätzwert für den Remanenzparameter r widerspiegelt, ist hoch signifikant.
- Die Schätzergebnisse für die Koeffizienten liegen in einem Wertebereich, der ökonomisch sinnvoll ist; insbesondere der negative Wert des Remanenzparameters ist hier zu nennen.

Die Gesamtheit der Ergebnisse der empirischen Analyse zeigen damit eine starke empirische Evidenz für die hysteretische Spezifikation der betrachteten Außenhandelsbeziehung auf. Die statistisch nachgewiesenen strukturellen Änderungen der Beziehung zwischen Importwert und Wechselkurs sind durch die Berücksichtigung hysteretischer Effekte, so wie sie hier erfolgte, erklärbar. Natürlich muß die Frage gestellt werden, inwieweit auch andere (hier nicht näher analysierte) Spezifikationen der Importwert-Wechselkursbeziehung zu empirisch ähnlich guten Ergebnissen führen können. Hier sei insbesondere die Erfassung der Strukturbrüche über Dummyvariablen oder über eine nichtlineare Berücksichtigung des Wechselkurseinflusses genannt. Doch die Erfassung der Strukturänderungen über Dummyvariablen verbessert die Ergebnisse zunächst nur rein statistisch: Auch hier wäre eine theoretische Fundierung des *Grundes* für die Berücksichtigung von Strukturänderungen und auch für den *Zeitpunkt* des Auftretens des Strukturbruches zu liefern. Diese Begründung müßte dann wohl auch hysteretisch sein. Der hier gewählte Ansatz hätte dann immer noch den Vorteil der endogenen Erfassung des komplexen hysteretischen Verhaltens mit nur einer zusätzlichen Variablen, während bei einem Dummyansatz die Hysteresis-Erfassung über das exogene Setzen einer oder sogar mehrerer zusätzlicher Variablen (möglicherweise mit Ordinaten- und Steigungs-Änderungskoeffizient) zwar im Vorgehen einfacher, in der Parametrisierung aber weniger sparsam ist. Außerdem würde sich eine Dummyerfassung wohl eher für die Fälle anbieten, in denen von einem "schwach-hysteretischen" Verhalten mit Sprungstellen in der Verhaltensfunktion auszugehen ist (das sind wohl eher mikroökonomische Beziehungen) während der linear-hysteretische Ansatz eher zur Erfassung von "starker" Hysteresis in Makrobeziehungen geeignet erscheint. Im übrigen dürfte eine statistische Unterscheidung zwischen den beiden Hysteresis-Typen schwierig sein: Eine Berücksichtigung von Dummyvariablen zur Erfassung der strukturellen Änderungen wird ebenso wie die Berücksichtigung der künstlichen Hysteresis-Variablen über den Remanenzparameter gegenüber dem einfachen linearen, nicht-hysteretischen Ansatz eine erhebliche Verbesserung der Schätzeigenschaften bringen. Doch die Wahl zwischen den beiden Hysteresis-Formen ist ein zweitrangiges Problem; wichtiger ist es, überhaupt zu erkennen, daß hysteretische Effekte in Außenhandelsbeziehungen vorliegen können: Eine (im Gegensatz zur Dummyerfassung nicht sofort auf der Hand liegende) Möglichkeit der Hysteresis-Berücksichtigung wurde in dieser Arbeit vorgestellt.

Ein gewichtiges (hier nicht allgemein gelöstes) Problem bei der Anwendung des linear-hysteretischen Ansatzes stellt die Schätzung des Schwellenwechselkurses dar: Hier treten unerwünschte Eigenschaften der Likelihoodfunktion auf, insbesondere für den empirisch relevanten Fall kleiner Stichproben. Diese ungünstigen Eigenschaften des linear-hysteretischen Modells treten aber nicht auf, soweit aus ökonomischen Überlegungen heraus von vornherein ein Schwellenwechselkurs fest vorgegeben und damit nicht innerhalb des Ansatzes geschätzt wird. Die Einbeziehung exogener Information zur Bestimmung der "Knickstelle" in der rautenförmigen Approximation der linsenförmigen Original-Hysteresis-Schleife erscheint folglich empfehlenswert. Im Fall einer weitergehenden ausführlicheren Untersuchung hysteretischer Effekte wäre hier z.B. die exogene Ermittlung des Kaufkraftparitätenkurses zu nennen, der dann als w_m-Vorgabe dienen könnte. Anbieten würde sich hier auch der Vergleich des w_m-Wertes, der über eine Schätzung ermittelt wurde und der folglich die Abweichungsquadratsumme minimiert, mit dem exogen bestimmten Wert. Dieser exogen bestimmte Wert könnte im übrigen in Fällen, in denen unterschiedliche w_m-Vorgaben ähnliche hohe Erklärungsgüten erreichen, zur Abgrenzung eines ökonomisch sinnvollen Schätzers für den Schwellenwechselkurs dienen. Die Einbeziehung exogener Information zur Festlegung des Inputwertes einer linear-hysteretischen Beziehung, für den sich der "Knick" in der rautenförmigen Beziehung ergeben sollte, ist sicherlich auch in den anderen potentiellen Anwendungsbereichen des linear-hysteretischen Modells möglich. So könnte bei einer Anwendung des Modells auf die Hysteresis im Arbeitsmarkt die externe Ermittlung der sog. "natürlichen" Arbeitslosenquote diese Funktion erfüllen.

8. Fazit

Die vorliegende Arbeit untersucht die Hysteresis im Außenhandel unter dem besonderen Aspekt der Differenzierung von mikroökonomischer und aggregierter makroökonomischer Betrachtung. Unter Hysteresis im Außenhandel wird die Vergangenheitsabhängigkeit der Beziehung zwischen den international gehandelten Mengen und deren Preisen auf der einen Seite und dem Wechselkurs auf der anderen Seite verstanden. Liegt Hysteresis im Außenhandel vor, so können Wechselkursschwankungen zu Strukturbrüchen in der Wechselkurs-Export- bzw. -Import-Beziehung führen.

Je nachdem, ob und wieviel Exportanbieter infolge der vorangegangenen Wechselkursentwicklung in den jeweiligen Auslandsmarkt eingetreten sind, ergeben sich für eine bestimmte Wechselkursänderung unterschiedliche Reaktionen der Außenhandelsmengen auf eine Wechselkursänderung. Es wurden einige ökonomische Bestimmungsgründe aufgezeigt, die dazu führen, daß der einzelne Exportanbieter, soweit er einmal in den Auslandsmarkt eingetreten ist, im Exportmarkt aktiv bleibt, obwohl der Wechselkurs ein Niveau erreicht, bei dem derselbe Exporteur ursprünglich nicht in den Auslandsmarkt eingetreten wäre. Betont wurde hier insbesondere die Bedeutung der Markteintritts-Sunk-Costs. Die durch ein solches (mikroökonomisches) Verhalten vergangenheitsbestimmte Zahl der aktiven Exporteure beeinflußt auch die Reaktion der aggregierten (makroökonomischen) Größen auf Änderungen des Wechselkurses.

Mit dieser Arbeit wurde insbesondere das Ziel verfolgt, die Hysteresis im Außenhandel in ihrem Aufbau und in ihrer formalen Struktur genau zu analysieren. Hierzu diente die Anwendung eines Aggregationsverfahrens, welches aus der allgemeinen mathematischen Systemtheorie stammt und auf der Grundlage eines Modells zur Beschreibung der magnetischen Hysteresis entwickelt wurde. Zur Veranschaulichung der Angemessenheit dieses Vorgehens wurde die Analogie in der Phänomenologie der Außenhandels-Hysteresis und der magnetischen Hysteresis herausgearbeitet. Auf der Basis des Aggregationsverfahrens wurde aus der Mikroform der Hysteresis, die als "schwache" Hysteresis bezeichnet wurde, die als "starke" Hysteresis betitelte Makroform hergeleitet. Die Mikroform ist durch ein dichotomes Verhalten (im Markt aktiv oder inaktiv) gekennzeichnet, wobei unterschiedliche Schwellenwerte für den Übergang im Aktivitätsstatus für den Marktein- und den Marktaustritt gelten. Eine Änderung der Beziehungsstruktur ergibt sich für die schwache Hysteresis daher nur, soweit bestimmte Schwellenwerte überschritten werden. Es zeigte sich aber, daß die Aggregation, wird sie in der hier praktizierten "hysteresisgerechten" Art vorgenommen, zu einer Verstärkung der hysteretischen Eigenschaften der Beziehung zwischen Außenhandel und Wechselkurs führt. Bei der Betrachtung der aggregierten Makrogrößen ist das Überschreiten bestimmter Schwellenwerte nicht unbedingt erforderlich, um persistierende bzw. remanente Effekte zu erzeugen. Die in dieser Arbeit hergeleitete und analysierte sog. "starke" Form der Hysteresis der Makrogrößen weist somit eine Verstärkung des hysteretischen Verhaltens ggü. der Mikrobetrachtung auf.

Im Rahmen der weitergehenden Untersuchung des Verhaltens der starken, über das systemtheoretische Aggregationsverfahren bestimmten Hysteresis, wurden vereinfachende Annahmen, die bei der Modellherleitung getroffen wurden, z.T. aufgegeben. So wurde z.B. eine Bewertung der Mengengrößen durchgeführt. Teilweise wurden aber auch, um die Analyse zu simplifizieren, einige einfache Spezialfälle, wie die Beziehungen auf der "äußeren Hysteresis-Schleife" oder auf der "Neukurve", vorgestellt und näher analysiert. Es zeigte sich auch hier, daß viele qualitative Aussagen ebensogut auf der Basis der vereinfachten Beispiele hergeleitet werden können.

Die ausführliche Analyse der Hintergründe für das Auftreten der Remanenz im stark-hysteretischen Modell zeigte genauer die Bedingungen für das Auftreten und das Ausmaß der Remanenz auf. Es zeigte sich, daß im stark-hysteretischen Modell schon kleine Wechselkursschwankungen remanente Effekte in den Außenhandelsbeziehungen zur Folge haben können, aber (in Abhängigkeit von der vergangenen Wechselkursentwicklung) nicht unbedingt haben müssen.

Die Analyse der Eigenschaften des stark-hysteretischen Modells wurde insbesondere durch die (über das Aggregationsverfahren bedingte) aufwendige Funktionalform behindert. Der in dieser Arbeit hergeleitete linearisierte Ansatz weist hingegen eine relativ einfache formale Stuktur auf, wobei die grundlegenden hysteretischen Eigenschaften des originalen stark-hysteretischen Modells beibehalten wurden: Auch in dem linearisierten Modell zur starken Hysteresis werden die Vergangenheitseinflüsse über die "Erinnerung" des Systems an die lokalen Extremwerte der vergangenen Wechselkursentwicklung erfaßt; außerdem können auch im linearisierten Modell kleine Wechselkursschwankungen zu permanenten Remanenzeffekten führen.

Die Eignung des linearisierten Hysteresis-Modells wurde in dieser Arbeit auf zweierlei Art aufgezeigt: Zunächst wurde das linear-hysteretische Modell in einfache makroökonomische Modelle implementiert; und schließlich wurde die

Qualität des linear-hysteretischen Modells zur empirischen Erklärung des Verhaltens von aggregierten Außenhandelsgrößen am Beispiel veranschaulicht.

Die Implementierung des linearisierten Ansatzes lieferte zudem noch Hinweise über die makroökonomischen Remanenzeffekte einer nur temporären (später vollständig zurückgenommenen) Wechselkursänderung auf die Gleichgewichtswerte der gesamtwirtschaftlichen Variablen (wie Volkseinkommen und Zinssatz), soweit ein hysteretischer Außenhandel vorliegt. Interessant war im Zusammenhang mit der Implementierung einer hysteretischen Außenhandelsgleichung in ein makroökonomisches Gesamtsystem mit flexiblem Wechselkurs die Untersuchung des Effekts einer nur temporären exogenen Störung auf den Gleichgewichtswert des (in diesem Fall endogenen) Wechselkurses selbst. Insbesondere die Möglichkeit eines sog. "dauerhaften" Überschießens des gleichgewichtigen Wechselkurses wurde aufgezeigt: Führt eine nur zeitweilige exogene Störung zunächst zu einer Änderung des Gleichgewichtswechselkurses, so kann nach Wegfall der Störung ein permanenter Effekt auf den Gleichgewichtswechselkurs zurückbleiben, der der primären Wechselkursreaktion entgegensteht.

Den Abschluß der Arbeit bildete die Anwendung eines auf der Basis des linear-hysteretischen Ansatzes entwickelten Regressionsmodells. Nachdem für das Beispiel des Wertes der Importe der USA aus Japan gezeigt wurde, daß im Laufe der Wechselkursschwankungen in den achtziger Jahren starke strukturelle Änderungen (wahrscheinlich hysteretisch bedingt) in der Wechselkurs-Import-Beziehung aufgetreten sind, wurde die Eignung des linear-hysteretischen Regressionansatzes zur Erfassung dieser Struktureffekte aufgezeigt.

In dieser Arbeit wurde das Konzept der starken Hysteresis im Außenhandel theoretisch hergeleitet, in seinen Eigenschaften analysiert sowie in eine theoretisch und empirisch anwendbare lineare Form übertragen. Für die zukünftige Forschung deuten sich interessante Richtungen zur Weiterentwicklung dieses Hysteresis-Konzeptes an.

Da in den sonstigen Anwendungen der sog. "Hysteresis" in den Wirtschaftswissenschaften kaum zwischen der Mikro- und der Makroebene unterschieden wurde, erscheint es angebracht, die hier erfolgte explizite formale Differenzierung zwischen Mikro- und Makrobetrachtung auch auf die anderen Anwendungsbereiche der Hysteresis auszuweiten. Sinnvoll erscheint hier z.B. die Übertragung auf die Hysteresis im Arbeitsmarkt; hier kann zwischen dem mikroökonomischen Beschäftigungsverhalten einer einzelnen Erwerbsperson und der makroökonomischen Beschäftigung (bzw. der Arbeitslosigkeit) unterschieden werden. Auch hier müßten sich unterschiedliche Erscheinungsformen der Hysteresis für die verschiedenen Betrachtungsniveaus ergeben. Eine so differenzierte Analyse könnte das hysteretische Verhalten sicherlich formal adäquater erfassen als die bisher übliche Formulierung über lineare Differenzengleichungen.

Weitergehende Anwendungsgebiete deuten sich insbesondere auch für die linearisierte Erfassung der starken Hysteresis an: Zum einen zeigte schon die hier beispielhaft und sehr einfach durchgeführte Implementierung einer (linear-) hysteretischen Außenhandelsbeziehung in makroökonomische Modelle interessante Ergebnisse; so wurden remanente Effekte auf das Volkseinkommen und das Zinsniveau (im Festkurssystem) oder das "dauerhafte Überschießen" des Gleichgewichtswechselkurses (im System flexibler Wechselkurse) festgestellt. Die Erweiterung solcher Modelle (z.B. über die Berücksichtigung von Preiseffekten) wird sicherlich zu weiteren Erkenntnissen führen. Zum anderen ermutigen auch die Ergebnisse der empirischen Analyse mit Hilfe des hysteretischen Regressionsmodells zu einer weiterführenden Anwendung dieses Ansatzes. Für die Anwendung des hysteretischen Regressionsmodells auf andere Außenhandelsbeziehungen oder sogar zur Erfassung weiterer dynamischer Beziehungen, die eine ähnliche Art der Strukturänderungen aufweisen (die Hysteresis auf dem Arbeitsmarkt sei explizit genannt), spricht folgendes: Die hysteretische Dynamik wird über eine künstlich errechnete "Hysteresis-Variable" erfaßt, die formal sehr einfach wie eine zusätzliche erklärende Variable in einer linearen Mehrfachregression zu handhaben ist. Damit wird einerseits die komplizierte Dynamik über eine sehr sparsame Parametrisierung erfaßt (die Zahl der Freiheitsgrade bei Schätzungen bleibt entsprechend hoch), andererseits kann der um die Hysteresis-Variable erweiterte Ansatz über bekannte Regressionsverfahren (und Programme) wie eine übliche lineare Mehrfachregression geschätzt werden.

Es ist daher zu hoffen, daß die hier gewonnenen Erkenntnisse eine Grundlage für weiterführende wissenschaftliche Arbeiten liefern und daß die hier aufgezeigten Möglichkeiten zur Weiterentwicklung des vorgestellten Konzeptes aufgegriffen werden.

Literaturverzeichnis

Amable, B., Henry, J., Lordon, F., Topol, R. (1991), "Strong Hysteresis: An Application to Foreign Trade", in: Document de travail, Observatoire Francais des Conjonctures Economiques, Paris.

Backhaus, K. (1990), "Investitionsgütermarketing", 2. Aufl., München.

Baetge, J. (1974), "Betriebswirtschaftliche Systemtheorie. Regelungstheoretische Planungs- Überwachungsmodelle für Produktion, Lagerung und Absatz", Opladen.

Baetge, J. (1977), "Systemtheorie", in: Albers, W. u.a. (Hrsg.), HdWW - Handwörterbuch der Wirtschaftswissenschaften, 7. Bd., S. 510-534.

Baldwin, R. (1988), "Hysteresis in Import Prices: The Beachhead Effect", in: American Economic Review, September, Vol. 78, S. 773-785.

Baldwin, R. (1989), "Sunk-Cost Hysteresis", in: NBER Working Paper No. 2911, National Bureau of Economic Research, Cambridge/MA.

Baldwin, R. (1990), "Hysteresis in Trade", in: Franz, W. (Hrsg.), Hysteresis Effects in Economic Models, Heidelberg, S. 19-34 (auch veröffentlicht in: Empirical Economics, Vol. 15 (1990), S. 127-142).

Baldwin, R. (1990a), "Some Empirical Evidence on Hysteresis in Aggregate U.S. Import Prices", in: Gerlach, St., Petri, P.A. (Hrsg.), The Economics of the Dollar Cycle, Cambridge/MA, S. 235-268.

Baldwin, R., Krugman, P. (1989), "Persistent Trade Effects of Large Exchange Rate Shocks", in: Quarterly Journal of Economics, Vol. 104, S. 635-654.

Baldwin, R., Lyons, R. (1989), "Exchange Rate Hysteresis: The Real Effects of Large vs. Small Policy Misalignments", in: NBER Working Paper No. 2828, National Bureau of Economic Research, Cambridge/MA.

Bartsch, H.-J. (1985), "Taschenbuch mathematischer Formeln", 8. Aufl.,Thun u.a.

Bauer, H.H. (1986), "Das Erfahrungskurvenkonzept - Möglichkeiten und Problematik der Ableitung strategischer Handlungsalternativen", in: WiSt - Wirtschaftswissenschaftliches Studium, 1/86, S. 1-10.

Blecker, R.A. (1992), "Structural Roots of U.S. Trade Problems: Income Elasticities, Secular Trends, and Hysteresis", in: Journal of Post Keynesian Economics", Vol. 14 /3, S. 321-346.

Bosch, K. (1987), "Finanzmathematik", München/Wien.

Brown, R.L., Durbin, J., Evans, J.M. (1975), "Techniques for Testing the Constancy of Regression Relationships over Time", in: Journal of the Royal Statistical Association, Vol. 37, S. 149-192.

Creedy, J., Martin V. (1990), "Multiple Equilibria and Hysteresis in Simple Exchange Models", in: Research Paper, University of Melbourne, Department of Economics, No. 259.

Creedy, J., Lye, J., Martin V. (1990), "Multiple Equilibria and the Distribution of the Real Exchange Rate: An Application to the US-Australian Real Exchange Rate", in: Research Paper, University of Melbourne, Department of Economics, No. 322.

Cross, R., Allan, A. (1988), "On the History of Hysteresis", in: R. Cross (Hrsg.), "Unemployment, Hysteresis and the Natural Rate Hypothesis", Oxford/New York, S. 26-38.

Dallmann, H., Elster, K.-H. (1973), "Einführung in die höhere Mathematik", 1. Nachdruck, Braunschweig.

Dieckheuer, G. (1991), "Internationale Wirtschaftsbeziehungen", 2. Aufl., München/Wien.

Dixit, A. (1989), "Entry and Exit Decisions under Uncertainty", in: Journal of Political Economy, Vol. 97, S. 620-638.

Dixit, A. (1989a), "Hysteresis, Import Penetration, and Exchange Rate Pass-Through" in: Quarterly Journal of Economics, Vol. 104, S. 205-228.

Dixit, A. (1992), "Investment and Hysteresis", in: Journal of Economic Perspectives, Vol. 6, No. 1/1992, S. 107-132.

Dobrinski, P, Krakau, G., Vogel, A. (1988), "Physik für Ingenieure", 7. Aufl., Stuttgart.

Ducos, P., Lecointe, F. (1990), "Effets d'hysteresis sur le commerce exterieur americain", in: Economie et Prevision, Nr. 94/95, S. 79-93.

Duden - Das Fremdwörterbuch (1982), 4. Auflage, Mannheim u.a.

Duden - Die Rechtschreibung (1991), 20. Auflage, Mannheim u.a.

Dunst, K. (1983), "Portfolio-Management", Berlin/New York.

Ewing, J.A. (1881), "On the production of transient electric currents in iron and steel conductors by twisting them when magnetised or by magnetising them when twisted", in: Proceedings of the Royal Society of London, Vol. 33, S. 21-23.

Feder, P.I. (1975), "On Asymptotic Distribution Theory in Segmented Regression Problems - Identified Case", in: The Annals of Statistics, Vol. 3, S. 49-83.

Fischer, J. (1976), "Elektrodynamik: Ein Lehrbuch", Berlin u.a.

Fischer, T. (1982); "Kontrolltheoretische Entscheidungsmodelle. Ein Beitrag zur Abstimmung von Produktion und Lagerhaltung auf unsichere Nachfrage", Berlin.

Fleming, J.M. (1962), "Domestic Financial Policies Under Fixed and Under Floating Exchange Rates", in: International Monetary Fund Staff Papers, Vol. 9, S. 369-380.

Franz, W. (1989), "Das Hysteresis Phänomen", in: WiSt - Wirtschaftswissenschaftliches Studium, 18. Jg., Nr. 2, S. 77-80.

Franz, W. (1990), "Hysteresis in Economic Relationships: An Overview", in: Franz, W. (Hrsg.), Hysteresis Effects in Economic Modells, Heidelberg, S. 1-17 (zuerst veröffentlicht in: Empirical Economics, Vol. 15 (1990), S. 109-125).

Fuhrmann, W. (1989), "Außenwirtschaftliche Persistenzen und Wechselkurselastizitäten", in: Zeitschrift für Wirtschafts- und Sozialwissenschaften, 109. Jg., S. 585-602.

Gabler Wirtschaftslexikon (1988), 12. Auflage, Wiesbaden.

Georgescu-Roegen, N. (1971), "The Entropy Law and the Economic Process", Cambridge/MA.

Gerthsen, C., Kneser, H.O., Vogel, H. (1989), "Physik: Ein Lehrbuch zum Gebrauch neben Vorlesungen", 16. Aufl., Berlin u.a.

Goodwin, P.B. (1977), "Habit and Hysteresis in Mode Choice", in: Urban Studies, Vol. 14, S. 95-98.

Grochla, E., Lehmann, H. (1980), "Systemtheorie und Organisation", in: Grochla, E. (Hrsg.), Handwörterbuch der Organisation", 2. Aufl., S. 2204-2216.

Grossman, G., Helpman, E. (1990), "Hysteresis in the Trade Pattern", in: Discussion Papers in Economics No. 157, Woodrow Wilson School of Public and International Affairs, Princeton University, Princeton/NJ.

Guntram, U. (1985), "Die Allgemeine Systemtheorie", in: ZfB - Zeitschrift für Betriebswirtschaft, 55. Jg., S. 296-323.

Hall, R.E., Johnston, J., Lilien, D.M. (1990), "MicroTSP User's Manual / Version 7.0".

Han, H.-Y. (1991), "The Sunk Cost Hysteresis in International Trade", in: Kyongje-yon'gu / The Hanyang Journal of Economic Studies, Vol. XII /2, The Institute of Economic Research, Hanyang University, Seoul/Korea, S. 241-263.

Herder-Dorneich, P. (1986), "Ökonomische Systemtheorie als Herausforderung an Neue Politische Ökonomie", in: Boettcher, E., Herder-Dorneich, P., Schenk K.-E. (Hrsg.), Jahrbuch für Neue Politische Ökonomie, 5. Band, S. 3-23.

Hinkley, D.V. (1969), "Inference About the Intersection in Two-Phase Regression", in: Biometrica, Vol. 56, S. 495-504.

Hinkley, D.V. (1971), "Inference in Two-Phase Regression", in: Journal of the American Statistical Association, Vol. 66, S. 736-743.

Houck, J.P. (1977), "An Approach to Specifiing and Estimating Nonreversible Functions", in: American Journal of Agricultural Economics, Vol. 51, S. 570-572.

Hudson, D.J. (1966), "Fitting Segmented Curves Whose Join Points Have to Be Estimated", in: Journal of the American Statistical Assocation, Vol. 61, S. 1097-1125.

Hujer, R. (1986), "Ökonometrische "Switch"-Modelle: Methodische Ansätze und empirische Analysen", in: Jahrbücher für Nationalökonomie und Statistik, Bd. 201/3, S. 229-256.

Hujer, R., Hansen, H.-J., Klein, E. (1989), "Zeitvariable Parameter in ökonometrischen Modellen", in: WISU - Das Wirtschaftsstudium, 7/89, S. 423- 428.

Jahrreiß, H. (1981), "Einführung in die Physik für Studenten der Medizin und der Naturwissenschaften", 3. Aufl., Köln-Lövenich.

Jarchow, H.-J., Rühmann, P. (1988), "Monetäre Außenwirtschaft - I. Monetäre Außenwirtschaftstheorie", 2. Auflage, Göttingen.

Jaworski, B.M., Detlaf, A.A. (1986), "Physik-Handbuch für Studium und Beruf", Frankfurt/Main.

Johnston, J. (1984), "Econometric Methods", 3. ed., New York u.a.

Judge, G.G., Griffiths, W.E., Hill, R.C., Lütkepohl, H., Lee, T.C. (1985), "The Theory and Practice of Econometrics", 2. ed., New York.

Judge, G.G., Hill, R.C., Griffiths, W.E., Lütkepohl, H., Lee, T.C. (1988), "Introduction to the Theory and Practice of Econometrics", 2. ed., New York.

Kappel, R. (1979), "Kybernetische Simulationsmodelle in der Ökonomie", Frankfurt/Main.

Kemp, M.C., Wan, H.Y. Jr. (1974), "Hysteresis of Long-Run Equilibrium from Realistic Adjustment Costs", in: G. Horwich u. P.A. Samuelson (Hrsg.), "Trade, Stability and Macroeconomics, Essays in Honour of Lloyd Metzler", New York, S. 221-242.

Kiener, E. (1973), "Kybernetik und Ökonomie. Die Bedeutung der Kybernetik in Volkswirtschaftslehre und Wirtschaftspolitik", Bern/Stuttgart.

Klages, H. (1986), "Ökonomische und soziologische Systemtheorie ", in: Boettcher, E., Herder-Dorneich, P., Schenk K.-E. (Hrsg.), Jahrbuch für Neue Politische Ökonomie, 5. Band, S. 24-39.

Kneller, E. (1962), "Ferromagnetismus", Berlin u.a.

Kohlrausch, F. (1985), "Praktische Physik: Zum Gebrauch für Unterricht, Forschung und Technik", 23. Auflage, Stuttgart.

Kösters, W., Belke, A. (1990), "Arbeitslosigkeit als Hysteresis-Phänomen", in: WISU - Das Wirtschaftsstudium, 5/90, S. 277-279.

Krämer, W., Sonnberger, H. (1986), "The Linear Regression Model Under Test", Heidelberg/Wien.

Krasnosel'skii, M.A., Pokrovskii, A.V. (1989), "Systems with Hysteresis", Berlin u.a.

Krüger, S. (1975), "Simulation - Grundlagen, Techniken, Anwendungen", Berlin/New York.

Krugman, P. (1986), "Pricing to Market When the Exchange Rate Changes", in: NBER Working Paper No. 1926, National Bureau of Economic Research, Cambridge/MA.

Krugman, P. (1986a), "Is the Japan Problem Over?", in: NBER Working Paper No. 1962, National Bureau of Economic Research, Cambridge/MA.

Magee, St. P. (1973), "Currency Contracts, Pass-Through and Devaluation" in: Brookings Papers on Economic Activity, Vol. 1, S. 303-325.

Mayergoyz, I.D. (1986), "Mathematical Models of Hysteresis", in: IEEE Transactions on Magnetics, Vol. 22, S. 603-608.

Meffert, H. (1986), "Marketing - Grundlagen der Absatzpolitik", 7. Aufl., Wiesbaden.

Mundell, R.A. (1963), "Capital Mobility and Stabilisation Policy Under Fixed and Flexible Exchange Rates", in: Canadian Journal of Economics and Political Science, Vol. 29, S. 475-485.

Nelson, Ph. (1970), "Information and Consumer Behaviour", in: Journal of Political Economy, Vol. 78, S. 311-329.

Oertli-Cajacob, P. (1977), "Praktische Wirtschaftskybernetik. Ein praxisorientierter Leitfaden für die Gestaltung und Optimierung der Planung und Organisation in Industrie, Handel und Verwaltung. Neue Methoden und deren Anwendung", München/Wien.

Poirier, D.J. (1976), "The Econometrics of Structural Change - With Special Emphasis on Spline Functions", Amsterdam u.a.

Purcell, E.M. (1989), "Elektrizität und Magnetismus", 4. Auflage, Braunschweig/ Wiesbaden.

Robinson, J. (1947), "The Foreign Exchanges", in: Essays in the Theory of Employment, 2. ed. , Oxford, S. 138-149.

Rose, K. (1989), "Theorie der Außenwirtschaft", 10. Auflage, München.

Schuster, R.T. (1992), "Hysterese auf Arbeitsmärkten - eine Untersuchung zur empirischen Relevanz der stochastischen Katastrophentheorie", Köln.

Siebert, H. (1991), "Außenwirtschaft", 5. Auflage, Stuttgart.

Strubecker, K (1966), "Einführung in die höhere Mathematik", 2. Aufl., München/Wien

Ulrich, H. (1975), "Der allgemeine Systembegriff", Auszug aus: Ulrich, H. (1968), "Die Unternehmung als produktives soziales System", Bern/Stuttgart, S. 105-111, in: Baetge, J. (Hrsg.), "Grundlagen der Wirtschafts- und Sozialkybernetik", S. 33-39, Opladen.

Vesala, J. (1992), "Incomplete Exchange Rate Pass Through and Hysteresis in Trade - A Survey of Recent Theories and an Empirical Study of Export Pricing of Finnish Paper Manufactures", in: Bank of Finland Discussion Papers, 29/92, Helsinki.

Welzel, P. (1992), "Hysterese im Außenhandel", in: WiSt - Wirtschaftswissenschaftliches Studium, 3/92, S. 131-134.

Zeeman, E.C. (1976), "Catastrophe Theory", in: Scientific American, 234, part 4, S. 65-83.

Datenquellen

OECD (Organisation for Economic Co-Operation and Development) - Department of Economics and Statistics, "monthly statistics of foreign trade", verschiedene Monatshefte.

OECD (Organisation for Economic Co-Operation and Development), "Main Economic Indicators", verschiedene Monatshefte.

International Monetary Fund (IMF; bzw. Internationaler Währungsfonds, IWF), "International Financial Statistics (IFS) - Databank of the International Monetary Fund (IMF)"; entnommen von der CD-ROM des DSI Data Service & Information, Rheinberg, "International Statistical Yearbook", Issue 1991, 2. ed.

ANHANG

Erläuterungen zur programmtechnischen Umsetzung des Algorithmus für das linear-hysteretische Modell

Der Algorithmus wird hier analog zum Kapitel 7.2 in seinen einzelnen Schritten vorgestellt. Die Darstellung soll in zwei alternativen Formen erfolgen: Mit (a) markiert ist die erste Darstellungsform, die sich der Schreibweise bedient, die schon bei der Herleitung des theoretisch-ökonometrischen Ansatzes verwendet wurde, und die zum anderen ohne eine "größer"- bzw. "kleiner"-Abfrage und ohne logische "und"- ($\wedge$) bzw. "oder"-Operatoren ($\vee$) auskommt. Hier werden diese Funktionen durch verschachtelte Anwendungen der mathematischen "Signum"- und der "Betrags"-Funktion (SGN bzw. ABS) indirekt durchgeführt. Die zweite Form der Darstellung des Algorithmus (unter (b)) orientiert sich an der Anwendung des Algorithmus innerhalb eines Batch-Programms des Regressions-Programms MicroTSP,[1] welches zur Schätzung linear-hysteretischer Beziehungen herangezogen wurde. Hier können zwar die oben aufgeführten Abfragen und Operatoren angewendet werden, die Variablenbezeichnung erlaubt aber keine Zeichenformatierungen (außerdem wird hier nicht zwischen der Klein- und Großschreibung differenziert). Aus diesem Grund wurde für diese Variante z.T. eine andere, formatierungslose Variablenbezeichnung gewählt.[2]

(1.) Erweiterung der Wechselkurs-Originalreihe w um zwei fiktive Beobachtungspunkte: Der Wert für w_m muß als Beobachtungspunkt vor dem ersten eigentlichen Wert ergänzt werden. Außerdem soll w_m als fiktiver Wert an das Ende der Originalreihe angefügt werden. Im übrigen werden die Anfangswerte aller hier verwendeten Variablen, soweit nicht anders aufgeführt, für die ergänzte fiktive Vorperiode gleich null gesetzt.

(2.) Die auf w_m normierten Wechselkurse w^s werden berechnet durch:

(a) $w^s = w - w_m$

(b) ws = w – wm (oder gleichbedeutend: WS = W – WM)

---

1 Die Formulierung der Algorithmusschritte unter (b) orientiert sich auch bezüglich der mathematischen Operatoren an der in MicroTSP üblichen Schreibweise. Bei Unklarheit der Bedeutung der Operatoren sei auf Hall/Johnston/Lilien (1990), S. R-24 ff., verwiesen.

2 Der Grund für die zweifache alternative (und damit redundante) Darstellung besteht darin, daß eine Anwendung des Algorithmus für einen möglichst großen Nutzerkreis ermöglicht werden soll, unabhängig davon, ob das von ihnen verwendete Regressionsprogramm die "größer"/"kleiner"-Abfragen erlaubt oder die Verwendung von "und"/"oder"-Operatoren gestattet. Im übrigen ist durch die unabhängige Ermittlung des Algorithmus über zwei verschiedene Verfahren eine gegenseitige Kontrollmöglichkeit der beiden Formen gegeben.

(3.) Die Berechnung der 1. Differenzen Δw erfolgt über:

(a) $\Delta w = w - w_{-1}$

(b) dw = w – w(–1)

(4.) Die Identifikation der lokalen Extremwerte $w_{i,e}$ (hier keine Erfassung des Schwellenwechselkurses, daher das zusätzliche Subskript "$_{,e}$") in der Inputentwicklung erfolgt mittels der ersten Differenzen. Liegt ein Extremwert vor, so nimmt $w_{i,e}$ bzw. ext den Wert von w an, andernfalls den Wert null:

(a) $w_{i,e} = w \cdot SGN\{ 1 - SGN[\Delta w \cdot \Delta w_{+1}] \}$

(b) ext = w * ((dw * dw(+1)) < 0)

(5.) Die Bestimmung einer Reihe von normierten lokalen Extremwerten (mit Hilfe der ersten Differenzen). Soweit ein lokaler Extremwert vorliegt, enthält $w^s_{i,e}$ bzw. exts den normierten Wert für den Wechselkurs, sonst den Wert null:

(a) $w^s_{i,e} = w^s \cdot SGN\{ 1 - SGN[\Delta w \cdot \Delta w_{+1}] \}$

(b) exts = (ext – wm) * ((dw * dw(+1)) < 0)

(6.) Bestimmung einer Dummyvariablen zur Kennzeichnung des Vorliegens eines Extremwertes: Liegt ein Extremwert vor, so nimmt D^{ext} den Wert eins an, andernfalls den Wert null:

(a) $D^{ext} = SGN\{ ABS[SGN(w_{i,e})] + ABS[SGN(w^s_{i,e})] \}$

(b) dext = (ext <> 0) or (exts <> 0)

(7.) Ermittlung einer Kennzeichnung für einen w_m-Übergang zwischen dem vorangegangenen und dem jetzigen Beobachtungspunkt. Die Dummyvariable V^{w_m}üb kennzeichnet somit einen "*vorangegangenen* w_m-Übergang"; liegt ein solcher vor, nimmt vwmueb den Wert eins an (sonst den Wert null).

(a) V^{w_m}üb $= SGN\{ 1 - SGN[w^s \cdot w^s_{-1}] \} \cdot ABS\{ SGN[w^s \cdot w^s_{-1}] \} + \{1 - ABS[SGN(w^s_{-1})]\} \cdot SGN\{1+SGN[\Delta w \cdot \Delta w_{-1}]\} \cdot ABS\{SGN[\Delta w \cdot \Delta w_{-1}]\}$

(b) vwmueb = ((ws*ws(–1)) < 0) or ((ws(–1) = 0) and ((dw*dw(–1)) > 0))

(8.) Der Index i bzw. ind zur Beschreibung der Zahl der *vorangegangenen* "Switches" wird aus dem Index der Vorperiode und der Dummyvariablen zur Kennzeichnung der Extremwerte (aus der Vorperiode) sowie derjenigen zur Kennzeichnung des vorangegangenen w_m-Übergangs bestimmt:

(a) $i = i_{-1} + D^{ext}_{-1} + V^{w_m}$üb

(b) ind = ind(–1) + dext(–1) + vwmueb

(9.) Die Veränderung der "Verschiebungsvariablen" vir (entspricht V_i / r) für den *folgenden* Zeitraum durch den hier auftretenden Extremwert ist:

(a) $\Delta(V_i / r) = (-1)^i \cdot w^s_{i,e}$

(b) dvir = ((–1)^ind) * exts

(10.) Der Wert der "Verschiebungsvariablen" selbst ergibt sich aus der zeitlichen Aggregation der Veränderungen:

(a) $(V_i / r) = (V_i / r)_{-1} + \Delta(V_i / r)_{-1}$

(b) vir = vir(–1) + dvir(–1)

(11.) Der Steigungsdummy D^s folgt als:

(a) $D^s = \mathrm{SGN}\{ 1 + \mathrm{SGN}[-1 + \mathrm{SGN}(w^s \cdot \Delta w)] \}$

(b) ds = ((ws * dw) > 0)

(12.) Als Hysteresis-Variable d_i (bzw. dv) folgt schließlich:

(a) $d_i = (V_i / r) + D^s \cdot w^s$

(b) dv = vir + ds * ws

(13.) Die der jeweiligen Schätzung zugrundeliegende Gleichung ergibt sich nun analog zu Gleichung (7.5) mit:

(a) $H_i = \bar{a} + a \cdot w^s + r \cdot d_i$

(b) H = c(1) + c(2) * ws + c(3) * dv

Tab. A.1: MicroTSP-Batch-Programm zum Test des Schätzansatzes

```
expand 1979.4 1992.2
 SMPL 80.1 91.4

GENR W = W
GENR ABHAEN = H

 SMPL 80.1+%0 91.4
 LS ABHAEN c w(-%0)
genr had = resid

smpl 1979.4 1992.2

genr r2 = 0
genr wm = 0
genr ws = 0
genr dw = 0
genr ext = 0
genr exts = 0
genr dext = 0
genr vwmueb = 0
genr ind = 0
genr dvir = 0
genr vir = 0
genr ds = 0
genr dv = 0

FOR !1=1 TO 16

smpl 1979.4+!1 1979.4+!1
genr C(69) = w
smpl 1979.4 1992.2
genr wm = c(69)

smpl 1979.4 1979.4
genr w = wm
smpl 1992.2 1992.2
genr w = wm

 SMPL 80.1 91.4
genr ws = w - wm
genr dw = w - w(-1)
genr ext = w * ( (dw*dw(+1)) < 0 )
genr exts = (ext - wm) * (
(dw*dw(+1)) < 0 )
genr dext = ( ext <> 0 ) or ( exts <>
0 )
genr vwmueb = ( (ws * ws(-1)) < 0 )
or ( (ws(-1) = 0 ) and ((dw * dw(-1))
> 0 ) )
genr ind = ind(-1) + dext(-1) +
vwmueb
genr dvir = ((-1)^ind) * exts
genr vir = vir(-1) + dvir(-1)
genr ds = ( (ws*dw) > 0 )
genr dv = vir + ds * ws
```

```
 SMPL 80.1+%0 91.4
 LS had c dv(-%0) w(-%0)
smpl 79.4+!1 79.4+!1
genr r2 = @r2
smpl 1979.4 1992.2

NEXT

smpl 1991.4 1991.4
genr C(68) = r2
FOR !1=1 TO 16
genr C(67) = (C(68)>r2(-!1))*C(68) +
(r2(-!1)>C(68)) * r2(-!1)
genr C(66) = (C(68)>r2(-!1))*C(66) +
(r2(-!1)>C(68)) * w(-!1)
genr C(68) = C(67)
NEXT
smpl 1979.4 1992.2
genr wm = c(66)
smpl 1979.4 1979.4
genr w = wm
smpl 1992.2 1992.2
genr w = wm

 SMPL 80.1 91.4
genr ws = w - wm
genr dw = w - w(-1)
genr ext = w * ( (dw*dw(+1)) < 0 )
genr exts = (ext - wm) * (
(dw*dw(+1)) < 0 )
genr dext = ( ext <> 0 ) or ( exts <>
0 )
genr vwmueb = ( (ws * ws(-1)) < 0 )
or ( (ws(-1) = 0 ) and ((dw * dw(-1))
> 0 ) )
genr ind = ind(-1) + dext(-1) +
vwmueb
genr dvir = ((-1)^ind) * exts
genr vir = vir(-1) + dvir(-1)
genr ds = ( (ws*dw) > 0 )
genr dv = vir + ds * ws

 SMPL 80.1+%0 91.4
 LS had c dv(-%0) w(-%0)
genr rhadf = resid
genr hys = c(2) * dv(-%0) + c(3) *
w(-%0)
scat(c,p) hys w(-%0)

ls ABHAEN c dv(-%0) ws(-%0)
```

Tab. A.2: MicroTSP-Batch-Programm zur Ermittlung der Schätzergebnisse für den linearisierten hysteretischen Ansatz

```
expand 1979.4 1992.2
 SMPL 80.1 91.4

GENR W = WKSY*(pgnpj85/pgnpu85)
GROUP(A) BEREIN q1 q2 q3 trend
GENR ABHAEN = mwsuj

 SMPL 80.1+%0 91.4
 LS ABHAEN c w(-%0) BEREIN
genr had = resid

smpl 1979.4 1992.2

genr r2 = 0
genr wm = 0
genr ws = 0
genr dw = 0
genr ext = 0
genr exts = 0
genr dext = 0
genr vwmueb= 0
genr ind = 0
genr dvir = 0
genr vir = 0
genr ds = 0
genr dv = 0

FOR !1=1 TO 50

smpl 1979.4+!1 1979.4+!1
genr C(69) = w
smpl 1979.4 1992.2
genr wm = c(69)

smpl 1979.4 1979.4
genr w = wm
smpl 1992.2 1992.2
genr w = wm

 SMPL 80.1 91.4
genr ws = w - wm
genr dw = w - w(-1)
genr ext = w * ( (dw*dw(+1)) < 0 )
genr exts = (ext - wm) * (
(dw*dw(+1)) < 0 )
genr dext = ( ext <> 0 ) or ( exts
<> 0 )
genr vwmueb = ( (ws * ws(-1)) < 0 )
or ( (ws(-1) = 0 ) and ((dw * dw(-
1)) > 0 ) )
genr ind = ind(-1) + dext(-1) +
vwmueb
genr dvir = ((-1)^ind) * exts
genr vir = vir(-1) + dvir(-1)
genr ds = ( (ws*dw) > 0 )
genr dv = vir + ds * ws

 SMPL 80.1+%0 91.4
 LS had c dv(-%0) w(-%0) BEREIN
smpl 79.4+!1 79.4+!1
genr r2 = @r2
smpl 1979.4 1992.2

NEXT
smpl 1991.4 1991.4
genr C(68) = r2
FOR !1=1 TO 52
genr C(67) = (C(68)>r2(-!1))*C(68) +
(r2(-!1)>C(68)) * r2(-!1)
genr C(66) = (C(68)>r2(-!1))*C(66) +
(r2(-!1)>C(68)) * w(-!1)
genr C(68) = C(67)
NEXT
smpl 1979.4 1992.2
genr wm = c(66)
smpl 1979.4 1979.4
genr w = wm
smpl 1992.2 1992.2
genr w = wm

 SMPL 80.1 91.4
genr ws = w - wm
genr dw = w - w(-1)
genr ext = w * ( (dw*dw(+1)) < 0 )
genr exts = (ext - wm) * (
(dw*dw(+1)) < 0 )
genr dext = ( ext <> 0 ) or ( exts <>
0 )
genr vwmueb = ( (ws * ws(-1)) < 0 )
or ( (ws(-1) = 0 ) and ((dw * dw(-1))
> 0 ) )
genr ind = ind(-1) + dext(-1) +
vwmueb
genr dvir = ((-1)^ind) * exts
genr vir = vir(-1) + dvir(-1)
genr ds = ( (ws*dw) > 0 )
genr dv = vir + ds * ws

 SMPL 80.1+%0 91.4
 LS had c dv(-%0) w(-%0) BEREIN
genr rhadf = resid
genr hys = c(2) * dv(-%0) + c(3) *
w(-%0)
scat(c,p) hys w(-%0)

ls ABHAEN c BEREIN
genr rhado = resid
ls ABHAEN c dv(-%0) w(-%0) BEREIN
genr rhadg = resid
genr Null = 0
plot(a,p) rhadf rhado rhadg Null

ls ABHAEN c dv(-%0) ws(-%0) BEREIN
```

Symbolverzeichnis

~ : Kennzeichnung einer nur temporären Änderung oder eines remanenten Effekts einer nur temporären Änderung

‾ : Kennzeichnung für eine konstante oder eine exogene bzw. autonome Größe

' : Kennzeichnung einer Wertgröße (zur Unterscheidung von der Mengenbetrachtung)

* : Kennzeichnung für ausländische Größen, bei monetären Größen für die Nominierung in Auslandswährung

4 : Kennzeichnung für steigenden Wechselkurs

5 : Kennzeichnung für fallenden Wechselkurs

<> : MicroTSP-Operator für das ≠-Zeichen

a : Steigungsparameter für die "flachen" Teilstücke im linear-hysteretischen Ansatz

$\bar{a}$: Ordinatenabschnitt des Punktes für w_m auf den anfänglichen Bezugsgeraden im linear-hysteretischen Modell

A : heimische Absorption

$\bar{A}$: autonome heimische Absorption

ABS( ): Betragsfunktion

$a_4,\ldots,a_K$: Elemente aus $[a]_{(K-3)\times 1}$

a_i : marginale Absorptionsquote bezüglich des Zinssatzes

α_j : Markteintrittswechselkurs für inländische Exporteure

α_k : Marktaustrittswechselkurs für ausländische Exporteure

and : logischer "und"-Operator (d.h. "$\wedge$") in MicroTSP

a_X, a_M : a speziell für eine Export- bzw. Importfunktion

$\bar{a}_X$, $\bar{a}_M$: $\bar{a}$ speziell für eine Export- bzw. Importfunktion

$[a]_{(K-3)\times 1}$: Erweiterung des Parametervektors für die Erfassung des Einflusses von Z_{4it_i} bis Z_{Kit_i}

B^a : autonome Geldbasis

β_j : Marktaustrittswechselkurs für inländische Exporteure

β_k : Markteintrittswechselkurs für ausländische Exporteure

BSP : Bruttosozialprodukt

[b] : Kleinste-Quadrate-Schätzer von [β]

$[\beta]_{K\times 1}$: "wahrer" Parametervektor eines allgemeinen Regressionsmodells

$[b_{t-1}]$: Kleinste-Quadrate-Schätzer von [β], der auf den ersten (t–1) Beobachtungen beruht c : marginale Konsumquote (bezüglich des Volkseinkommens)

c( ), C( ): von MicroTSP geschätzte Koeffizienten (C(1), C(2), usw.; in der Reihenfolge des Outputs)

c_j : Grenzkosten der inländischen Exporteure (in Inlandswährung)

c_k^* : Grenzkosten der ausländischen Exporteure (in Auslandswährung)

d , δ : Differential- bzw. Differenzierungszeichen (für infinitesimal kleine Änderungen)

Δ : Differenzenzeichen (für Änderungen, die nicht infinitesimal klein sind)

δ : für alle Unternehmen gleicher Diskontierungsfaktor ($\delta = \frac{1}{1+i}$),

(1– δ) : Zins(kosten)satz

$\tilde{\Delta}$, $\tilde{d}$: Kennzeichnung für eine nur temporäre Schwankung oder für den remanenten Effekt einer nur temporären Schwankung

$\tilde{\Delta}M$: remanente Wirkung einer nur temporären Schwankung auf das Importvolumen

$\tilde{\Delta}S^+$: remanente Wirkung einer nur temporären Schwankung auf die Fläche der aktiven Exporteure

$\tilde{\Delta}w$, $\tilde{d}w$: im Festkurssystem mit exogenem Wechselkurs eine nur temporäre Wechselkursschwankung; im System flexibler Wechselkurse remanente Wirkung einer nur temporären exogenen Störung auf den Gleichgewichtswechselkurs

$\tilde{\Delta}X$: remanente Wirkung einer nur temporären Schwankung auf das Exportvolumen

Δ_1 , d_1 : Kennzeichnung für die primäre (anfängliche) Änderung einer Schwankung der verursachenden Variablen oder für die Wirkung der primären Änderung

$\Delta_1 w$, $d_1 w$: primäre Wechselkursänderung

Δ_2 , d_2 : Kennzeichnung für die Rücknahme der primären Änderung einer verursachenden Variablen oder die Wirkung der Rücknahme

$\Delta_2 w$, $d_2 w$: Rücknahme der primären Wechselkursänderung ($\Delta_2 w = -\Delta_1 w$)

$d_2^1\bar{K}$: Teilbetrag der Rücknahme ($d_2\bar{K}$) einer temporären Änderung ($d_1\bar{K}$) des autonomen Kapitalverkehrs, der nötig ist, um den Wechselkurs entlang der "flachen" Funktion zurück bis w_m zu bringen

$d_2^2\bar{K}$: Teilbetrag der Rücknahme ($d_2\bar{K}$) einer temporären Änderung ($d_1\bar{K}$) des autonomen Kapitalverkehrs, der für das "permanente Überschießen" ($d_2^2 w$) des Gleichgewichtswechselkurses über sein Ausgangsniveau sorgt

$d_2^2 w$: "dauerhaftes Überschießen" des gleichgewichtigen Wechselkurses über seinen Ausgangswert, entspricht dem Remanenzeffekt $\tilde{d}w$ für den Fall flexibler Wechselkurse

Det[A] : Determinante einer Matrix [A]

D^{ext}, dext: Dummyvariable zur Kennzeichnung des Vorliegens eines Extremwertes; liegt ein Extremwert vor, so nimmt D^{ext} den Wert 1 an, andernfalls den Wert 0

dH'_{dw} : beschreibt die Reaktion der Gesamt-Leistungsbilanz auf Wechselkursänderungen; setzt sich aus der Reaktion der Handelsbilanz des direktwechselkursabhängigen hysteretischen Sektors (dH'_w) und der Erhöhung der Exportmenge des nicht-hysteretischen Sektors bei Abwertung der Inlandswährung (m*·Y*·dw) zusammen

d_i : "Hysteresis-Variable" (für das i-te Teilstück im linear-hysteretischen Regressionsmodell); erfaßt die Verschiebung und die Steigungsunterschiede der linearen Teilstücke

d_{it_i} : Wert der "Hysteresis-Variablen" für die t_i-te Beobachtung, die dem i-ten Switch folgt (im linear-hysteretischen Regressionsmodell)

ds, DS: entspricht D^s (im Schätzalgorithmus verwendet)

D^s : Steigungs-Dummy; ist für "steile" Teilstücke gleich eins, für "flache" Sequenzen gleich null

D_i^s : Wert des Steigungs-Dummys D^s, der für das i-te Teilstück gilt

dv, DV: entspricht d_i (im Schätzansatz verwendet)

DW : Durbin-Watson Testgröße

$[d_i]_{T_i \times 1}$: Vektor, der die Steigungsunterschiede und die Verschiebungen der linearen Teilstücke erfaßt (Vektor der "Hysteresis-Variablen")

ε : Betrag, um den sich der Wechselkurs im Fall der Unsicherheit absolut ändert; das Vorzeichen der Änderung ist unbekannt; die Wahrscheinlichkeit für das Sinken oder Steigen des Wechslkurses ist gleich hoch

e : Preisabschlagssatz der Neuanbieter zur Überwindung der Konsumentenpräferenzen für etablierte Produkte

E( ) : Erwartungswert

$\tilde{e}_t$: rekursives Residuum für die Periode t

$\tilde{E}_t$: CUSUM-Quantität für die Periode t

$\tilde{E}_t^2$: CUSUM of squares-Quantität für die Periode t

$\varepsilon_{M,w}$: Wechselkurselastizität des Importvolumens

$\varepsilon_{X,w}$: Wechselkurselastizität des Exportvolumens

ext : entspricht $w_{i,e}$ (im Schätzansatz verwendet)

exts : entspricht $w_{i,e}^s$ (im Schätzansatz verwendet)

[e] : Vektor der Kleinste-Quadrate-Residuen

g : Geldschöpfungsmultiplikator

genr bzw. GENR: MicroTSP-Befehl, Zuweisung für die Werte einer Variablen

G_i : Gegenwartswert bei Exportaktivität ("in") in der Vorperiode

G_0 : Gegenwartswert bei Exportinaktivität ("out") in der Vorperiode

$\hat{\gamma}_{\alpha\beta}$: Hysteresis-Operator, beschreibt den aktuell gültigen "Ast" der Multi-branch-Nichtlinearität des einzelnen Hysteresis-Elementar-Elementes

$\hat{\Gamma}$: Makro-Operator, drückt Aggregation über alle Elementarelemente aus

$H_{0,f}$, $H_{1,f}$, usw.: "flache" Teilstücke der linear-hysteretischen Beziehung

$H_{0,s}$, $H_{1,s}$, usw.: "steile" Teilstücke der linear-hysteretischen Beziehung

H_i : i-tes lineares Teilstück einer linear-hysteretischen Handelsbilanz-beziehung

H_{it_i} : Wert der abhängigen Variablen für den t_i-ten Beobachtungspunkt des i-ten Teilstücks (im linear-hysteretischen Regressionsmodell)

H_L, H_L' : Handels-/Leistungsbilanzsaldo im Fall der äußeren Hysteresis-Schleife

H_N, H_N': Handelsbilanz im Fall der Neukurve

H_t : Handels-/Leistungsbilanzsaldo in Mengeneinheiten

H_t' : Handels-/Leistungsbilanzsaldo bei Wertgrößenbetrachtung

h_w : Koeffizient, der die Reaktion der inländischen Handelsbilanz auf Wechselkursänderungen beschreibt (im hysteretischen Modell vergangenheitsabhängig)

H_w' : Wert-Handelsbilanz des hysteretischen Sektors

HYS, HYS_i: direkt hysteretisch-wechselkursabhängiger Teil des gesamten linear-hysteretischen Modells

$[h_i]_{T_i \times 1}$: Vektor der abhängigen Variablen für das lineare Teilstück nach dem i-ten Switch (im linear-hysteretischen Regressionsmodell)

i : im original-hysteretischen Modell ein Ordnungsindex für die nicht-gelöschten vergangenen Extremwerte der Input-Variablen – im linear-hysteretischen Ansatz und im ökonometrischen Modell: Index für das dem i-ten Switch folgende lineare Teilstück; damit ein Index für die zeitlich nacheinander gültigen linearen Teilstücke der Beziehung; (in allen Fällen gilt: i = 0,1,..., p)

i : Zinssatz

ind : entspricht dem Index i (im Schätzalgorithmus verwendet)

j : Index für potentielle inländische Exporteure (j=1,...,n)

j : dient bei der Ermittlung der Hysteresis-Variablen zur Berechnung der Verschiebung für das i-te Teilstück als Index für die Summierung aller vorangehenden Verschiebungen j=1,...,i

$[j_i]_{T_i \times 1}$: Vektor, dessen Elemente den Wert eins haben

k : Index für potentielle ausländische Exporteure (k=1,...,n*)

K : Kapitalverkehrsbilanzsaldo (Nettokapitalimporte ohne Zentralbank)

K : Zahl der Regressoren in einem Regressionsmodell

$\bar{K}$: Saldo des autonomen Kapitalverkehrs

k_i : Koeffizient für die Zinsreagibilität der Nettokapitalimporte

$\bar{L}$: autonome Liquiditätsnachfrage

$_L$: als Subskript Kennzeichnung für die äußere Hysteresis-Schleife (für LAB und LDB)

L : Liquiditätsnachfrage

LAB : "limiting ascending branch"; aufsteigender Ast der äußeren Hysteresis-Scheife

LDB : "limiting descending branch"; absteigender Ast der äußeren Hysteresis-Scheife

l_i : Koeffizient für die Zinsabhängigkeit der Liquiditätsnachfrage

l_Y : Koeffizient für die Einkommensabhängigkeit der Liquiditätsnachfrage

m : marginale Importquote

$\mu(\alpha,\beta)$: zwei-dimensionale Gewichtungsfunktion (über α und β)

M_A und M_N: Angebot und Nachfrage nach Importgütern

M_i : i-tes lineares Teilstück einer linear-hysteretischen Importbeziehung

$m_{k,t}$: Produktions- bzw. Importmenge (Importe aus inländischer Sicht) eines ausländischen Exporteurs k

M_t : Importvolumen (aggregierte Exportmenge der ausländ. Exporteure)

$M_t^{'}$: Importwert (in Inlandswährung)

M_W : Importvolumen und -wert des hysteretischen Sektors

m_W : Parameter für die Wechselkursabhängigkeit der Importe

$\bar{m}_W$: Ordinatenabschnitt einer Import-Wechselkursbeziehung

MWSUJ: Importwert in US-Dollar (f.o.b.) der USA aus Japan, wobei die Daten quartalsweise den für das Quartal durchschnittlichen Monatswert wiedergeben

M_Y : Importvolumen des einkommmensabhängigen Sektors

n : sehr große Anzahl potentieller inländischer Exporteure

n* : sehr große Anzahl potentieller ausländischer Exporteure

$_N$: als Subskript Kennzeichnung für den Fall der Neukurve

N_j^* : Markteintritts-Sunk-Costs des inländ. Exporteurs j (in Auslandswährg.)

N_k : Markteintritts-Sunk-Costs des ausländ. Exporteurs k (in Inlandswährg.)

n_M : Preiselastizität der (ausländischen) Nachfrage nach Exportgütern (X_N)

n_X : Preiselastizität der (inländischen) Nachfrage nach Importgütern (M_N)

or : logischer "oder"-Operator (d.h. "$\vee$") in MicroTSP

p : Anzahl der bisher nicht gelöschten Minima bzw. Maxima

p, p* : gesamtwirtschaftliches Preisniveau des In- bzw. des Auslands, bestimmt durch den Preis der jeweils inländischen Produktion

$\tilde{p}$: Anzahl der bisher nicht gelöschten Extrema *nach* einer nur temporären Wechselkursschwankung

$p^*_{X,t}$: Preis des Exportgutes im Ausland (in Auslandswährung)

$p_{M,t}$: Preis des ausländischen Exportgutes (des inländischen Importgutes)

q_t : "Terms of Trade" des Inlands

q+1 : Zahl der durch $\tilde{\Delta}w$ aus der Erinnerung des Systems gelöschten ehemaligen Maximal- bzw. Minimalwerte; daher ist q die Differenz in der Anzahl der Stufen vor und nach der Schwankung

Q1 bis Q3: Quartalsdummys, Q1 für das erste Quartal usw.

r : Remanenzparameter; erfaßt den Steigungsunterschied zwischen zwei aufeinanderfolgenden linearen Teilstücken der linearisierten Hysteresis-Schleife

R : Währungsreserven der Zentralbank

R^+ bzw. R^-: positive bzw. negative Remanenz

$R_{j,t}$: Rohgewinn des inländischen Exporteurs j im Zeitpunkt t

$R^*_{k,t}$: Rohgewinn des ausländischen Exporteurs k (in ausl. Währung)

r_X, r_M : Remanenzparameter speziell für eine Export- bzw. Importfunktion

s : marginale Sparquote (bezüglich des Volkseinkommens)

s : KQ-Schätzer für die Standardabweichung σ der Störvariablen

σ^2 : Varianz der Störvariablen

S_0^+, S_0^-: im Fall der Neukurve in der Ausgangssituation geltende Flächenanteile der aktiven Exporteure

S_L^+ : Fläche der aktiven inländischen Exporteure im Fall der äußeren Hysteresis-Schleife

SGN( ): Signum- bzw. Vorzeichenfunktion

$\sum_i^p S_i^+$: der Teil der Fläche S_t^+ der aktiven inländ. (und der inaktiven ausländ.) Exporteure, der durch die *vergangenen Extrema* der verursachenden Variablen bestimmt ist

s_M : Importangebotselastizität, ausgedrückt als Stückerlöselastizität der Importangebotsmenge

S_N^+ : Fläche der aktiven inländischen Exporteure im Neukurvenfall

$\sigma^+_{p,t}$: der Teil der Fläche S_t^+ der aktiven inländischen Exporteure (und der inaktiven ausländischen Exporteure), der direkt durch den fallenden *aktuellen Wechselkurs* beeinflußt wird

σ_t^+ : der Teil der Fläche S_t^+ der aktiven inländischen Exporteure (und der inaktiven ausländischen Exporteure), der direkt durch den steigenden *aktuellen Wechselkurs* beeinflußt wird

S_t^+ : Fläche der im Auslandsmarkt aktiven inländischen Exporteure bzw. der nicht im Inlandsmarkt aktiven ausländischen Exporteure

S_t^- : Fläche der nicht im Auslandsmarkt aktiven inländischen Exporteure bzw. der im Inlandsmarkt aktiven ausländischen Exporteure

s_X : Exportangebotselastizität, ausgedrückt als Stückerlöselastizität der Exportangebotsmenge

τ : Zeitpunkt eines Strukturwechsels

t, t+1, t–1, t+s: Zeitindex

T : Dreiecksfläche, die alle in- und ausländischen Unternehmen über ihren Ein- und Austrittswechselkurs charakterisiert

T : Zahl der Beobachtungspunkte, die einer Schätzung zugrunde liegen

t_i : Index für die Beobachtungen innerhalb eines linearen Teilstücks (im linear-hysteretischen Regressionsmodell) ($t_i = 1,...,T_i$)

T_i : Gesamtzahl der Beobachtungen für ein lineares Teilstück (im linear-hysteretischen Regressionsmodell) ($T = \sum_{i=0}^{p} T_i$)

TREND: Trendvariable, erfaßt linearen Zeittrend (das erste Quartal 1980 ist als 2 und das vierte Quartal 1991 ist als 49 definiert, zwischen den Quartalen steigt TREND immer um 1 pro Quartal)

u(t) : allgemeine verursachende Größe bzw. der Input

u_t : Störvariablenwert der Periode t ($t = 1,...,T$)

$[u]_{T\times 1}$: Vektor der Werte der Störvariablen u_t in einem Regressionsmodell über alle T Beobachtungen

V_i : Verschiebung des i-ten linearen Teilstücks gegenüber den Bezugsgeraden, die für die Ausgangssituation gelten

vir : "Verschiebungsvariable"; entspricht (V_i / r); im Algorithmus verwendet

$V_{i,X}$, $V_{i,M}$: V_i speziell für eine Export- bzw. Importfunktion

$V^{w_m üb}$, vwmueb: Dummyvariable, die einen "vorangegangenen w_m-Übergang" kennzeichnet

w : entspricht w_t; hier keine explizite Kennzeichnung der Periode

$\bar{w}$: höchstmöglicher Wechselkurs; das ist der Wechselkurs, für den alle inländischen Exporteure im Auslandsmarkt aktiv sind und alle ausländischen Exporteure inaktiv

w_0, w_0': leistungsbilanzausgleichender Wechselkurs

$w_{0,L}$: leistungsbilanzausgleichender Wechselkurs im Fall der äußeren Hysteresis-Schleife

w_0^m : Ausgangswechselkursniveau von null ($w_0^m = 0$)

$w_{0,N}$, $w_{0,N}'$: leistungsbilanzausgleichender Wechselkurs in der Ausgangssituation im Fall der Neukurve

w_1^m : absolut niedrigster bisher erreichter Wechselkurs

w_1^M : absolut höchster bisher erreichter Wechselkurs

w_i : i-ter "Switch"-Wechselkurs, d.h. der Wechselkurs, für den sich die Steigung im linear-hysteretischen Modell zum i-ten Mal ändert

$w_{i,e}$: lokaler Extremwert; keine Erfassung von w_m (entspricht ext)

w_i^m : bisher ungelöschtes lokales Minimum der i-ten Größe bei aufsteigender Größenordnung

w_i^M : bisher ungelöschtes Maximum der i-ten Größe bei absteigender Größenordnung

$w_{i,e}^s$: auf w_m normierter lokaler Extremwert (entspricht exts)

w_{it_i} : Wert der verursachenden Variablen (das ist hier der Wechselkurs) für den t_i-ten Beobachtungspunkt des i-ten Teilstücks (im linear-hysteretischen Regressionsmodell)

w_m : "mittlerer" oder "Switch"-Wechselkurs; Wechselkurs an dem sich ein Übergang in der Steigung in den linearen Teilstücken der linear-hysteretischen Beziehung ergibt, obwohl w_m typischerweise kein lokaler Extremwert ist

w_p^M : kleinstes bisher ungelöschtes Maximum *nach* einer nur temporären Wechselkurssteigerung

w_{p-1}^m : größtes bisher ungelöschtes Minimum *nach* einer nur temporären Wechselkurssenkung

w_R : realer Wechselkurs

w^s, ws , WS, $w_{it_i}^s$, $[w_i^s]_{T_i \times 1}$: auf den Schwellenwechselkurs w_m normierte Werte (Differenz zu w_m)

w_t : aktueller (realer) Wechselkurs in Preisnotierung aus Sicht des Inlands, d.h. Preis der Auslandswährung ausgedrückt in Inlandswährung

$[w_i]_{T_i \times 1}$: Vektor der hysteretisch-verursachenden Variablen nach dem i-ten Switch

X_A und X_N: Angebot und Nachfrage nach Exportgütern

X_i : i-tes lineares Teilstück einer linear-hysteretischen Exportbeziehung

$x_{j,t}$: Produktions- bzw. Exportmenge des inländischen Exporteurs j

X_t : Exportvolumen (aggregierte Exportmenge der inländischen Unternehmen)

X_t' : Exportwert (in Inlandswährung)

x_w : Parameter für die Wechselkursabhängigkeit der Exporte

$\bar{x}_w$: Ordinatenabschnitt einer Export-Wechselkursbeziehung

X_w : Exportvolumen des hysteretischen Sektors

X_Y : Exportvolumen und -wert des einkommmensabhängigen Sektors

$[x_t]$: Vektor der Regressorenwerte für die Periode t

$[X]_{T \times K}$: Matrix der Werte der erklärenden Variablen in einem allgemeinen Regressionsmodell

$[X_{t-1}]$: $(t-1) \times K$-Regressorenmatrix der Werte der erklärenden Variablen der Perioden 1 bis (t–1)

Y : reales Volkseinkommen

y_t : Wert der abhängigen Variablen eines Regressionsmodells in der Periode t

$[y]_{T \times 1}$: Vektor der Werte der abhängigen Variablen in einem allgemeinen Regressionsmodell

$[y_{t-1}]$: Vektor der Werte der abhängigen Variablen, die $[X_{t-1}]$ entsprechen

z : Index für die nach steigenden Entry- und Exit-Wechselkursen geordneten Exporteure (bei Einschränkung der Heterogenität)

$\bar{z}$: Der Index z des "Grenzanbieters"

Z : Zahlungsbilanzsaldo (Devisenbilanzsaldo)

Z_{4it_i} bis Z_{Kit_i}: Werte für zusätzliche erklärende Variablen (im linear-hysteretischen Regressionsmodell)

$[Z_i]_{T_i \times K}$: Matrix der Werte für Z_{4it_i} bis Z_{Kit_i}

Wirtschaftswissenschaftliche Beiträge

Band 55: P.-U. Paulsen, Sichtweisen der Wechselkursbestimmung, VI/264 Seiten, 1991

Band 56: B. Sporn, Universitätskultur, IX/213 Seiten, 1992

Band 57: A. Vilks, Neoklassik, Gleichgewicht und Realität, IX/112 Seiten, 1991

Band 58: M. Erlei, Unvollkommene Märkte in der keynesianischen Theorie, XII/267 Seiten, 1991

Band 59: D. Ostrusska, Systemdynamik nichtlinearer Marktreaktionsmodelle, VII/178 Seiten, 1992

Band 60: G. Bol, G. Nakhaeizadeh, K.-H. Vollmer (Hrsg.), Ökonometrie und Monetärer Sektor, VII/238 Seiten, 1992

Band 61: S. Feuerstein, Studien zur Wechselkursunion, VIII/132 Seiten, 1992

Band 62: H. Fratzl, Ein- und mehrstufige Lagerhaltung, VIII/190 Seiten, 1992

Band 63: P. Heimerl-Wagner, Strategische Organisations-Entwicklung, VIII/231 Seiten, 1992

Band 64: G. Untiedt, Das Erwerbsverhalten verheirateter Frauen in der Bundesrepublik Deutschland, XVIII/197 Seiten, 1992

Band 65: R. Herden, Technologieorientierte Außenbeziehungen im betrieblichen Innovationsmanagement, XVIII/265 Seiten, 1992

Band 66: P. B. Spahn, H. P. Galler, H. Kaiser, T. Kassella, J. Merz, Mikrosimulation in der Steuerpolitik, XVI/279 Seiten, 1992

Band 67: M. Kessler, Internationaler Technologiewettbewerb, X/232 Seiten, 1992

Band 68: J. Hertel, Design mehrstufiger Warenwirtschaftssysteme, XIII/319 Seiten, 1992

Band 69: H. Grupp/U. Schmoch, Wissenschaftsbindung der Technik, XIII/152 Seiten, 1992

Band 70: H. Legler/H. Grupp/B. Gehrke/U. Schasse, Innovationspotential und Hochtechnologie, XV/164 Seiten, 1992

Band 71: R. Schmidt, Modelle der Informationsvermittlung, 320 Seiten, 1992

Band 72: M. Kaiser, Konsumorientierte Reform der Unternehmensbesteuerung, XI/412 Seiten, 1992

Band 73: K. Meier, Modellbildung bei Mehrfachzielen, XVI/251 Seiten, 1992

Band 74: J. Thiele, Kombination von Prognosen, X/135 Seiten, 1993

Band 75: W. Sesselmeier, Gewerkschaften und Lohnfindung, XII/222 Seiten, 1993

Band 76: R. Frensch, Produktdifferenzierung und Arbeitsteilung, VIII/176 Seiten, 1993

Band 77: K. Kraft, Arbeitsmarktflexibilität, X/186 Seiten, 1993

Band 78: R. P. Hellbrück, Synergetik und Marktprozesse, XIV/190 Seiten, 1993

Band 79: L. Linnemann, Multinationale Unternehmungen und internationale Wirtschaftspolitik, X/207 Seiten, 1993

Band 80: K. Cuhls, Qualitätszirkel in japanischen und deutschen Unternehmen, XIV/215 Seiten, 1993

Band 81: B. Erke, Arbeitslosigkeit und Konjunktur auf segmentierten Arbeitsmärkten, X/228 Seiten, 1993

Band 82: M. Hillmer, Kausalanalyse makroökonomischer Zusammenhänge mit latenten Variablen, XI/408 Seiten, 1993

Band 83: M. Heinisch, W. Lanthaler, Im Brennpunkt Universität, XII/193 Seiten, 1993

GPSR Compliance

The European Union's (EU) General Product Safety Regulation (GPSR) is a set of rules that requires consumer products to be safe and our obligations to ensure this.

If you have any concerns about our products, you can contact us on ProductSafety@springernature.com

In case Publisher is established outside the EU, the EU authorized representative is:

Springer Nature Customer Service Center GmbH
Europaplatz 3
69115 Heidelberg, Germany

Batch number: 10815974

Printed by Printforce, the Netherlands